Gerhard Hufnagl, Martin Schatke, Franz K. Spengler, Ursula Steudle, M. A.

unter Mitarbeit von Christina Schwing und Katharina Ternes

Sprachsituationen

Deutsch/Kommunikation für berufliche Schulen

3. Auflage, 1. korrigierter Nachdruck 2016

Bestellnummer 41053

Bildungsverlag EINS

Die in diesem Produkt gemachten Angaben zu Unternehmen (Namen, Internet- und E-Mail-Adressen, Handelsregistereintragungen, Kontonummern, Steuer-, Telefon- und Faxnummern und alle weiteren Angaben) sind i. d. R. fiktiv, d. h., sie stehen in keinem Zusammenhang mit einem real existierenden Unternehmen in der dargestellten oder einer ähnlichen Form. Dies gilt auch für alle Kunden, Lieferanten und sonstigen Geschäftspartner der Unternehmen wie z. B. Kreditinstitute, Versicherungsunternehmen und andere Dienstleistungsunternehmen. Ausschließlich zum Zwecke der Authentizität werden die Namen real existierender Unternehmen und z. B. im Fall von Kreditinstituten auch deren Bankleitzahlen, IBAN und BIC verwendet.

Die in diesem Werk aufgeführten Internetadressen sind auf dem Stand zum Zeitpunkt der Drucklegung. Die ständige Aktualität der Adressen kann von Seiten des Verlages nicht gewährleistet werden. Darüber hinaus übernimmt der Verlag keine Verantwortung für die Inhalte dieser Seiten.

service@bv-1.de
www.bildungsverlag1.de

Bildungsverlag EINS GmbH
Ettore-Bugatti-Straße 6–14, 51149 Köln

ISBN 978-3-427-**41053**-9

Hinweise zur Benutzung des Lehrbuchs

Der Inhalt

Der Inhalt jedes Kapitels besteht aus einem mehrteiligen Angebot an Informationen, Textmaterialien und Aufgabenstellungen. Dadurch können bei der Erarbeitung eines Unterrichtsthemas die Abschnitte ausgewählt werden, die auf die jeweilige Zusammensetzung der Lerngruppe und ihre Lernvoraussetzungen zugeschnitten sind und ihren persönlichen und beruflichen Erfahrungsbereich berühren. Dieses Auswahlprinzip und nicht die lückenlose Bearbeitung der Kapitel entspricht der Absicht des Lehrbuchs, verschiedene Wege anzubieten, um die Lernziele zu erreichen. Dadurch kann auf unterschiedliche Unterrichtsbedingungen differenzierend eingegangen werden.

Die fünf Kompetenzbereiche des Lehrplans werden durch das Lehrbuch abgedeckt. Eine Zuordnung der Kompetenzbereiche des Lehrplans zu den Kapiteln des Buches finden Sie auf Seite 182.

Die Leitfragen

1 *Die Leitfragen (Aufgaben) enthalten Anregungen und Vorschläge, wie ein Thema erarbeitet werden kann. Sie sind so formuliert, dass sich verschiedene Arbeitsformen abwechseln: Unterrichtsgespräche und Diskussionen sind dadurch ebenso möglich wie Einzel-, Partner- und Gruppenarbeit.*

2 *Auch bei den Leitfragen kann eine Auswahl sinnvoll sein, z. B. aus Zeitgründen oder um bestimmte Schwerpunkte zu setzen.*

Thema **Überblick**

Lernziele, Merkmale, Schreibweisen und Zusammenfassungen der einzelnen Arbeitsformen sind jeweils am Ende des Kapitels als **Überblick** zusammengefasst. Dadurch werden Wiederholungen und die Vorbereitung auf Klassenarbeiten und Prüfungen erleichtert. Schülerinnen und Schüler können so das Wesentliche auf einen Blick erfassen.

Ergänzende Ratschläge zum jeweiligen Thema können in einem besonderen Feld nachgelesen werden.

Tipp

BuchPlusWeb

Da Schülerinnen und Schüler in der Regel nicht ins Buch schreiben dürfen, wurden insbesondere Seiten mit umfangreichen Übertragungs- und Schreibaufträgen im Internet abgelegt. Diese können ausgedruckt und als Lösungshilfen oder Arbeitsblätter verwendet werden.

Web

1 Sprachkompetenz im Beruf

2 Kommunikation verstehen

3 Kommunikation gestalten

4 Informationen verarbeiten

5 Texte erstellen und präsentieren

6 Texte und Medien verstehen und beurteilen

1

Sprachkompetenz im Beruf

Es gibt keinen Ausbildungsberuf, der nicht neben dem fachlichen Wissen und Können (Fachkompetenz) auch die Fähigkeit zum richtigen Sprachgebrauch (Sprachkompetenz) verlangt. In Stellenanzeigen werden Eigenschaften wie gutes Ausdrucksvermögen, Sprachgewandtheit und gute Deutschkenntnisse oft in einem Atemzug genannt mit Fachwissen, Selbstständigkeit und fachlichem Können.

Der berufliche Alltag bringt ständig Situationen mit sich, in denen eine Mitarbeiterin/ein Mitarbeiter nicht nur fachlich, sondern auch sprachlich gefordert ist. Man muss sich mit Kolleginnen und Kollegen, mit Vorgesetzten, und Kundinnen und Kunden sprachlich verständigen. Mit der Sprache werden Informationen erfasst oder eigene Texte gestaltet. Sie ist aber auch ein Mittel, sich gegenüber anderen zu behaupten und Konflikte zu lösen.

Was die Wirtschaft von Schulabgängern erwartet

Die wesentlichen Basiskenntnisse für eine erfolgreiche Berufsausbildung, Betriebsbefragung

Fachliche Kompetenzen	Soziale Kompetenzen	Persönliche Kompetenzen
91% *Beherrschen der Grundqualifikationen Lesen, Schreiben, Rechnen*	**87%** *Teamfähigkeit*	**94%** *Zuverlässigkeit*
68% *Gutes Allgemeinwissen*	**78%** *Höflichkeit – Freundlichkeit*	**85%** *Leistungsbereitschaft*
29% *Beherrschen der Fremdsprache Englisch*	**48%** *Kritikfähigkeit*	**75%** *Verantwortungs-bewusstsein*
29% *Wirtschaftliche Kenntnisse*	**40%** *Konfliktfähigkeit*	**65%** *Selbständigkeit*
17% *Naturwissenschaften*		**60%** *Ausdauer - Belastbarkeit*
9% *Medienkompetenz*		

Mehrfachnennungen, Angaben gerundet

Quelle: DIHK

imu 113 0711

1 *Zählen Sie Situationen aus Ihrem beruflichen Alltag auf, in denen Sie Sprache in mündlicher oder schriftlicher Form gebrauchen.*

2 *Erörtern Sie, warum ein „flinkes Mundwerk" oft Eindruck macht, aber noch keine Garantie für berufliche Erfolge ist.*

3 *Mit der sprachlichen Verständigung im Beruf werden vorwiegend drei Absichten verfolgt:*
- *andere informieren*
- *eigene Interessen vertreten*
- *Meinungen oder Urteile äußern*

Ordnen Sie die folgenden Situationen diesen drei Absichten zu. (Wo sich zwei Absichten überschneiden, entscheiden Sie nach dem Schwerpunkt.)

a *Bitte um unbezahlten Urlaub*
b *Wochenbericht*
c *Verkaufsgespräch*
d *Arbeitsunterweisung*
e *Bitte um Gehaltserhöhung*
f *eine Beschwerde vortragen*
g *persönliche Vorstellung*
h *Anordnungen geben*
i *Auskunft geben*
j *Unfallbericht*
k *Vorstellungsgespräch*
l *Reklamation (Mängelrüge)*
m *Stellung nehmen*
n *Beratung eines Kunden*
o *Verbesserungsvorschlag*
p *Präsentation eines Produkts*
q *für eine Dienstleistung werben*
r *ein Problem erörtern*
s *mit jemandem verhandeln*
t *eine Entscheidung begründen*

4 *Geben Sie bei den einzelnen Situationen aus Aufgabe 3 an, ob sie überwiegend mündlich (m) oder schriftlich (s) zu bewältigen sind. Was lässt sich an dem Ergebnis erkennen?*

5 *In welchen Beziehungen stehen die Teilnehmer dieser beruflichen Sprachsituationen?*

6 *Sind Sie persönlich mit Ihren sprachlichen Fähigkeiten zufrieden? Wo liegen Ihre sprachlichen Stärken? Worin möchten Sie sich noch verbessern?*

7 *Welche Erwartungen haben Sie an den Deutschunterricht in einer Berufsschule oder Berufsfachschule?*

2 Kommunikation verstehen

Der Mensch ist ein soziales Wesen und auf die Verständigung mit anderen angewiesen. Wer wenig soziale Kontakte hat, verarmt nicht nur seelisch und geistig, sondern auch sprachlich. Im Zusammenleben und bei der Arbeit tauschen wir Informationen aus, äußern Wünsche, fordern etwas, ermahnen jemanden, werden gelobt und getadelt. Wir nutzen dabei unterschiedlichste Kommunikationsmittel: Sprechen, Schreiben, Zeichnen, Mimik, Gestik. Meistens gelingen diese alltäglichen Kommunikationsprozesse ganz reibungslos und selbstverständlich. Erst wenn Missverständnisse auftreten oder Konflikte zu lösen sind, denken wir über unser Sprachverhalten nach.
Im Beruf ist ein professioneller Sprachgebrauch wichtig: Kolleginnen und Kollegen sind schnell verärgert, wenn Auszubildende sich nicht präzise in der Fachsprache ausdrücken. Einen Kunden hat man schnell verloren, wenn man nicht die richtigen Worte findet.

1. *Sammeln Sie in Kleingruppen Gründe dafür, dass die Verständigung im Alltag normalerweise recht gut funktioniert.*
2. *Tauschen Sie sich über Situationen aus Ihrem privaten oder beruflichen Alltag aus, in denen Schwierigkeiten in der Kommunikation aufgetreten sind.*
3. *Wählen Sie eine besonders typische Situation aus und spielen Sie sie nach. Überlegen Sie gemeinsam, wie diese Situation besser bewältigt werden könnte.*

2.1 Einfache Kommunikationsmodelle

Um zu verstehen, wie Kommunikationsprozesse ablaufen, werden sie in Modellen abgebildet. Hier ein einfaches Beispiel:

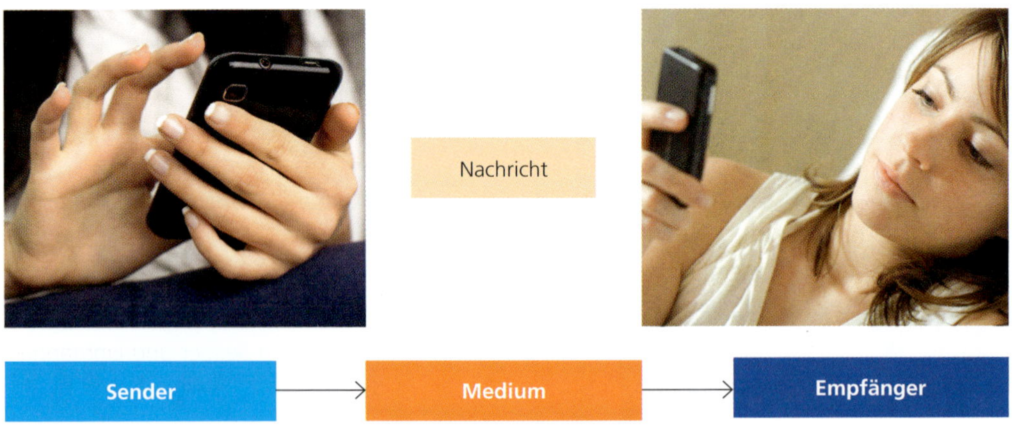

1. *Inwiefern kann das Modell auf die Kommunikation per E-Mail, Fax, Telefon und Brief angewandt werden? Fertigen Sie jeweils eine Skizze an.*
2. *Wo können bei diesem einfachen Verständigungsprozess dennoch Probleme auftreten? Unterscheiden Sie sprachliche Verständigungsprobleme und technische Probleme.*

Wenn Sie mit jemandem sprechen, verfolgen Sie damit in der Regel eine bestimmte Absicht (Intention). Sie wollen z. B. Ihren Gesprächspartner über einen Sachverhalt informieren (eine Sache darstellen), Ihre persönliche Meinung ausdrücken oder ihn zu etwas auffordern (an ihn appellieren). Das im Modell darzustellen, ist etwas schwieriger:

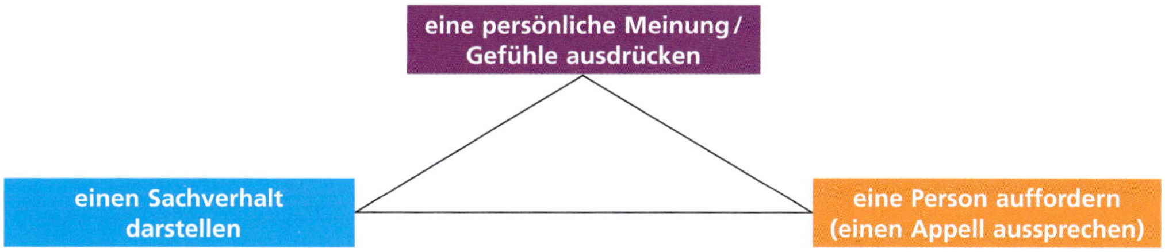

Eigene Darstellung nach Karl Bühler (1879–1963)

3 *Welche Absichten verfolgt Tom, wenn er folgende Äußerungen macht:*
- **a** *Saskia, gib mir meinen Kuli wieder!*
- **b** *Ferid, morgen schreiben wir eine Mathearbeit.*
- **c** *Wenn ich daran denke, wird mir schon schlecht.*
- **d** *Meine Mutter hat morgen auch Geburtstag.*
- **e** *Die Entertaste an meinem PC ist kaputt.*
- **f** *Du kennst dich da besser aus als ich.*

Sachebene und Beziehungsebene

„Hast du mal ein Blatt Papier für mich?", fragt Kim ihre Mitschülerin Sonja. „Geht's noch?", antwortet diese und wirft Kim einen ärgerlichen Blick zu. Da erst wird Kim bewusst, dass sie sich schon mehrfach darauf verlassen hat, dass Sonja sie mit Papier versorgt. „Ich werd' morgen einen neuen Block mitbringen, hab' ja schon oft geschnorrt", antwortet sie und lächelt freundlich. „Na denn!", sagt Sonja und schiebt ihr zwei Blätter zu.

Unsere Kommunikation wird nicht nur von der Sache, sondern sehr stark von Gefühlen beeinflusst: Ärger, Wut, Freude, Enttäuschung, Traurigkeit, Hoffnung und Sorge, Minderwertigkeits- und Großartigkeitsgefühle spielen hierbei ein Rolle. Oft sind sie uns gar nicht bewusst. Im „Eisberg-Modell" wird dies verdeutlicht: Bei einem Eisberg liegen fast 90 Prozent unter der Wasseroberfläche und bleiben dem Betrachter verborgen.

Eisbergmodell der Kommunikation

Sachebene
Daten, Fakten, Sachverhalte, Zahlen, Beschreibungen, Berichte

Gefühls- und Beziehungsebene
Erfahrungen, Gefühle, Wünsche, Werteinstellungen, Verhältnis von Sender und Empfänger

4 *Gefühle spielen eine große Rolle, doch fällt es vielen Menschen schwer, sie auszudrücken. Formulieren Sie die Gefühle, die Kim und Sonja in dem Beispiel oben bewegt haben.*

5 *Wann fällt es Ihnen selbst besonders schwer, über Ihre eigenen Gefühle zu sprechen?*

2.2 Mündliche und schriftliche Kommunikation

Sprechen und Schreiben sind die am häufigsten angewandten Kommunikationsformen. Jede hat Vor- und Nachteile.

1 *Bilden Sie Kleingruppen. Legen Sie eine Tabelle an und sammeln Sie vorteilhafte und nachteilige Merkmale schriftlicher und mündlicher Kommunikation:*

	Mündliche Kommunikation	Schriftliche Kommunikation
Vorteilhaft		
Nachteilig		

2 *Entscheiden Sie, welche Form der Kommunikation in den folgenden Situationen angemessen ist. Diskutieren Sie über die jeweiligen Vor- und Nachteile.*
- **a** *Sie müssen sich in der Schule krankmelden.*
- **b** *Sie wollen mit drei Freunden in die Disko.*
- **c** *Sie wollen Informationen über ein Produkt von einem Versandhandel.*
- **d** *Sie bestellen Ware bei einem Versandhandel.*
- **e** *Sie wollen den Liefertermin für die bestellte Ware erfahren.*
- **f** *Sie benötigen einen Termin beim Arzt.*
- **g** *Sie planen eine Mountainbike-Tour und buchen einen Übernachtungstermin für eine gemischte Gruppe in einer Jugendherberge.*

3 *Stellen Sie Situationen im Betrieb zusammen, in denen mündlich bzw. schriftlich kommuniziert wird. Welche Situationen können Sie gut bewältigen, welche nicht?*
Welche Fähigkeiten brauchen Sie, um diese Situationen gut bewältigen zu können?
Welche Kenntnisse und Fähigkeiten möchten Sie noch verbessern?
Stellen Sie Ihre Ergebnisse in einer Mindmap zusammen (Mindmap, s. unten und S. 59).

4 *„Wir bedauern sehr, dass Sie Ihren Handyvertrag kündigen möchten. Bitte beachten Sie, dass wir nur schriftliche und von Ihnen eigenhändig unterschriebene Kündigungen akzeptieren." Diesen Satz haben einige von Ihnen bereits mündlich oder schriftlich mitgeteilt bekommen. Entwerfen Sie das geforderte Kündigungsschreiben. Beachten Sie dabei die Regeln des Geschäftsbriefes (S. 103 ff.). Lassen Sie zwei Mitschülerinnen oder Mitschüler Ihren Brief gegenlesen und auf Fehler und Ungenauigkeiten prüfen.*

5 *Notieren Sie, in welchen Lebenssituationen die schriftliche Form unerlässlich ist.*

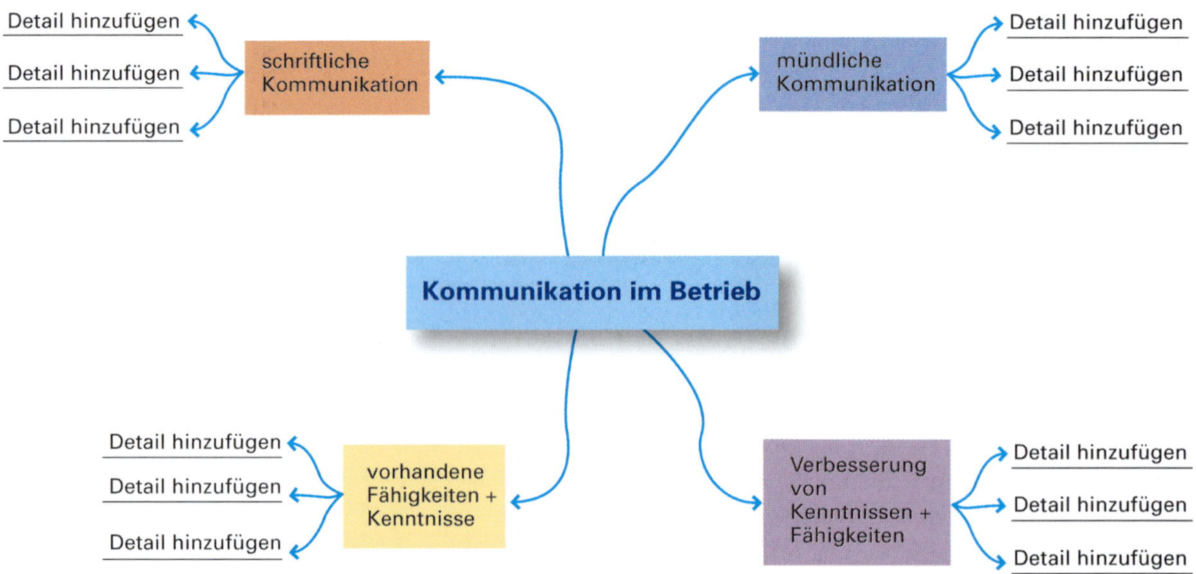

2.3 Nonverbale Formen der Kommunikation

Wenn wir von Kommunikation reden, denken wir vor allem an die Sprache: telefonieren, Briefe oder E-Mails schreiben, chatten, am Kaffeetisch plaudern. Die Sprache ist unser wichtigstes Verständigungsmittel. Doch auch ohne Worte können wir Informationen weitergeben bzw. verstehen.

Formen der nonverbalen Kommunikation sind:

- Mimik
- Gestik
- Körpersprache
- Zeichen
- Symbole
- Zeichnungen

1 *Beschreiben Sie, welche Informationen die einzelnen Formen der nonverbalen Kommunikation vermitteln können.*

2 *In welchen Situationen können die verschiedenen Formen angemessen und erfolgreich eingesetzt werden?*

3 *Wählen Sie einen alltäglichen Vorgang und stellen Sie ihn zusammen mit einer Mitschülerin/einem Mitschüler ohne Worte dar (Pantomime). Einige Beispiele: die Verabredung zum gemeinsamen Mittagessen; die Bitte, beim Sitznachbarn etwas abschreiben zu dürfen; den Wunsch an den Lehrer, er möge seine Erklärung nochmals wiederholen; die Kritik, dass der Salat viel zu viel Essig enthält und nicht essbar ist.*

4 *Gehörlose Menschen möchten auch am sozialen Leben teilnehmen. Machen Sie sich im Internet über die Gebärdensprache kundig. Üben Sie eine Szene ein, z. B. „Beim Frühstück“, „Beim Fußballspiel“ oder „Beim Friseur“, und stellen Sie die Szene der Klasse vor. Worin sehen Sie die Stärken und Schwächen dieser Form der Verständigung?*

2.3.1 Mimik

Gesichter sprechen Bände. Unsere Empfindungen spiegeln sich in unserem Gesicht: Ein großer Teil unserer Kommunikation funktioniert über unseren Gesichtsausdruck: Hochgezogene Augenbrauen zum Beispiel bringen erhöhte Aufmerksamkeit zum Ausdruck. Jemand, der mit traurigem Gesicht durch die Gegend schleicht, erzeugt keine Begeisterung, wer dagegen viel lacht, hat eine positive Ausstrahlung. Wer andere keines Blickes würdigt, wird schnell als überheblich eingeschätzt. Ein offener Blick trägt zur Überzeugungskraft bei. Doch Vorsicht: Wer sein Gegenüber zu lange und zu intensiv fixiert, wird schnell als bedrohlich und angriffslustig angesehen.

1 *Beschreiben Sie die Stellung von Mund, Augen, Augenbrauen und Stirn in den Gesichtern. Welche Gefühle kommen jeweils zum Ausdruck?*

2 *Bilden Sie Kleingruppen und probieren Sie unterschiedliche Gesichtsausdrücke aus. Sprechen Sie über deren jeweilige Wirkung.*

2.3.2 Körpersprache

Unsere Körperhaltung drückt unsere innere Haltung aus: Verschränkte Arme und übereinandergeschlagene Beine wirken distanziert und abwehrend. Auch wenn Sie etwas ganz anderes sagen oder lächeln, Ihre Haltung verrät auch ohne Worte, in welcher Verfassung Sie gerade sind. Körpersprache ist die ursprünglichste Kommunikation aller Menschen und Tiere.

1 *Welche Informationen werden durch die Körpersprache erkennbar? Beschreiben Sie die Wirkung der abgebildeten Personen auf Sie.*

2 *„Was wir sind, sind wir durch unseren Körper. Der Körper ist der Handschuh der Seele, seine Sprache das Wort des Herzens. Jede innere Bewegung, Gefühle, Emotionen, Wünsche drücken sich durch unseren Körper aus“ (S. Molcho: Körpersprache). Prüfen Sie diese Worte des Körpersprache-Experten Samy Molcho. Was halten Sie von seiner Meinung?*

3 *Das Nicken oder Schütteln des Kopfes wird in verschiedenen Kulturen unterschiedlich verstanden. Recherchieren Sie im Internet und berichten Sie über Ihre Erfahrungen.*

4 *Welche Botschaften senden die hier Abgebildeten an ihre Gesprächspartner?*

5 *Sie sind zum Vorstellungsgespräch eingeladen und werden gebeten, sich einen Platz auszusuchen. Wo setzen Sie sich hin? Welche Haltung nehmen Sie ein? Probieren Sie verschiedene Möglichkeiten aus und geben Sie sich gegenseitig ein Feedback (s. S. 67) über die Wirkung Ihrer Körperhaltung.*

2.4 Vier Botschaften einer Nachricht

Mit manchen Menschen versteht man sich auf Anhieb, bei anderen dagegen weiß man gleich: Mit dem werde ich nicht warm. Bei Untersuchungen zur Kommunikation wurde festgestellt, dass sprachliche Äußerungen oft mehrere Bedeutungen haben. Diese Mehrdeutigkeit wird häufig genutzt, um Witze oder ironische Bemerkungen zu machen. Der Satz „Das hast du mal wieder gut gemacht!" kann je nach Situation auch das Gegenteil bedeuten: „Das gefällt mir nicht, das hast du nicht gut gemacht."

Vier Botschaften lassen sich in der Regel aus einer Aussage „heraushören":

- eine sachliche, die die Information enthält, die **Sachaussage**
- eine darüber, was der Sprecher vom Hörer/Gegenüber will, den **Appell**
- eine darüber, wie der Sprecher die Beziehung zum Hörer/Gegenüber sieht, die **Beziehungsaussage**
- eine über den Sprecher selbst, die **Selbstaussage** (Selbstoffenbarung/Ich-Aussage)

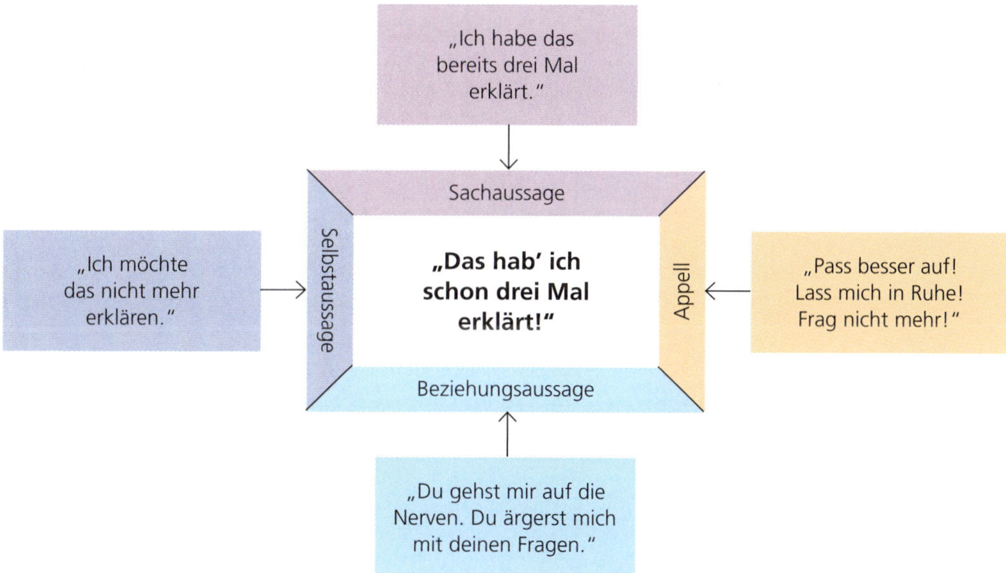

1 *Die Mutter sagt beim Mittagessen zu Felix: „Du schreibst morgen eine Mathearbeit."*
- *Zeichnen Sie ein Quadrat (s. oben) und analysieren Sie den Satz der Mutter.*
- *Auf welche Botschaft an Felix kommt es der Mutter an?*
- *Überlegen Sie sich mögliche Antworten, die Felix auf die Bemerkung der Mutter hin machen könnte.*
- *Wie ist es zu verstehen, wenn Felix schweigt?*

Eine Lösungshilfe und ein weiteres Beispiel finden Sie unter BuchPlusWeb.

2.5 Hören und Verstehen

Kommunikationsmodelle zeigen, wie vielseitig und vielschichtig Verständigung ist. Auf S. 15 wurde erläutert, dass eine Nachricht vier verschiedene Botschaften enthalten kann. So ähnlich verhält es sich auch beim Hören: Wer etwas sagt, weiß nie genau, was beim anderen ankommt, was dieser eigentlich hört. So wie ein Sprecher vier verschiedene Botschaften in einer Nachricht verpacken kann, so kann ein Zuhörer ebenfalls vier verschiedene Botschaften aus der Nachricht heraushören – je nachdem, „mit welchem Ohr" er gerade aufmerksam zuhört.

Sachaussage-Ohr
Wie ist der Sachverhalt zu verstehen?

Appell-Ohr
Was will diese Person bei mir erreichen?

Selbstaussage-Ohr
Was ist das für eine Person? Was geht in ihr vor?

Beziehungs-Ohr
Was hält sie von mir? Wie steht sie zu mir?

Welche der vier Botschaften einer Nachricht der Hörer wahrnimmt, hängt mit dessen Erfahrungen und Erwartungen zusammen. Besonders hellhörig reagieren die meisten Menschen auf Botschaften auf der Beziehungsebene (s. S. 15): Möchte sich die andere Person über mich stellen? Will sie mir sagen, was ich tun oder denken soll? Beschneidet sie meine Freiheit oder Selbstständigkeit?

Mütter reagieren sehr hellhörig auf Appelle ihrer Kinder. Fragt der Sohn die Mutter: „Wo sind meine Socken?", so ist die Antwort oft: „Ich hol sie dir."

Frauen wird allgemein nachgesagt, sie seien besonders empfänglich auf dem Beziehungsohr. Die Botschaft „Ich habe heute Abend keine Zeit" hört sich für viele an wie: „Ich habe heute keine Zeit für dich."

Auf die Frage der Tochter „Wo ist meine Jacke?" antwortet die Mutter: „Da, wo du sie hingelegt hast." Wie hört die Tochter diese Antwort? Im Modell wird es deutlich:

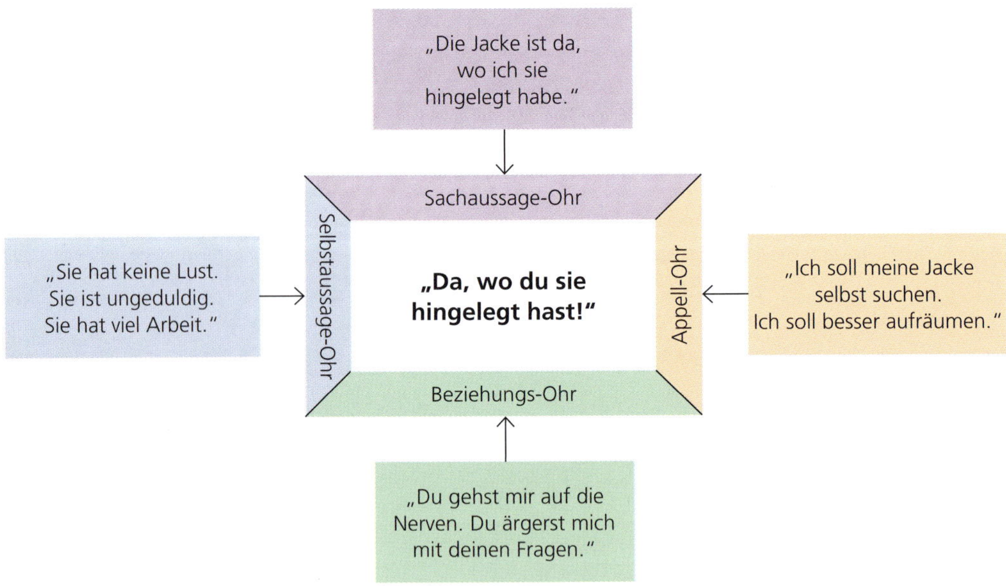

1 *Welche Botschaften kann der Satz des Lehrers enthalten: „Da ist ein Fehler!"?*
- *Schreiben Sie die Botschaften auf, die eine Schülerin/ein Schüler hören kann.*
- *Ordnen Sie jeder der von Ihnen formulierten Botschaft eine Aussageebene zu.*
- *Vergleichen Sie Ihre Lösung mit den Lösungen Ihrer Tischnachbarn.*

Web

Eine Lösungshilfe und ein weiteres Beispiel finden Sie unter BuchPlusWeb.

2.6 Kommunikationsstörungen

„Warum versteht sie mich nicht?“

„Das müssen Sie doch verstehen!“

„Könnt ihr mich verstehen?“

„Versteh mich doch!“

Wie wichtig für Menschen die **sprachliche Verständigung**, die **Kommunikation** ist, zeigt sich an dem Wort „verstehen“. An der vieldeutigen Verwendung dieses Worts erkennt man, dass Verstehen mehr ist als bloßes Hören von Lauten. Zum Verstehen ist es erforderlich, aus der Mitteilung eines anderen die darin enthaltenen Botschaften herauszuhören und die Bedeutung zu erfassen. Dabei kann es jedoch zu Missverständnissen kommen, wenn dieser Vorgang – unbeabsichtigt oder beabsichtigt – gestört wird.

Wer die Ursachen für sprachliche Missverständnisse kennt, verbessert seine eigene Kommunikationsfähigkeit und lernt, besser mit Kommunikationsstörungen umzugehen.

„Hast du mich verstanden?“

„Wir verstehen uns nicht mehr.“

„Sie verstehen sich gut!“

„Das verstehst du nicht!“

1 Beschreiben Sie für jede Sprechblase eine passende Gesprächssituation.

Probleme durch unterschiedliche Sprachebenen

Ohne dass die Beteiligten es wollen, können Kommunikationsstörungen entstehen, weil die Gesprächspartner z. B. verschiedene Fachsprachen sprechen oder weil einer in einem stark ausgeprägten Dialekt spricht. Dadurch versteht der eine den anderen nur unvollständig oder gar nicht.

2 Erklären Sie, wodurch in der Karikatur die Kommunikation gestört ist.

3 Nennen Sie andere Situationen, in denen Personen miteinander sprechen und sich nur teilweise oder gar nicht verstehen. Zum Thema „Sprachebenen“ s. S. 18.

4 Beschreiben Sie die Folgen solcher Kommunikationsstörungen.

2.7 Sprachebenen

Zu Hause, in der Disko, im Betrieb, im Kaufhaus – überall nutzen wir die Sprache, um uns verständlich zu machen. Der Sprachstil, den wir dabei verwenden, muss der jeweiligen Situation angemessen sein.

Standardsprache *Gruppensprachen* *einer Sportart*
Schriftsprache *Umgangssprache* *Fachsprachen*
Dialekte *eines Berufs*

1. Beispiel

2. Beispiel

Splitterkes in bergischer Mundart

Dat Lewen es schöän äwer düer. Man kann et ok billiger hann, äwer dann es nit merr so schöän.
Gedanken send zollfrei, doröm send sie so billig.
Ed wead nix so heet ge-geeten, as et gekocht wead, trotzdem heet seck schon mancher eklig die Schnute ran verbrannt.

Adolf Löhr, Lachen es gesond. Vertellches in bergischer Mundart, 2. Auflage, Wuppertal-Barmen

3. Beispiel

***CARRERA* All-Terrain-Bike**

Rahmen
- ATB ROLAN Fullsuspension 11/8"
- SUNTOUR SF-XCM mit Dämpfer-Einstellung und Lock-Out-Federgabel
- Alu-Downhill-Lenker mit verstellbarer Neigung und Barends

27-Gang-Kettenschaltung
- SHIMANO® DEORE LX Schaltwerk
- SHIMANO® DEORE Rapid Fire-Schalteinheit
- SHIMANO® DEORE Umwerfer

Bremsen
- RST-Scheibenbremsen vorne und hinten

Felgen
- Alu-Hohlkammerfelgen mit Reflexstreifen und KENDA-Bereifung

Nabe
- Alu-Naben mit Schnellspannverschlüssen

Sattel
- WITTKOP Gel-Sattel mit Patent-Sattelstütze

- **Sicherheitsausstattung/ Zubehör**
- Halogen-Scheinwerfer
- Dioden-Rücklicht mit Standlicht-Funktion
- Dynamo mit Easy-Clip
- Kunststoff-Steck-Schutzbleche
- Hinterbau-Fahrradständer

2 Jahre Herstellergarantie inklusive kostenloser Hotline und Vor-Ort-Reparatur-Service

1 Lesen und vergleichen Sie die Beispiele und bestimmen Sie die verschiedenen Sprachebenen. Zu welchen Sprechsituationen passen sie? Übertragen Sie die Inhalte in andere Sprachebenen.

2.8 Fachsprachen verwenden

Wer in einem Beruf Fachfrau oder Fachmann werden will, muss Fachtexte lesen und verstehen können. Wenn wir in einem bestimmten Bereich die entsprechenden **Fachausdrücke** verwenden, werden Missverständnisse vermieden. Der andere weiß genau, was gemeint ist.

Viele Fachausdrücke gehören zur Allgemeinbildung. Sie begegnen uns auch im Alltag. Untersuchungen haben ergeben, dass sehr viele Menschen einer Nachrichtensendung kaum folgen können, weil sie die darin verwendeten Fachausdrücke nicht verstehen.

„So eine Sache, bei der eine Firma kein Geld mehr hat und schließt."

„So ein Ding, das sich dreht und mit dem man Löcher macht."

„So ein Band, das der Doktor um meinen Arm legt und Luft hineinpumpt."

„So Frauen und Männer, die gewählt werden und Gesetze machen."

„So ein Kasten mit Knöpfen links und rechts, den man ständig auf- und zudrückt, damit Töne herauskommen."

1 *Wie wirkt es auf einen Zuhörer, wenn sich jemand so unbeholfen ausdrückt wie in den oben stehenden Beispielen?*

2 *Jeder Fachbereich hat seine eigene Fachsprache. Die oben gesuchten fünf Fachbegriffe haben Sie sicher sofort gefunden. Sie gehören zu den Bereichen:*

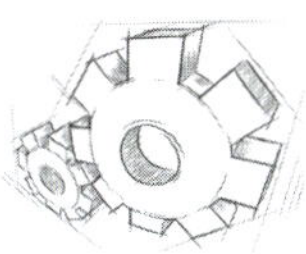
Technik

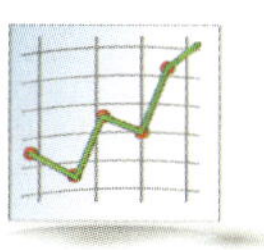
Wirtschaft

Politik

Medizin

Musik

Legen Sie auf einem Blatt eine Tabelle an und ordnen Sie die folgenden Wörter dem entsprechenden Fachbereich zu:

Gesetz – Beat – Massage – Börse – Disc – Opposition – Dialyse – Katarrh – Drehzahl – Misstrauensvotum – Ventil – Sozialprodukt – Takt – Virus – Schlager – Korrosion – Girokonto – Parlament – Infekt – Hochofen – Minister – Sinfonie – Katalysator – AG – Buchung – Rapper

3 *Suchen Sie noch andere Fachbegriffe zu diesen Bereichen und erweitern Sie die Tabelle.*

2.9 Die Fachsprache meines Berufs

1 *Sammeln Sie in Partner- oder Gruppenarbeit möglichst viele Fachausdrücke Ihres Ausbildungsberufs und legen Sie dazu folgendes Schema an:*

Fachsprache des Berufs:	
Arbeitsgeräte Werkzeuge	
Maschinen Anlagen Einrichtungen	
Tätigkeiten Arbeitsverfahren	
Werkstoffe Materialien	

2 *Wählen Sie einen Fachbegriff aus und lesen Sie in einem Fachbuch oder Lexikon nach, wie dieser Fachbegriff erläutert wird.*

3 *Erklären Sie diesen Fachbegriff Ihren Mitschülerinnen und Mitschülern mit eigenen Worten.*

Lassen Sie sich nach Ihrem Kurzvortrag von Ihren Mitschülerinnen und Mitschülern ein Feedback (s. S. 67) über die Verständlichkeit Ihrer Erläuterung geben.

4 *Entwickeln Sie in der Klasse eine Karteikarte, auf der Sie das Wichtigste zu dem von Ihnen erläuterten Fachbegriff eintragen können.*

Sammeln Sie die Karteikarten mit den Erläuterungen, damit alle nachschlagen und nachlesen können.

Vervollständigen Sie die Sammlung der Erläuterungen während des Schuljahres.

5 *Entwickeln Sie mithilfe Ihres Fachlehrers eine Datei („Elektronische Sammlung der Fachbegriffe"), in der die Erläuterungen für alle zugänglich sind.*

3 Kommunikation gestalten

3.1 Berufliche Gesprächssituationen

Im Berufsleben gibt es vielfältige Gesprächssituationen, in denen die Fähigkeit verlangt wird, sich mündlich gewandt auszudrücken. Diese Redefähigkeit, auch Rhetorik genannt, können Sie sich durch regelmäßige Übung aneignen. Anfängliche Hemmungen werden Sie bald überwinden, wenn Sie sich mutig neuen Situationen stellen. Wer sich im Gespräch mit Vorgesetzten, mit Kolleginnen und Kollegen und mit Kunden gut ausdrücken kann, findet schnell Anerkennung im Betrieb.

1 *Berichten Sie über eine Situation, die Sie bereits gemeistert haben.*

2 *Suchen Sie in der folgenden Aufstellung berufliche Redesituationen, denen auch Sie gewachsen sein sollten.*

3 *Den ersten Arbeitstag in der Ausbildung vergisst man nicht so schnell. Berichten Sie vor der Klasse darüber. Notieren Sie vorher Stichworte zu folgenden Situationen:*
- *Ablauf des Tages*
- *Begegnungen im Betrieb*
- *besonders Bemerkenswertes*
- *erste Schwierigkeiten*

Achten Sie auf gute Artikulation, Blickkontakt und Freundlichkeit.

4 *Eine neue Mitarbeiterin tritt ihren ersten Arbeitstag an. Drei Auszubildende haben die Aufgabe, sie zu begrüßen und sie den anderen Mitarbeitern vorzustellen. Durchdenken Sie in Kleingruppen die einzelnen Schritte und machen Sie sich Notizen dazu. Verteilen Sie die Aufgaben und führen Sie ein Rollenspiel durch* *(s. S. 121)**.*

3.2 Kontakt mit anderen aufnehmen

3.2.1 Sich vorstellen

Situation: Eine mittelständische Firma in Bochum hat vier Wochen nach Beginn der Ausbildung alle Auszubildenden des ersten Jahres zu einem dreitägigen Seminar eingeladen. Ein Ziel des Seminars ist es, dass sich die Auszubildenden aus den unterschiedlichen Ausbildungsbereichen kennenlernen. Die Ausbildungsleiterin, Frau Kamp, hat daher alle aufgefordert, sich vorzustellen. Die Auszubildenden sollen sich Notizen machen und dann möglichst frei sprechen. Zur Hilfestellung hat sie einige Stichworte an die Tafel geschrieben.
Alexander, der in der ersten Reihe sitzt, muss mit der Vorstellung beginnen.

Also! Ich bin der Alexander Libuda, ich lerne Mechaniker und bin froh, dass die Schule endlich fertig ist und jetzt die Praxis kommt. Mein Vater ist auch Mechaniker und malocht auch in unserer Firma. Meine Mutter ist Schneiderin in einer kleinen Firma bei uns. Weil sie viel Kurzarbeit hat, ist sie auch viel zu Hause. Ich werde bald sechzehn Jahre alt und dann tausche ich mein Mofa gegen eine Achtziger aus, die steht schon in meim Vatter seiner Garage. Vorher war ich auf der Hauptschule, mein Zeugnis ist zwar nicht schlecht, aber in der letzten Zeit hab ich keinen Bock mehr auf Schule. Meine ältere Schwester ist auf dem Büro und die zweite lernt Speditionsverkäuferin oder so. Am liebsten hab ich Technik und Sport gemacht. Moped fahren tu ich auch gerne. Ich gehe auch noch ins Fußballtraining in der B-Jugend, da mach ich meistens den Libero. Aber wenn ich in die A-Jugend komm, dann muss ich wohl ins Mittelfeld, weil der, der das da macht, dann auch noch da ist – und der spielt besser wie ich. Ach ja, wohnen tu ich in Bochum und fahre jetzt noch mit dem Mofa auf Arbeit, im Winter kann ich mit dem Auto mitfahren. Ja, das is alles und ich höre gerne Musik und möchte gerne Gitarre spielen. Das war jetzt aber wirklich alles.

1 *Wie hat Alexander seine Vorstellung gegliedert? Beurteilen Sie seine Vorstellung.*

2 *Warum wirkt seine Sprache so natürlich? Ist sie der Situation angemessen?*

3 *Welche Fragen würden Sie an Alexander stellen, um ihn noch besser kennenzulernen?*

Neben Alexander sitzt Julia, nun ist sie an der Reihe:

Ich heiße Julia Wagner, bin sechzehneinhalb Jahre alt und habe die Realschule in Stahlhausen besucht. Jetzt habe ich einen Ausbildungsplatz als Industriekauffrau und freue mich sehr darüber, weil ich diesen Beruf schon lange erlernen wollte. Gleichzeitig habe ich ein wenig Angst, ob ich die vielen Aufgaben auch erfüllen kann. Ich wohne nur eineinhalb Kilometer von der Firma entfernt und kann bequem zu Fuß ins Büro gehen, für die Berufsschule werde ich den Bus nehmen müssen. Wir sind erst vor vier Jahren von Hannover nach hier umgezogen, aber es gefällt mir sehr gut hier. Meine Eltern sind auch beide berufstätig, mein Vater arbeitet als Sachbearbeiter bei der Sparkasse, meine Mutter ist wieder, seit wir hier wohnen, im Krankenhaus als Physiotherapeutin tätig. Meine Lieblingsfächer in der Schule waren Mathematik und Deutsch, dazu besuchte ich freiwillig einen Kurs in Computertechnik. Ich hoffe, dass ich auch die schwierigen Aufgaben während der Ausbildung bewältigen werde. Mehr gibt es über mich nicht zu sagen.

4 *Vergleichen Sie Inhalt, Aufbau und Sprache der beiden Vorstellungen.*

5 *Was würden Sie Julia noch fragen?*

6 *Bereiten Sie Ihre eigene Vorstellung in der Klasse vor (Notizen).*

7 *Sprechen Sie mit Ihren Mitschülern und Mitschülerinnen darüber, was an Ihrer Vorstellung zu verbessern ist.*

8 *Erfragen Sie alle wichtigen Informationen von einer Mitschülerin/einem Mitschüler. Stellen Sie diese/diesen der Klasse vor.*

Tipp

Wenn Sie Ihre Vorstellung mit einem Diktiergerät oder dem Handy auf Video aufnehmen, können Sie sich besser überprüfen. Sie hören, an welchen Stellen Sie noch Schwierigkeiten haben und was Sie verbessern können. Sie können auch Ihre nonverbale Kommunikation beobachten und die Wirkung beurteilen. Sie können zusätzlich Ihre eigene Vorstellung in Inhalt, Aufbau und Sprache mit anderen Vorstellungen vergleichen.

3.2.2 Den Ausbildungsbetrieb vorstellen

Es gibt verschiedene Anlässe, den eigenen Ausbildungsbetrieb vorzustellen.

Interesse der Mitschüler
Meistens befinden sich in einer Berufsschulklasse Auszubildende verschiedener Unternehmen. In jedem Betrieb gibt es Besonderheiten, welche den Ablauf und die Organisation der Ausbildung beeinflussen. Daher ist es für die Mitschülerinnen und Mitschüler interessant, einen Einblick in andere Ausbildungsbetriebe zu erhalten.

Informationen bei einer Bildungsmesse
Wenn sich Ihr Ausbildungsbetrieb an einer Bildungsmesse beteiligt, werden auch Sie den Stand des Betriebs betreuen. Sie repräsentieren die Firma und informieren die Besucher über die Geschäftsbereiche und die Ausbildung.

Tag der offenen Tür
Viele Unternehmen laden zu einem Tag der offenen Tür ein. Jeder kann den Betrieb besichtigen und sich informieren, wobei Betriebsangehörige die Besucher betreuen. Die Größe des Betriebs spielt dabei keine Rolle. Kleinbetriebe, wie eine Schreinerei oder ein Friseursalon, nehmen oft besondere Ereignisse wie z. B. eine Neueröffnung oder die Umgestaltung der Geschäftsräume zum Anlass. In Großbetrieben kann der Tag der offenen Tür auch auf eine bestimmte Abteilung begrenzt werden, z. B. auf die Ausbildungsabteilung oder auf die Lehrwerkstatt.

1 *Berichten Sie von einer Veranstaltung (z. B. Bildungsmesse oder Tag der offenen Tür), an der Sie als Besucher oder als Mitwirkende teilgenommen haben.*

2 *Welche Ziele verfolgt ein Betrieb mit solchen Veranstaltungen?*

3 *Stellen Sie Ihren Ausbildungsbetrieb der Klasse vor. Die nachstehende Gliederung kann Ihnen helfen.*

Vorstellen des Ausbildungsbetriebs

Gliederungspunkte	Ausarbeitung
1. Begrüßung der Besucher/der Mitschülerinnen und Mitschüler	Reihenfolge und Titel beachten
2. kurze Vorstellung der eigenen Person	Name, Stellung/Aufgabe im Betrieb
3. Vorstellung des Betriebs: • Größe, Bedeutung, Stellung am Markt, Gründung und Entwicklung • Information über die Produkte bzw. die Art der Dienstleistung • Zahl der Mitarbeiter/-innen und der Auszubildenden	Bei den einzelnen Gliederungspunkten genügt es, wenn Sie einen einzigen Satz formulieren. Heben Sie die besonderen Qualitäten und Leistungen Ihres Betriebs hervor.
4. Ausbildungssituation des Betriebs: • Welche Berufe werden ausgebildet? • Verlauf der Ausbildung • Besonderheiten der Ausbildung • Übernahmesituation nach der Ausbildung	Stellen Sie nach Möglichkeit Ihre positiven Erfahrungen dar. Recherchieren Sie genau, bevor Sie Informationen weitergeben.
5. Information über Bewerbungsverfahren: • Voraussetzungen • Termine • Auswahlverfahren • zuständiger Ansprechpartner	Ihre Auskunft muss für die Besucher verlässlich sein.
6. Zusammenfassung und Ausblick	

3.2.3 Ein Produkt präsentieren

In Ihrem späteren Berufsleben wird es Situationen geben, in denen Sie damit beauftragt werden, anderen ein Produkt, ein Gerät oder einen Gegenstand zu präsentieren. (Die Präsentation wird ausführlich auf den Seiten 59 bis 67 erläutert.)

Wenn der Gegenstand nicht zu komplex ist, kann er in freier Rede präsentiert werden.
Der Umfang wird zum einen vom Zweck der Information, zum anderen von den Erwartungen und Erfahrungen der Zuhörerinnen und Zuhörer bestimmt (Adressatenbezug).

Beispiele für einfache Präsentationen:

- Mitarbeiterinnen und Mitarbeiter sollen das neu beschaffte Arbeitsgerät, den Einrichtungsgegenstand oder die neu installierte Maschine kennenlernen.
- Die Anschaffung eines neuen Arbeitsgerätes, eines Einrichtungsgegenstandes oder einer neuen Maschine ist geplant. Die drei Objekte, die in die engere Wahl gekommen sind, sollen den Personen vorgestellt werden, welche die Entscheidung zu treffen haben.
- Die/der Auszubildende erläutert ihren/seinen eingereichten Verbesserungsvorschlag am Objekt.
- Der Firmenleitung wird ein von der Abteilung neu entwickeltes Produkt präsentiert.

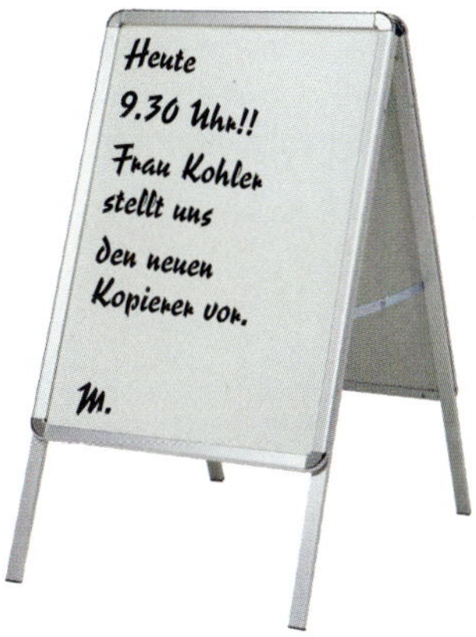

Die folgende Gliederung hilft Ihnen, ein Produkt mündlich zu präsentieren:

Gliederungspunkte	Beispiel: Kopierer
1. Oberbegriff	Vervielfältigungsgerät
2. Merkmale, Bestandteile	Gehäuse, Scanplatte, mechanische und elektronische Bauteile, Papierschubladen, Bedienfeld, Bedientasten
3. Verwendung, Aufgabe, Zweck	Kopieren von Schriftstücken, Abbildungen, Zeichnungen
4. Vorteile	schnelle Vervielfältigung der Vorlage, doppelseitige Kopien, Verkleinerungen/Vergrößerungen der Vorlage
5. Nachteile	Fehlbedienung, Defekte
6. Beurteilung	im Betrieb unverzichtbar

1 *Bei welchen der oben genannten Beispiele steht die Beschreibung des Aufbaus und der Funktion eines Produkts im Vordergrund?*

2 *Suchen Sie aus den genannten Beispielen diejenigen heraus, in denen nicht nur beabsichtigt ist, ein Produkt zu präsentieren, sondern auch dafür zu werben. Wie würden Sie in einem solchen Fall den Gliederungspunkt 5 behandeln?*

3 *Stellen Sie in einer kurzen Produktpräsentation das Faxgerät oder ein wichtiges Arbeitsgerät Ihres Berufes vor (evtl. auch schriftlich als Fachaufsatz).*

3.3 Mündliche Tätigkeits- und Lageberichte

Im Berufsleben gibt es viele Situationen, in denen Berichte mündlich vorgetragen werden müssen. Oft bleibt für eine Vorbereitung keine Zeit und man muss „aus dem Stegreif" reden.
Diese Aufgabe ist aus zwei Gründen gar nicht so schwierig:

- Der **Inhalt** des Berichts ist durch reale Vorgänge und Ereignisse bereits vorgegeben.
- Die **Gliederung** des Berichts ergibt sich aus der zeitlichen Reihenfolge, in der sich alles abgespielt hat.

Die **Drei-Schritte-Methode** ist eine Redetechnik, mit der man sogar ohne Vorbereitung kurze Berichte mündlich vortragen kann. Der Kniff dabei ist, dass man seine Darstellung in drei Teile gliedert und so die Übersicht nicht verliert.

Davor Was war? Was ist passiert? **Vergangenheit**	**Jetzt** Was ist? Wie ist die Lage? **Gegenwart**	**Danach** Was wird sein? Wie wird es weitergehen? **Zukunft**

Beispiel: Berichten Sie über den Stand Ihrer beruflichen Ausbildung.

• Berufswahl • Eintritt • Erwartungen • Anfangsprobleme	• erreichter Ausbildungsstand • Erfolge • Schwierigkeiten	• Planungen und Erwartungen für die Zukunft

Anhand der folgenden **Aufgabenstellungen** lässt sich diese Redetechnik gut üben.

1 *Gestalten Sie aus den Stichworten des obigen Beispiels eine freie Rede.*

2 *Berichten Sie über eine berufliche Tätigkeit oder eine größere Arbeit, die Sie übernommen haben **(Tätigkeitsbericht)**.*

3 *Tragen Sie zu einer der folgenden Situationen einen Bericht vor:*
- *die **momentane Lage eines Sportvereins**, den Sie kennen*
- *der **Stand eines Projektes** (z. B. Hausbau, Vorbereitung eines Festes, eine Initiative der Schülermitverantwortung)*
- *der **Stand eines persönlichen Vorhabens** (z. B. Ihre Leistung in einer Sportart, Ihre Urlaubsplanung, Ihre private Weiterbildung)*
- *eine **Veränderung im Betrieb** (z. B. neue Maschine, andere Arbeitsplatzgestaltung, anderes Arbeitsverfahren)*

3.4 Berufliche Gespräche führen

Im privaten und beruflichen Alltag findet ein vielfältiger Austausch von Informationen, Überlegungen und Ideen statt. Es gibt unterschiedlichste Gesprächsanlässe und -situationen. Dementsprechend werden mehrere Gesprächsformen unterschieden.

1 *Sortieren Sie die nachstehenden* ***Gesprächsformen*** *in Gruppen und finden Sie Oberbegriffe: Unterredung – Arbeitsgespräch – Aussprache – Unterhaltung – Besprechung – Auseinandersetzung – Diskussion – Kaffeeklatsch – Interview – Vorstellungsgespräch – Streitgespräch – Verkaufsgespräch – Stammtischrunde – Talkshow – Mitarbeitergespräch – Personalentwicklungsgespräch – Kundengespräch – Jahresgespräch – Plauderei – Teamsitzung*

Bei **formellen Gesprächen** stehen die Gesprächsteilnehmer in einer sachlichen/geschäftlichen Beziehung. Gesprächsort, -zeit und -teilnehmer sind genau bestimmt. Auch die Gesprächsform wird vom Leiter des Gesprächs festgelegt.

Informelle Gespräche finden meist ungeplant statt und dienen überwiegend dem persönlichen Informationsaustausch und der Unterhaltung. Die Gesprächsteilnehmer stehen in einer lockeren, überwiegend persönlichen Beziehung.

2 *Welche der in Aufgabe 1 genannten Gesprächsformen sind formell, welche sind informell?*

3 *Untersuchen Sie in Partnerarbeit fünf dieser Gesprächsformen genauer. Legen Sie eine Tabelle an:*

Gesprächsform	Teilnehmer/-in	Inhalt/Thema	Ziel/Absicht
Beispiel: **Mitarbeitergespräch**	Vorgesetzte/Vorgesetzter Mitarbeiter/-in	Arbeitsleistung	Aufstieg/ Lohnerhöhung

Sie finden die Tabelle als Lösungshilfe unter BuchPlusWeb.

Mit diesen Hinweisen haben Sie gute Karten im Gespräch:

10 ♣ Aufmerksamkeit signalisieren
- nicken
- Blickkontakt halten
- „Aha", „Mh"
- aktives Zuhören

10 ♥ Respekt zeigen
- mit Namen anreden
- zuhören
- keine abwertenden Gesten und Blicke
- ausreden lassen

10 ♠ Fragen stellen
- sicherstellen, dass Sie den anderen wirklich richtig verstanden haben
- zusätzliche Informationen erfragen

10 ♦ Auf den anderen eingehen
- in der Antwort Bezug auf den anderen nehmen
- auf seine Aussagen eingehen
- keine langen Vorträge halten

A ♣ Angemessene Sprache
- Verständlichkeit
- situationsgerechte Sprachebene
- Fach- und Fremdwörter erklären
- kurze Sätze

A ♥ Guten Ton pflegen
- angemessene Lautstärke
- freundlich bleiben
- den anderen zu Wort kommen lassen
- höfliche Ausdrucksweise

A ♠ Zugewandte Körpersprache
- keine „kalte Schulter" zeigen
- nicht mit dem Finger auf den anderen zeigen
- nicht weit zurücklehnen

A ♦ Entspannte Mimik
- freundlicher Gesichtsausdruck
- aufmunternd zulächeln
- nicht: „Er verzieht keine Miene."

4 *Beschreiben Sie die auf den Bildern dargestellten Gesprächssituationen: Wer ist am Gespräch beteiligt? – Wo findet es statt? – Worüber könnten die Beteiligten sprechen? – Welche nichtsprachlichen Verständigungsmittel sind erkennbar?*

5 *Beurteilen Sie, in welcher der dargestellten Rollen Sie sich wohlfühlen könnten und welche Ihnen unsympathisch wären. Begründen Sie Ihre Wahl.*

6 *Gestalten Sie mit einem Partner / einer Partnerin eines der dargestellten Gespräche als Rollenspiel. Besprechen Sie dann in der Klasse den Gesprächsverlauf, die Sprache und die verwendeten nonverbalen Mittel.*

7 *Ein* ***Gesprächsanlass*** *kann auch diese Karikatur sein.*
Bilden Sie in der Klasse Gesprächskreise mit drei oder vier Teilnehmern / Teilnehmerinnen und sprechen Sie darüber, wie Auszubildende in Betrieben behandelt werden und wie sie behandelt werden möchten.

»Hier rein! Lehrjahre sind keine Herrenjahre!«

8 *Besprechen Sie in der Klasse, inwiefern die Hinweise auf S. 27 bei beruflichen Gesprächen wichtig sind.*

9 *Können Sie sich eine Situation vorstellen, in der Sie – gegen die Regeln – einem Gesprächspartner ins Wort fallen? Suchen Sie unter den unten stehenden Einwürfen die heraus, die in einer solchen Situation angemessen sind, und diejenigen, die als unhöflich gelten.*

10 *Formulieren Sie die unhöflichen Einwürfe in höfliche um (s. S. 31).*

Dazu möchte ich anschließend etwas sagen.

Erlauben Sie mir, dass ich dazu sofort Stellung nehme.

Jetzt reicht's mir aber!

Darf ich Ihnen dazu eine Frage stellen?

Das entspricht aber nicht der Wahrheit.

Ihre Behauptung kann ich so nicht stehen lassen!

Das ist doch Unsinn, was Sie da sagen!

Sie spinnen wohl!

Das ist erstunken und erlogen!

Web Zu den Aufgaben 6 und 7 finden Sie eine Lösungshilfe unter BuchPlusWeb.

3.4.1 Fragen stellen

Wer in einem Gespräch Fragen stellt, kann es beleben, vertiefen und lenken.

Frageform	Beispiel
• **Die offene Frage (Ergänzungsfrage)** beginnt mit einem W (Welche? Wer? Wie? Warum? ...) Der/die Befragte entscheidet selbst, was er/sie antwortet und wie ausführlich die Antwort ist.	„Was waren die Höhepunkte der Betriebsbesichtigung?"
• **Die geschlossene Frage** lässt dem/der Befragten kaum Spielraum, verlangt meist eine knappe Antwort mit Ja oder Nein.	„Hat Ihnen die Betriebsbesichtigung gefallen?"
• **Die Alternativfrage** engt die befragte Person auf zwei Antworten ein. Mit „weder – noch" kann man ausweichen.	„Hätten Sie lieber einen Fernsehsender oder eine Brauerei besichtigt?"
• **Die Suggestivfrage** ist so formuliert, dass der/die Befragte merkt, welche Antwort der Fragesteller erwartet. Dahinter verbirgt sich die Absicht, andere zu beeinflussen.	„Die Besichtigung hat Ihnen doch sicher auch gefallen?"
• **Die Unterstellungsfrage** enthält bereits eine Behauptung, die der befragten Person einfach unterstellt wird. Diese Frageform gilt als unfair und man sollte sich dagegen wehren.	„Bei wem werden Sie sich über die mangelhafte Organisation der Besichtigung beschweren?"

1 Um welche Frageformen handelt es sich in den folgenden Beispielen?
- *a Warum haben Sie diesen Beruf gewählt?*
- *b Gefällt Ihnen Ihr Beruf?*
- *c Hätten Sie lieber einen anderen Beruf ergriffen?*
- *d Ihr Beruf hat doch manche Schattenseiten, nicht wahr?*
- *e Welchen Beruf hätten Sie lieber ergriffen?*
- *f Welche Aufstiegsmöglichkeiten gibt es in Ihrem Beruf?*
- *g Macht Ihnen der Ärger mit dem neuen Chef etwas aus?*
- *h Glauben Sie auch, dass es ohne Überstunden nicht geht?*

Tipp

Eine besondere Frageform ist die **rhetorische Frage**. Sie wird nicht gestellt, um eine Antwort zu bekommen, sondern sie soll die Zuhörer neugierig machen. „Was ist beim Einsatz dieses Gerätes besonders zu beachten?" Der Vortrag wird nun darauf eingehen, was besonders zu beachten ist. Die rhetorische Frage kann auch der Gliederung dienen.

2 Formulieren Sie zu jeder Frageform eine Frage. Stellen Sie Ihrem Sitznachbarn Ihre Fragen und prüfen Sie, ob Sie richtig gefragt haben.

3.4.2 Aktiv zuhören

„Du hörst mir ja gar nicht richtig zu!" oder „Du hast mich falsch verstanden!" sind Vorwürfe, die man im Berufs- und Privatleben oft hört. Sogar Manager werden auf Seminare geschickt, damit sie lernen, ihren Mitarbeitern richtig zuzuhören und sie zu verstehen.

Wer gehört werden will, muss zuerst zuhören.

(Japanisches Sprichwort)

1 *Notieren Sie Ihre Gedanken auf einem Blatt:*
Wenn ich merke, dass mir jemand nicht zuhört, fühle ich mich ...
Wenn mir jemand richtig/aufmerksam zuhört, dann habe ich das Gefühl ...

2 *Vergleichen Sie Ihre Antworten mit denen einer Mitschülerin/eines Mitschülers und ergänzen Sie Ihre Überlegungen.*

Eine Grundregel für gute Gespräche lautet:
Lass den anderen ausreden und höre ihm aufmerksam zu!

Insbesondere bei schwierigen Gesprächen, wenn es um ein Problem oder einen Konflikt geht, kommt es oft zu Auseinandersetzungen. Im Berufs- wie im Privatleben ist es wichtig, mit Konflikten zurechtzukommen (s. S. 32) und gemeinsam gute Lösungen zu finden, mit denen alle einverstanden sind.

Durch **aktives Zuhören** zeigen Sie dem Gesprächspartner, dass Sie ihn ernst nehmen und sich alle Mühe geben, ihn richtig zu verstehen.
Dazu gehören folgende Verhaltensweisen:
- guten Blickkontakt halten
- sich dem Gesprächspartner zuwenden (Körpersprache wirkt!)
- den Gesprächspartner ausreden lassen
- Interesse am Thema und an der Person zeigen, d. h. nichts nebenher machen
- beim Thema bleiben und ggf. nachfragen, d. h., nicht Neues erfragen, sondern um Erläuterungen des Gesagten bitten
- Reaktionen zeigen, die Aufmerksamkeit signalisieren, z. B. nicken, verbale Äußerungen wie „aha", „ach so", „hm"

Der **Zuhörer** formuliert in eigenen Worten, was er aufgenommen hat: „Sie denken also, ..."; „Ich höre, dass Sie sich darüber ärgern, dass ..." Er zeigt: „So habe ich dich verstanden."

Der **Redner** kann bestätigen: „Ja, so habe ich es gemeint."
Der Redner kann aber auch korrigieren: „Nein, so habe ich es nicht gemeint. Ich habe es anders gemeint: ..."

3 *Üben Sie diese Form des aktiven Zuhörens in der Klasse: Werfen Sie sich einen kleinen Ball oder einen anderen kleinen Gegenstand zu. Der Werfende sagt einen Satz, der Fänger formuliert, was er verstanden hat: „Du meinst also, ..."; „Ich habe verstanden, dass ..."*

4 *Bilden Sie Gruppen zu dritt. Einigen Sie sich auf ein aktuelles Thema. Sie nehmen drei verschiedene Rollen ein: Redner, Zuhörer und Beobachter. Ein Gruppenmitglied nimmt zwei Minuten lang Stellung. Der andere wiederholt in eigenen Worten, was der Vorgänger gesagt hat. Der Dritte prüft, ob der Zweite in jeder Hinsicht ein aufmerksamer Zuhörer war. Jeder übernimmt jede Rolle einmal.*

5 *Berichten Sie in der Klasse über Ihre Erfahrungen. Welche Schlussfolgerungen ziehen Sie?*

6 *Welche Auswirkungen kann „aktives Zuhören" im Unterricht haben?*

3.4.3 Sich höflich ausdrücken

Bei Gesprächen im Betrieb, in der Schule oder im Privatleben: Achten Sie darauf, dass Sie Ihre Gesprächspartner nicht durch falsch gewählte Worte oder einen unfreundlichen Ton verärgern. Versuchen Sie, sich anderen gegenüber immer respektvoll auszudrücken.

Eine barsch wirkende Aufforderung wie „Sei jetzt endlich still!" sollte man vermeiden. Formulieren Sie Ihr Anliegen stattdessen höflicher: „Könntest du bitte einen Moment still sein?"

1 *Betrachten Sie die folgenden Beispiele und überlegen Sie sich höflichere Sätze.*

(A) „Quatsch, das läuft nicht so!"

(B) „Da liegst du voll daneben!"

(C) „Hau ab, du störst!"

(D) „Musst du mich jetzt so nerven?"

(E) „Ist mir völlig wurscht, was du machst!"

(F) „Hey Alter, überleg, was du da sagst!"

(G) „Denk mal nach, was du gerade gelabert hast!"

(H) „Sie wollen mich nicht verstehen, was?"

(I) „Lass es, du kapierst es sowieso nicht!"

(J) „Nein, so einen Käse machen wir nicht!"

2 *Ihre Vorgesetzte/Ihr Vorgesetzter hat die Auszubildenden des ersten Lehrjahres nicht zum Betriebsausflug eingeladen. Sie sind enttäuscht. Sie wollen sie/ihn anrufen und nach dem Grund fragen. Überlegen Sie sich respektvolle Worte für das Gespräch.*

3 *Führen Sie das Telefongespräch mit Ihrem Tischnachbarn als Rollenspiel.*

4 *Formulieren Sie Tipps für das höfliche Sprechen auf „Gesprächs-Karten". Orientieren Sie sich dabei an den Beispielen von S. 27.*

Bei Online-Gesprächen, z. B. im Chat, ist **Netiquette** ein Muss. Das Wort setzt sich zusammen aus den Begriffen „Network" (Netzwerk) und „Etiquette" (höfliche Umgangsformen) und bezeichnet eine Reihe respektvoller Benimmregeln, die man bei der Kommunikation per Internet beachten sollte.

5 *Führen Sie eine Online-Recherche durch: Suchen Sie nach konkreten Netiquette-Regeln und legen Sie eine Liste mit fünf für Sie wichtigen Regeln an.*

6 *Bilden Sie Kleingruppen (fünf Schüler/-innen): Stellen Sie ein Ranking der fünf wichtigsten Netiquette-Regeln innerhalb Ihrer Gruppen auf. Begründen Sie Ihre Wahl.*

3.4.4 Umgang mit Konflikten

Kosten- oder Zeitdruck, Missverständnisse zwischen Ausbilder und Auszubildenden, Unklarheiten bei Auftraggeber und Projektgruppe, unterschiedliches Sozialverhalten der Teammitglieder – Arbeit und Schule bergen viele Anlässe für Konflikte. Gelingt es nicht, sie konstruktiv zu lösen, dann schwelen sie im Untergrund weiter, behindern die Zusammenarbeit und gefährden den Auftrag und den Erfolg.

Für die konstruktive Konfliktbewältigung ist es wichtig,

- das gemeinsame Ziel im Auge zu behalten,
- die Verschiedenheit der Charaktere zu akzeptieren (ich bin o.k., du bist o.k.),
- bei Meinungsverschiedenheiten die richtigen Worte zu wählen.

Manche nehmen für ihre Meinung in Anspruch, dass sie „objektiv" sei. Der Gesprächspartner hat das Gefühl, er würde nicht ernst genommen, er müsse sich behaupten und sein Recht auf die eigene Meinung verteidigen.

> ***Urteile nie über einen anderen Indianer, ehe du nicht einen Tag und eine Nacht in seinen Mokassins gelaufen bist.***
>
> *(Indianische Weisheit)*

Beide streiten dann darüber, wer recht hat, kommen aber in der Sache nicht weiter. In solch angespannten Gesprächssituationen ist es wichtig, sich mit Bewertungen und Urteilen über den anderen zurückzuhalten. Negative Beziehungsaussagen (Du-Aussagen) sollten vermieden, klare Ich-Aussagen dagegen verwendet werden. Missverständnissen und Konflikten können Sie vorbeugen, wenn Sie sich an folgende **Grundregeln** für eine konstruktive Konfliktlösung halten:

- Sprechen Sie von sich, von Ihren Eindrücken, Ihren Gefühlen, Ihrer persönlichen Meinung.
- Verwenden Sie **Ich-Aussagen**!
- Sprechen Sie von dem konkreten Fall hier und jetzt.
- Sprechen Sie möglichst wenig über andere.

Du-Aussage (Beziehungsaussage) ☹	Ich-Aussage ☺
1. „Sie haben mir nicht zugehört."	1. „Ich fühle mich nicht richtig verstanden."
2. „Sie spielen sich hier als Fachmann auf."	2. „Ich kann Ihre Beurteilung nicht teilen."
3. „Sie reden dauernd zu schnell."	3. „Ich komme nicht mit, für mich ist das zu schnell."
4. „Was Sie sagen, stimmt hinten und vorne nicht."	4. „Ich kann Ihre Meinung nicht teilen. Ich sehe das anders."
5. „Ihre Reklamation ist völlig unbegründet."	5. „Diese Reklamation halte ich nicht für berechtigt."
6. „Sie haben mich falsch verstanden."	6. „Ich habe mich vielleicht nicht verständlich ausgedrückt."

1 *Formulieren Sie die folgenden **Du-Aussagen** so um, dass Ihr Gesprächspartner sich nicht angegriffen fühlt. Sprechen Sie von sich:*
- *„Sie machen unsere Firma schlecht."*
- *„Ihnen kann es auch nicht billig genug sein."*
- *„Regen Sie sich doch nicht so auf."*
- *„Na, sind Sie heute mal pünktlich?"*

2 *Tauschen Sie Ihre Lösungen in einer Kleingruppe aus. Nehmen Sie jeden Einwand ernst und prüfen Sie gegenseitig, ob Ihre Antworten vom anderen akzeptiert werden können.*

3 *Wie gehen Sie mit folgenden Aussagen um? „Ich finde dich blöd." – „Ich halte deine Arbeit für völlig daneben." – „Mir fällt auf, dass du mich ständig unterbrichst."
Prüfen Sie, ob es sich um **Ich-Aussagen** handelt.*

3.5 Telefonieren

3.5.1 Telefonieren oder E-Mails (Briefe) schreiben

Telefon und E-Mail sind zwei wichtige Kommunikationsmittel im beruflichen und im privaten Bereich. Sie müssen immer wieder entscheiden, ob Sie mit jemandem telefonisch in Kontakt treten wollen oder ob es besser wäre, eine E-Mail bzw. einen Brief zu schicken.

1 *Diskutieren Sie mit Ihren Mitschülerinnen und Mitschülern über die richtige Entscheidung in folgenden Situationen:*
- *Sie müssen sich im Betrieb oder in der Schule krankmelden.*
- *Sie laden Ihre Freunde zu einer Geburtstagsparty ein.*
- *Sie erkundigen sich bei der Agentur für Arbeit nach einer freien Stelle.*
- *Sie beschweren sich bei der Deutschen Bahn über die Verspätung eines Zuges und fordern eine Entschädigung.*
- *Sie bestellen bei einem Versandhaus eine Ware.*
- *Sie mahnen eine Firma, weil sich die Lieferung verzögert hat.*
- *Sie fragen Informationsmaterial bei einem Fremdenverkehrsamt nach.*
- *Sie wollen Ihre ehemaligen Mitschüler zu einem Klassentreffen einladen.*

3.5.2 Ein Kunde ruft an

1 *Lesen Sie das folgende Telefongespräch mit verteilten Rollen.*

Mitarbeiter: „Autohaus König, Bender, guten Tag."
Kunde: „Hier Jäger, guten Tag, ist Herr Keller da?"
Mitarbeiter: „Herr Keller, unser Verkaufsleiter, ist heute noch krank. Kann ich etwas für Sie tun?"
Kunde: „Ja, ich weiß nicht – ich habe doch seit vier Wochen den neuen GTI und jetzt will ich in drei Tagen in Urlaub fahren. Das erste Mal seit einem Jahr, und meine Tochter hat auch deswegen –"
Mitarbeiter: „Gibt es ein Problem mit dem Fahrzeug?"
Kunde: „Das ist es doch, warum ich anrufe. Stellen Sie sich vor, jetzt klappert jedes Mal, wenn ich anfahre, etwas im Motorraum."
Mitarbeiter: „Das kommt vor, deswegen können Sie doch in Urlaub fahren. Bei einem neuen Auto brauchen Sie doch nicht so ängstlich zu sein."
Kunde: „Was heißt ängstlich, sitze ich dann mit einem defekten Motor in Italien oder Sie?"
Mitarbeiter: „Sie müssten mal in die Werkstatt kommen, aber diese Woche geht es nicht mehr."
Kunde: „Ihr Verkaufsleiter hat gesagt, wenn irgendetwas sei, solle ich mich direkt an ihn wenden. Ist er morgen wieder da?"
Mitarbeiter: „Woher soll ich das wissen, kann schon sein."
Kunde: „Dann soll er mich anrufen, sagen Sie es ihm."
Mitarbeiter: „Auf Wiederhören!"
Kunde: „Guten Tag!"

2 *An welchen Stellen müsste sich der Mitarbeiter Bender kundenfreundlicher verhalten? Verbessern Sie seine Formulierungen.*

3 *Lesen Sie das verbesserte Gespräch noch einmal mit verteilten Rollen.*

3.5.3 Erfolgreich telefonieren

1 *Telefongespräche als Rollenspiel*
Notieren Sie sich vor jedem Gespräch die Punkte, die darin angesprochen werden sollten. Vergleichen Sie diese mit denen Ihrer Mitschülerinnen und Mitschüler.

- *Alarmieren Sie den Rettungsdienst, weil ein Schüler in der Schulwerkstatt verunglückt ist. (Eine Anleitung finden Sie auf der nächsten Seite.)*
- *Vereinbaren Sie mit einer Werkstatt einen Termin für eine Reparatur.*
- *Benachrichtigen Sie eine Kundin/einen Kunden darüber, dass eine bestellte Ware nur noch in einer anderen Ausführung lieferbar ist.*

2 *Ein Telefongespräch vorbereiten*
Sie wollen mit Ihrer Clique das Konzert einer bekannten Band besuchen. Im Radio haben Sie gehört, dass der Vorverkauf der Karten schon begonnen hat und dass die Nachfrage groß ist. Ihre Freunde haben Sie beauftragt, die Karten telefonisch zu bestellen. Franz und Laura werden diese dann bei der Vorverkaufsstelle abholen.
Notieren Sie auf einem Stichwortzettel die Punkte, die Sie bei dem Gespräch ansprechen müssen. Vergleichen Sie diese mit denen Ihrer Mitschülerinnen und Mitschüler.

3 *Telefonisch Termine vereinbaren*
Sophie Hirsch hat vor zwei Jahren eine umfangreiche Zahnregulierung machen lassen. Ihre Mutter ermahnt sie, dass sie dringend zum Zahnarzt gehen müsse. Die Kontrolluntersuchung, welche die Krankenkasse verlange, habe sie auch noch nicht durchführen lassen. Es ist Ende November. Sophie bleibt nicht mehr viel Zeit. Noch heute will sie einen Termin vereinbaren.

- *Was muss Sophie sich überlegen, bevor sie telefoniert?*
- *Wie sollte Sophie das Gespräch beginnen?*
- *Worauf sollte sie in ihrem Gespräch hinweisen?*
- *Welche Empfehlungen geben Sie Sophie für den Schluss des Gesprächs?*
- *Bereiten Sie in Kleingruppen ein Rollenspiel vor:*
  - *Eine Person übernimmt die Rolle der Sophie, eine andere Person die der Zahnarzthelferin; zwei oder drei Personen bereiten sich auf die Beobachtung des Gesprächs vor.*
  - *Führen Sie das Gespräch, sprechen Sie dann in der Gruppe über die Stärken und Schwächen des Gesprächs. Wiederholen Sie das Gespräch mit vertauschten Rollen.*

3.5.4 Telefonische Unfallmeldung

HÄTTEN SIE'S GEKONNT?

Die Notfallmeldung

Richtig Erste Hilfe leisten ist leichter, als man denkt.

JEDER KANN HELFEN!

Kostenlose Kurse bei den Hilfsorganisationen DRK, ASB, JUH, MHD

Wenn es irgendwo „gekracht" hat, wenn im Betrieb ein Unfall geschehen ist, dann kommt es nicht nur darauf an, so schnell wie möglich fachmännische Hilfe herbeizutelefonieren. Dann ist es nicht minder wichtig, kurze und präzise Angaben zu machen, damit die richtigen Leute richtig helfen können. Was bei einer Notfallmeldung zu beachten ist, zeigt die obige Bildergeschichte.

Text: Hauptverband der gewerblichen Berufsgenossenschaften, Zeichnungen: Cornelia Kurtz

1 *Üben Sie die telefonische Unfallmeldung im Rollenspiel.*

2 *Fertigen Sie sich für „alle Fälle" einen Spickzettel für die Meldung eines Notfalles an. Diese Kurzanleitung sollte in Ihren Geldbeutel passen.*

3.6 Im Team zusammenarbeiten

3.6.1 Teamarbeit im Betrieb

Teamarbeit in der Schule ist eine Vorbereitung auf eine zukünftige berufliche Tätigkeit. Viele Betriebe gehen von Einzelarbeit zu Teamarbeit über. Dabei werden betriebliche Aufgaben, z. B. die Herstellung oder der Vertrieb eines Produktes oder das Anbieten einer Dienstleistung, von Gruppen übernommen, denen von der Betriebsleitung ein hohes Maß an Selbstständigkeit, Entscheidungsfreiheit und Verantwortung übertragen wird.
An die Stelle der Über- und Unterordnung (Hierarchie) im Betrieb tritt die Zusammenarbeit (Kooperation) der Mitarbeiter, um deren Erfahrungen und Wissen mehr als bisher zu nutzen.

Bei der Teamarbeit besprechen die Gruppenmitglieder untereinander das Problem, diskutieren miteinander über Lösungsmöglichkeiten und setzen diese selbstständig und eigenverantwortlich um.
Betriebe, die Teamarbeit praktizieren, verfolgen damit vier Hauptziele: Zunahme der Arbeitszufriedenheit, Verbesserung der Zusammenarbeit, Senkung der Kosten, Erhöhung der Produktivität.
Wenn Sie später einmal in einer betrieblichen Gruppe mitarbeiten, werden besondere Anforderungen an Sie gestellt. Neben den schon immer wichtigen fachlichen Fertigkeiten und Kenntnissen (Fachkompetenz) wird jetzt auch **Teamfähigkeit** verlangt: Sie müssen durch sprachliche und soziale Fähigkeiten für die Zusammenarbeit mit anderen geeignet sein. In der Gruppe müssen Sie z. B. mündlich über einen Sachverhalt informieren, einen eigenen Verbesserungsvorschlag begründen, diskutieren und die Gegenargumente anderer anhören, Kritik üben oder zu einem Problem Stellung nehmen. Konstruktive Mitarbeit in der Gruppe setzt soziale Fähigkeiten (Sozialkompetenz) voraus, wie Rücksichtnahme, Toleranz, Kompromiss- und Einsatzbereitschaft. Fach- und Sozialkompetenz gehören zu den sogenannten **Schlüsselqualifikationen,** weil sie den Arbeitnehmern den Zugang zur modernen Berufswelt erschließen.

1 *Welche Anforderungen stellt Gruppenarbeit an Ihr mündliches Ausdrucksvermögen?*

2 *Berichten Sie von Ihren Erfahrungen, die Sie beim Arbeiten in Gruppen gemacht haben.*

3 *Nach der Einführung von Gruppenarbeit stellten Betriebe fest, dass die Fehlzeiten deutlich geringer wurden. Wie erklären Sie sich diese Veränderung?*

Mischung entscheidet

Der Anteil Älterer an den Mitarbeiterinnen und Mitarbeitern deutscher Unternehmen nimmt seit Jahren stetig zu und wird weiter steigen.
Untersuchungen zeigen: Ältere sind erheblich leistungsfähiger, wenn sie in Teams mit jüngeren Kolleginnen und Kollegen zusammenarbeiten, ihr Arbeitsplatz altersgerecht ausgestattet ist und die Tätigkeiten ihre Stärken berücksichtigen. Arbeiten Ältere im Team mit jungen Kollegen, führt dies auch beim Nachwuchs zu einer verbesserten Leistung, da diese verstärkt von der Berufserfahrung der älteren Kollegen profitieren.

Pressemitteilung des Zentrums für Europäische Wirtschaftsforschung (ZEW)

4 *Diskutieren Sie über Ihre Erfahrungen in der Zusammenarbeit mit Älteren.*

5 *Nehmen Sie Stellung zur Behauptung: Die Erfahrung älterer Mitarbeiter ist unverzichtbar.*

3.6.2 Gruppenarbeit in der Berufsschule

Um Ihre Teamfähigkeit zu stärken, sollten Sie in der Berufsschule möglichst viele Gelegenheiten nutzen, mit anderen zusammenzuarbeiten. Bei der Zusammenarbeit in kleinen Gruppen mit je vier bis sechs Mitgliedern besteht für den Einzelnen die Gelegenheit, sich zu beteiligen. Zurückhaltende Schülerinnen und Schüler können ihre Scheu verlieren und so die Chance nutzen, ihre Kommunikationsfähigkeit zu trainieren. Wer sich in der Schule an der Gruppenarbeit beteiligt, trainiert dabei die gleichen Fähigkeiten, die auch für die betriebliche Gruppenarbeit wichtig sind. Dabei spielt es keine Rolle, dass die Inhalte und Aufgabenstellungen der Gruppenarbeit in der Schule naturgemäß anders sind als im Betrieb. Auch die **Gesprächsregeln** (s. S. 27) gelten in Betrieb und Schule gleichermaßen.

Mitglieder einer Arbeitsgruppe sollten Folgendes können:

- mit anderen diskutieren
- aktiv zuhören
- konstruktiv kritisieren
- Stellung nehmen
- selbstständig arbeiten
- Verantwortung übernehmen
- Ergebnisse festhalten
- Ergebnisse präsentieren

(Das Lehrbuch enthält zu all diesen Arbeitsbereichen ausführliche Informationen.
Mithilfe des Stichwortverzeichnisses lassen sich die entsprechenden Seiten schnell auffinden.)

Die Gruppenbildung

Nicht freundschaftliche Beziehungen oder besondere Sympathie sind für die Zusammensetzung einer Gruppe entscheidend, sondern vielmehr, dass jeder zur Lösung einer bestimmten Sachaufgabe etwas beitragen kann. Die Unterschiedlichkeit der Kenntnisse, Charaktere und Fähigkeiten macht die Arbeit fruchtbar. Man spricht hier von Synergieeffekten.

1 *Sprechen Sie in der Klasse über günstige und ungünstige Anordnungen von Tischen und Stühlen für erfolgreiche Gruppenarbeit.*

2 *Welche persönlichen Stärken können Sie in eine Arbeitsgruppe einbringen?*

3 *Wo liegen Ihre Schwächen? Was können Sie tun, um diese zu beheben?*

4 *Wo liegen die Vorteile/Nachteile, wenn Sie häufig mit denselben Mitschülerinnen/Mitschülern zusammenarbeiten?*

3.6.3 Placemat-Methode

Die Placemat-Methode (engl. Tischset) ist ein Beispiel für die Verbindung von Einzel- und Gruppenarbeit. Ziel ist, dass alle Gruppenmitglieder sich beteiligen und ihre individuellen Ideen in ein gemeinsames Gruppenergebnis einbringen. Dabei schulen Sie Ihre Kompromiss- und Teamfähigkeit.

Vorgehensweise

1. Phase: Organisation
- Teilen Sie Ihre Klasse in Vierer-Gruppen auf.
- Jede Gruppe setzt sich jeweils an einen Tisch.
- Zeichnen Sie auf ein DIN-A2-Blatt ein sog. Placemat (siehe Bild unten) und legen Sie es in die Tischmitte.
- Ihre Fachlehrerin/Ihr Fachlehrer teilt den Gruppen eine arbeitsgleiche Aufgabenstellung mit.
- Die Arbeitszeit in den Phasen 2 und 3 beträgt 15 Minuten; halten Sie diese ein.

2. Phase: Einzelarbeit
- Machen Sie sich individuell Gedanken über die Aufgabe.
- Tragen Sie Ihre Ideen in vier bis sechs Stichworten in eines der vier Gruppenmitgliedsfelder des Placemat ein. Schreiben Sie bitte alle gleichzeitig und nicht voneinander ab.

3. Phase: Gruppenarbeit
- Drehen Sie das Placemat und lesen Sie nacheinander die Ergebnisse der anderen drei Gruppenmitglieder.
- Vergleichen Sie die Einträge und tauschen Sie sich über die besten Ideen aus.
- Einigen Sie sich auf ein gemeinsames Ergebnis (maximal vier Stichworte) und halten Sie dieses mittig im Gruppenergebnisfeld fest.
- Schneiden Sie abschließend das Feld aus.

4. Phase: Präsentation
- Jede Gruppe stellt ihr Ergebnis den anderen vor: Sie können z. B. das Gruppenergebnisfeld an einer Pinnwand aufhängen und erläutern.
- Diskutieren Sie in der Klasse sämtliche Gruppenergebnisse.

1 Führen Sie die Placemat-Methode zu einer der folgenden Aufgaben durch:
a Welche Ursachen hat Jugendkriminalität?
b Welche Vor- und Nachteile hat die Mitgliedschaft in einem Verein?

2 Tauschen Sie sich über Ihre Erfahrungen mit der Placemat-Methode aus.

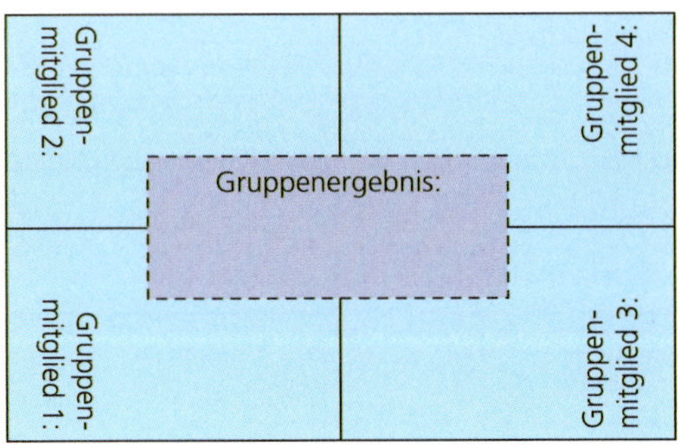

3.6.4 Kriterien für Teamfähigkeit

Mit „Teamfähigkeit" werden die Bereitschaft und die Fähigkeit einer Person bezeichnet, mit den Mitgliedern einer Gruppe ziel- und aufgabenorientiert zusammenzuarbeiten. Damit die Zusammenarbeit in einem Team gut funktioniert und erfolgreich ist, müssen die Mitglieder des Teams zueinanderpassen und bereit sein, ihre individuellen Fähigkeiten und Kenntnisse in die Gruppe einzubringen. In vielen Betrieben ist die Teamfähigkeit ein Teil der Mitarbeiterbeurteilung. In der Berufsschule kann sie in die Note für „Projektkompetenz" einfließen.

Folgende Kriterien werden immer wieder als Indikatoren für die Teamfähigkeit genannt:

- Sie/er ist bereit, von anderen zu lernen.
- Sie/er ist bereit und in der Lage, anderen zuzuhören.
- Sie/er stellt eigene Interessen zurück, wenn die Ziele des Teams dies erfordern.
- Sie/er bringt eigenes Wissen und Erfahrungen in das Team ein.
- Sie/er tauscht wichtige Informationen im Team aus.
- Sie/er macht Vorschläge zur Aufgabenverteilung.
- Sie/er ist bereit, Aufgaben zu übernehmen.
- Sie/er schätzt die Ideen der Teammitglieder.
- Sie/er erkennt die Leistungen anderer an.
- Sie/er strebt einvernehmliche Lösungen an.
- Sie/er bittet andere Teammitglieder um Hilfe.
- Sie/er bietet anderen im Team Hilfe an.
- Sie/er stimmt sich mit dem Team ab.
- Sie/er hält die abgesprochenen Aufgabenverteilungen und Termine ein.

1 *Welche der genannten Kriterien sind Ihrer Erfahrung nach nicht so wichtig?*

2 *Nennen Sie die fünf Kriterien, die Ihrer Meinung nach wichtig sind.*

3 *Vergleichen Sie Ihr Ergebnis mit dem einer Mitschülerin/eines Mitschülers. Einigen Sie sich auf sechs Kriterien.*

4 *Bilden Sie eine Gruppe mit vier bis sechs Schülerinnen/Schülern. Einigen Sie sich in der Gruppe auf sechs Kriterien.*

5 *Entwickeln Sie in der Gruppe einen Bewertungsbogen, mit dessen Hilfe beurteilt werden kann, wie teamfähig eine Mitarbeiterin/ein Mitarbeiter ist.*

6 *Stellen Sie als Gruppe den Bewertungsbogen der Klasse vor. Vergleichen Sie die Lösungen der verschiedenen Gruppen und diskutieren Sie über deren Vor- und Nachteile.*

7 *Bewerten Sie selbstkritisch Ihre eigene Teamfähigkeit. Wo liegen Ihre Stärken? Was sollten Sie tun, um sich noch zu verbessern?*

8 *Nutzen Sie den Bewertungsbogen, um sich gegenseitig ein Feedback (s. S. 67) zur Teamfähigkeit zu geben.*

Überblick 3.6.5 Gruppenarbeit

Form der Aufgabenstellung

- **arbeitsgleiche Aufgabenstellung:** Alle Gruppen erhalten dieselbe Aufgabe.
  - Die Ergebnisse sind gut vergleichbar, Unterschiede sind leicht zu erkennen, Fehlendes ist schnell zu ergänzen.
  - Ähnlicher Wissensstand der Mitglieder aller Gruppen, alle können deshalb in der anschließenden Diskussion mitreden.
- **arbeitsteilige Aufgabenstellung:** Jede Gruppe erhält einen anderen Teil einer umfangreichen Gesamtaufgabe (z. B. die Untersuchung eines Werbetextes wie auf S. 151 f.).
  - Die Gruppenmitglieder müssen genau und gründlich arbeiten, damit sie zu „Experten" für das jeweilige Teilgebiet werden.
  - Die Ergebnisse ergänzen sich und ergeben die Gesamtlösung.
  - Die anderen Gruppen können das eigene Ergebnis nur indirekt kontrollieren.
  - Die Präsentation der Ergebnisse ist mit den anderen Gruppen abzustimmen.

Zeitvorgabe

Die Gruppe muss die Zeitvorgabe für die Gruppenarbeit beachten. Alle Gruppen haben sich an die Zeitvorgabe zu halten, sonst wird das Gesamtergebnis blockiert.

Arbeitsaufteilung in der Gruppe

Die Gruppenmitglieder einigen sich, wer eine bestimmte Aufgabe übernimmt. Beispiele dafür:

- Wer ist Zeitwächter?
- Wer protokolliert den Ablauf der Arbeit (Protokoll s. S. 95 ff.)?
- Wer dokumentiert die Ergebnisse der Gruppenarbeit?
- Wer präsentiert die Ergebnisse vor der Klasse?

Vorstellen der Arbeitsergebnisse

Die von einer Gruppe erarbeiteten gemeinsamen Ergebnisse müssen häufig anderen Gruppen oder der Klasse vorgestellt werden.

- Einigen Sie sich darauf, in welcher Form Ihr Gruppenergebnis vorgestellt werden soll.
- Entwerfen Sie gemeinsam die Bestandteile/Unterlagen für die Vorstellung.
- Stellen Sie die Arbeitsergebnisse möglichst in Partnerarbeit oder als Gruppe vor.

1 *Erläutern Sie, welche **Gesprächsregeln** bei der Arbeit in einer Gruppe besonders wichtig sind (s. S. 27). Informieren Sie sich auch auf S. 54 über die Aufgaben eines Diskussionsteilnehmers. Beschreiben Sie mit einem Beispiel, wie sich der Verstoß gegen eine dieser Regeln auswirkt.*

2 *Aus welchen Gründen würden die meisten Menschen am liebsten in einer Freundschaftsgruppe arbeiten?*

Tipp

Ihre Fähigkeit, mit anderen gut zusammenzuarbeiten, können Sie auch in der **Partnerarbeit** üben. Dazu wird die Klasse in sogenannte Tandems mit je zwei Schülerinnen oder Schülern aufgeteilt, die im Klassenzimmer direkt vor-, hinter- oder nebeneinandersitzen. Ein solches „Tandem" sollte immer wieder neu zusammengesetzt werden, denn der Umgang mit unterschiedlichen Partnerinnen und Partnern ist eine gute Vorübung dafür, dass Sie in einer Gruppe mitreden können. Beinahe alle Aufgaben des Lehrbuchs können Sie in Partnerarbeit durchführen.

3.7 In Projekten arbeiten

Viele Aufgaben in Betrieben müssen heute fachübergreifend gelöst werden. Besondere Entwicklungsaufgaben oder Auftragsbearbeitungen werden daher in Form von Projekten geplant und durchgeführt. Ziel von Projektarbeit sind kürzere Kommunikationswege, höhere Flexibilität, kürzere Entscheidungswege, schnelleres Erkennen von Problemen und natürlich eine höhere Produktivität.
Für umfangreichere Projekte werden immer wieder Mitarbeiter aus den Organisationsstrukturen herausgelöst oder befristet eingestellt.

Projekte zeichnen sich durch folgende Merkmale aus:

- klare Zielvorgabe
- zeitliche Begrenzung
- finanzielle Begrenzung
- personelle Begrenzung
- Neuartigkeit
- Vielschichtigkeit der Aufgabe
- spezielle Organisationsform
- Nachvollziehbarkeit durch Dokumentation

Man kann **vier Phasen eines Projekts** unterscheiden:

1. Projektauftrag
Definition
Ziele
Auftraggeber
Projektleiter

Mit der **Definition des Projekts** ist eine klare Aufgabenstellung gemeint. Es geht darum, präzise zu formulieren, was am Ende des Projekts erreicht sein soll. Auch Auftraggeber und zuständiger Projektleiter müssen genannt werden.

2. Planung
Arbeitspakete
Meilensteine
Zuständigkeiten
Zeit

Die **Planungsphase** ist von entscheidender Bedeutung: Arbeitsschritte und Teilaufgaben (Arbeitspakete, Meilensteine und Termine) werden festgelegt und die jeweiligen Verantwortlichen benannt. Die Teilnehmer am Projekt werden als Projektgruppe zusammengestellt.

3. Umsetzung
Durchführung
Planung
Aktualisierung
Information

In der **Umsetzungsphase** findet die Durchführung des Projekts statt. Jeder erfüllt die Aufträge, für die er zuständig ist. In dieser Phase ist die kontinuierliche Verständigung im Team notwendig. Insbesondere wenn etwas nicht so läuft, wie es geplant wurde, ist eine neue Absprache nötig.

4. Abschluss
Abschlussbericht
Abnahme
Bewertung
Dokumentation

Der **Abschluss des Projekts** bedeutet: Der Auftrag ist erfüllt, das Ziel erreicht. Der Auftraggeber erhält die Ergebnisse. Akzeptiert er die Leistung, ist das Projekt beendet. Für das Projektteam ist es wichtig, abschließend Bilanz zu ziehen: Was ist gut gelaufen, was können wir noch verbessern („Feedback", s. S. 67)?

Was ist ein Projekt? Der Begriff „Projekt" ist kein anderes Wort für „Vorhaben" oder „Aufgabe". Es gibt eine genaue Definition, die in der DIN 69901 festgelegt ist: Ein Projekt ist demnach ein Vorhaben, das im Wesentlichen durch die Einmaligkeit der Bedingungen gekennzeichnet ist: ▶ Zielvorgabe ▶ zeitliche, finanzielle, personale Begrenzungen ▶ Abgrenzung gegenüber anderen Vorhaben ▶ projektspezifische Organisation

1 Wodurch unterscheiden sich Projektarbeit und Gruppenarbeit? Nennen Sie Beispiele für beide Formen der Zusammenarbeit.

3.7.1 Projektauftrag

Im folgenden Beispiel wird anhand einer schulischen Problemstellung die Arbeit an einem Projekt geübt.

1 Bilden Sie Gruppen zu fünf bis sechs Mitgliedern. Formulieren Sie ein Projektziel, das der aktuellen Situation Ihrer Klasse oder Gruppe entspricht.

2 Legen Sie ein Formular für den Projektauftrag an und füllen Sie es aus.

Projektauftrag: *Beispiel:*	(Hier wird das Thema des Projekts genannt.) *Wir organisieren einen gemeinsamen Ausstellungsbesuch.*	**Datum:**
Projektleiter: *Beispiel:*	(Hier steht der Name des Leiters, der für die Organisation des Teams zuständig ist.) *Name des Klassensprechers*	
Zielsetzung: *Beispiel:*	(Hier steht die genaue Zielangabe.) *Die Klasse 1M3 besucht gemeinsam eine Kunstausstellung.*	
Aufgabenstellung: *Beispiel:*	(Hier steht, was im Einzelnen getan werden soll.) *Auswahl der Ausstellung* *Festlegung des Besuchstermins* *Genehmigung durch Schulleitung und Abstimmung mit den Fachlehrern* *Klärung der organisatorischen Rahmenbedingungen*	
Zu erarbeitende Ergebnisse: *Beispiel:*	(Hier steht, was beim Abschluss des Projekts vorliegen soll.) *Teilnehmer, Termin- und Zeitplanung, Ablauf/Programm (z. B. Führung), An- und Abfahrt, Begleitpersonen, Unterrichtsverlegung*	
Ressourcen: *Beispiel:*	(Hier steht, was zur Erfüllung des Auftrags gebraucht wird.) *verfügbare Zeit, Kostenübernahme für Eintritt, Führung, Fahrtkosten*	
Randbedingungen: *Beispiel:*	(Hier steht, worauf besonders geachtet werden muss.) *Treffpunkt, Aufsicht, Heimfahrt*	
Termine, Meilensteine: *Beispiele:*	(Hier wird festgelegt, bis wann was erarbeitet werden muss.) *Projektdurchführung:* *Abschluss der Planung:* *Information/Genehmigung der Schulleitung:* *Klärung der organisatorischen Bedingungen:* *Programm:*	 .. . . .. .20.. ... ...
Auftraggeber: *Beispiel:* *Name der Klasse/des Lehrers*	**Projektleiter:** *Name/Unterschrift des Klassensprechers*	

Einen Vordruck für den Projektauftrag finden Sie unter BuchPlusWeb.

3.7.2 Projektplanung

1 *Klären Sie im Einzelnen, was geschehen muss, um das Ziel des von Ihnen gewählten Projekts zu erreichen. Welche Aufgabenstellungen ergeben sich?*

Sie können dazu eine Mehrkartenfrage durchführen und eine Themenliste erstellen („Moderation", s. S. 56 ff.).

2 *Zur Themenliste führen Sie eine Mehrpunktfrage durch (z. B.: „Welche Themen sollen zuerst bearbeitet werden?"). Für diesen Arbeitsschritt bereiten Sie ein Plakat nach folgendem Muster vor:*

Themenliste/Aufgabenstellungen

Thema / Problem	Punkte	Rang

Die Themen mit den meisten Punkten sind die Grundlage für die Bestimmung von „Arbeitspaketen" (Teilaufgaben). Sie werden in eine Übersicht eingetragen.

3 *Fertigen Sie für Ihr Projekt eine Übersicht über die Arbeitspakete auf einer Metaplantafel an:*

Was	Wer	Bis wann	Wen informieren	Ressourcen

Bei jedem Projekt gibt es einige Arbeitspakete und Termine, die für das Gelingen sehr wichtig sind. Sie werden als **Meilensteine** bezeichnet. Zu solchen Terminen werden Besprechungen geplant, damit alle am Projekt Beteiligten über den Fortgang informiert sind und Störungen bzw. nicht eingehaltene Planungsschritte das Gesamtprojekt nicht gefährden.

Auf einem Plakat werden auf einer **Zeitleiste** die Meilensteine, die Termine der geplanten Projektbesprechungen und die vorgesehenen Abschlusstermine für die Arbeitspakete eingetragen. So kann jeder Beteiligte mit einem Blick feststellen, in welcher Phase sich das Projekt befindet.

Zeitleiste Projektplanung: Besuch einer Kunstausstellung

19. KW	20. KW	21. KW	22. KW	23. KW	24. KW	25. KW	26. KW	27. KW	28. KW[1]
1. Termin	Pfingstferien		2. Termin			3. Termin		**Besuch**	4. Termin

Projektauftrag
Projektleiter
Arbeitspakete
Meilensteine

Berichte der Zuständigen
Genehmigung durch die Schulleitung
Termin vereinbaren

Begleitperson klären
Unterrichtsverlegung planen
An- und Abfahrt organisieren

Nachbesprechung
Projektdokumentation

4 *Zeichnen Sie für Ihr Projekt eine Zeitleiste mit den Meilensteinen.*

[1] *Kalenderwoche*

3.7.3 Projektaufträge ausführen

Je genauer die Planung, desto besser können nun die einzelnen Arbeitspakete abgearbeitet werden. Jedes Teammitglied weiß, was zu tun ist und bis wann es seine Aufgabe erfüllt haben muss. Für Absprachen untereinander ist jeder selbst zuständig. Tauchen unerwartet Probleme auf, muss die Planung entsprechend aktualisiert und müssen alle Betroffenen informiert werden. Mithilfe einer Tabelle kann die Umsetzung genau kontrolliert werden:

Arbeitspaket	Tage / Wochen	Datum / Woche	IST	SOLL
Nr. 1	2			
Nr. 2	4			

1 *Legen Sie eine Tabelle nach oben abgedrucktem Muster an und tragen Sie den geplanten Zeitaufwand für Ihr Projekt ein.*

3.7.4 Projekt abschließen

Wenn der Projektauftrag erfüllt und das Ziel erreicht ist, muss ein **Abschlussbericht** erstellt werden. Er enthält die wesentlichen Bestandteile des Projekts und eine Bilanz, z. B. Ziele, Beteiligte, Ablauf, Besonderheiten/Probleme, Aufwand/Ressourcen, Abnahme. Protokolle, Rechnungen, Datenblätter, Zeichnungen werden ggf. als Anlage beigeheftet. Der Bericht wird dem Auftraggeber übergeben.
Der Abschluss eines Projekts kann auch als Präsentation durchgeführt werden (s. S. 59 ff.). Das Projekt gilt damit als abgenommen und die Projektgruppe wird aufgelöst.

1 *Wie wurden bisher Projekte abgeschlossen, die Sie kennengelernt haben?*

2 *Führen Sie ein Feedback (s. S. 67) durch, damit jeder aus der Gruppe sagen kann, wie er den Arbeitsprozess erlebt hat. Dafür eignen sich eine Einpunktfrage und ein Blitzlicht (s. S. 57).*

Und dann ist es Zeit, den Erfolg zu feiern!

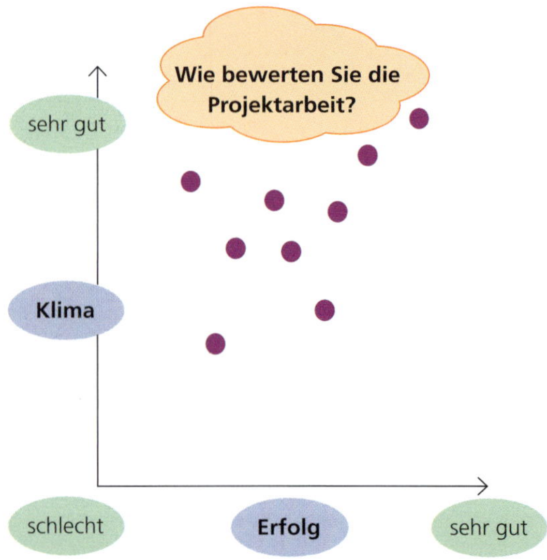

3.7.5 Projektdokumentation erstellen

Für jedes Projekt ist eine kontinuierliche **Dokumentation** wichtig. Die Projektdokumentation sollte nach den vier Phasen des Projekts geordnet werden, sodass ein guter Überblick über den Verlauf des Projekts vermittelt wird.

Wesentliche Bestandteile der Projektdokumentation sind
- der ausformulierte Projektauftrag,
- die Projektskizze,
- (Ergebnis-)Protokolle der Sitzungen, möglichst in standardisierter Form,
- erarbeitete Unterlagen wie Zeichnungen, Grafiken, Tabellen, Datenblätter,
- die zur Visualisierung verwendeten Materialien (z. B. Folien, Mindmaps, Fotos),
- der abschließende Projektbericht.

Aus der Projektdokumentation muss auch hervorgehen, wer am Projekt mitgewirkt hat, in welchem Zeitraum die einzelnen Personen mitgearbeitet und welche konkreten Aufgaben sie übernommen haben. Es muss erkennbar sein, welche Probleme bei der Projektarbeit aufgetreten sind und wie diese gelöst bzw. überwunden wurden.
Der abschließende Projektbericht muss den Verantwortlichen vorgelegt und von ihnen genehmigt werden.

1 *Erstellen Sie ein Inhaltsverzeichnis für eine Projektdokumentation. Nutzen Sie dabei die Ergebnisse der Aufgaben, die Sie in den einzelnen Projektphasen gelöst haben.*

2 *Vergleichen Sie Ihr Ergebnis mit dem Ihrer Mitschülerinnen und Mitschüler.*

3 *Einigen Sie sich auf ein Inhaltsverzeichnis für eine Projektdokumentation.*

4 *Sammeln Sie Vorschläge, wie die Projektdokumentation äußerlich gestaltet sein sollte.*

Eine Projektdokumentation oder ein Teil davon kann bei einer späteren Bewerbung als Nachweis der eigenen Fähigkeiten dienen.

Tipp

3.7.6 Projekt präsentieren

Wenn ein Projekt im Betrieb abgeschlossen ist, wird es dem Auftraggeber präsentiert. Das ist häufig eine große Sache, an der mehrere Mitarbeiter mitwirken.
In der Berufsschule wird ein Projekt vor einer Klasse, vor einer Prüfungskommission, vielleicht auch beim Elternabend präsentiert. Dabei sind die Regeln der Präsentation zu beachten (s. S. 59 ff.). Die entscheidenden und interessanten Fragen bei der Projektpräsentation sind:
- Wie lautete das Ziel des Projekts?
- Welche Wege boten sich an, um an das Ziel zu kommen?
- Welche Probleme stellten sich bei der Bearbeitung des Projekts?
- Wie wurden die Probleme gelöst?
- Wurde das Ziel erreicht?
- Was hat das Projekt dem Betrieb/den Teilnehmern gebracht?
- Woran könnte man weiterarbeiten?

Überblick 3.7.7 In Projekten arbeiten

Lernziele

Sie können
- den Ablauf und die Phasen eines Projekts beschreiben,
- ein Projektziel formulieren und einen Projektauftrag ausfüllen,
- die Meilensteine eines Projekts festlegen und eine Zeitleiste für eine Projektplanung erstellen,
- eine Projektdokumentation erstellen,
- ein kleines Projekt selbstständig planen und durchführen.

Beachten Sie die vier Phasen eines Projekts:

Aufgabenstellung

1. **Projektauftrag**
   - die Ziele des Projekts präzise definieren
   - Auftraggeber und Projektleitung nennen
   - die zeitlichen, personellen und finanziellen Bedingungen beschreiben
   - einen Projektauftrag ausfüllen
2. **Planung**
   - Zuständigkeiten verteilen
   - Arbeitspakete zusammenstellen
   - Meilensteine setzen
   - eine Zeitleiste erstellen
3. **Umsetzung**
   - kontinuierlich alle am Projekt Beteiligten verständigen
   - bei Störungen und Problemen alle informieren und einbeziehen
   - alle Besprechungen, Ereignisse, Veränderungen dokumentieren
4. **Abschluss**
   - die Projektdokumentation und den Abschlussbericht erstellen
   - das Projekt dem Auftraggeber präsentieren
   - ein Feedback über die Projektarbeit geben
   - das Projekt mit einer Abschlussveranstaltung beenden

Die folgenden Themen eignen sich für ein Projekt in Ihrer Klasse:

A Wir bereiten eine Klassenfahrt vor.

B Wir führen einen „Gesundheitstag" durch.

C Wir laden eine Schriftstellerin/einen Schriftsteller zu uns in die Schule/Klasse ein.

D Unser Klassenraum soll schöner werden.

E Unsere Schule soll sauberer werden.

F Wir gestalten ein Schulfest/Abschlussfest.

G Wir schreiben eine Schülerzeitung/Abschlusszeitung.

H Wir führen einen Tag „soziales Engagement für andere" durch.

3.8 Argumentieren – Stellung nehmen

In Gesprächen, Besprechungen und Diskussionen (s. S. 27, 52 ff.) haben die Beteiligten das Ziel

- anderen ihre Meinung mitzuteilen,
- andere zu überzeugen,
- zu einer Entscheidung beizutragen.

Wer gute Gründe und treffende Beispiele nennt, wird andere am ehesten überzeugen können. Nonverbale Mittel (s. S. 13) können wesentlich zur Überzeugungskraft beitragen. Bei einer umfassenden Meinungsäußerung sprechen wir von einer **Stellungnahme**. Stellungnahmen können auch schriftlich formuliert werden (s. S. 48).

Wenn Sie geübt sind, Argumente zu formulieren und fundiert Stellung zu nehmen, haben

Sie bereits eine gute Grundlage für die Ausarbeitung einer Erörterung.

3.8.1 Aufbau einer Argumentation

Wenn Sie durch Argumente überzeugen wollen, sollten Sie die Reihenfolge Ihrer Argumentationsschritte beachten. Eine Argumentation besteht aus mindestens drei Schritten, zur Unterstützung können weitere Argumentationsschritte (s. S. 48) verwendet werden, die Argumentation sollte aber übersichtlich und verständlich bleiben.

1 *Lesen Sie den folgenden Argumentationsgang so vor, dass Sie durch die Betonung und die Sprechweise die beabsichtigte Wirkung unterstützen.*

These (Behauptung)		**Argument** (Begründung)		**Beispiel/Beweis**
Ein Handy ist heute selbstverständlich,	+	*... weil viele Menschen jederzeit erreichbar sein wollen.*	+	*Meine Freunde verabreden sich meist telefonisch.*

2 *Lesen Sie den Argumentationsgang auf der folgenden Seite zunächst einmal still für sich. Welche Wirkung soll durch die Argumentation erzielt werden? Lesen Sie dann den Argumentationsgang so vor, dass Sie durch die Betonung und die Sprechweise die beabsichtigte Wirkung unterstützen.*

3 *Welche Vor- bzw. Nachteile ergeben sich durch die Verwendung mehrerer Argumentationsschritte in einem Argumentationsgang?*

Beispiel für Argumentationsgang	Argumentationsschritt	Funktion
Ich bin gegen Parkplatzgebühren für Schüler,	**These/Behauptung**	Die These macht den eigenen Standpunkt deutlich.
denn ich fahre nicht aus Bequemlichkeit mit dem Auto zur Schule.	**Argument (Begründung)**	Mit dem Argument wird der eigene Standpunkt begründet.
Mit dem Auto bin ich ungefähr 30 Minuten unterwegs, mit dem Bus würde ich etwa eine Stunde brauchen.	**Beweis/Beispiel**	Das Argument wird durch einen Beweis/ein Beispiel erläutert.
Daher spare ich mit dem Auto sehr viel Zeit.	**Folgerung**	Aus Argument und Beweis/Beispiel wird eine Schlussfolgerung gezogen.
Allerdings trifft dies nicht für alle Parkplatzbenutzer zu.	**Einschränkung**	Ein mögliches Gegenargument wird vorweggenommen.
Schüler mit weiten Anfahrtswegen sollten kostenlos parken dürfen.	**Aufforderung (Appell)**	Der Gesprächspartner wird aufgefordert, etwas zu tun oder zu unterlassen.

4 *Martin, Paula und Lena unterhalten sich über die Vor- und Nachteile einer Berufsausbildung. Bestimmen Sie die dabei verwendeten Argumentationsschritte und beurteilen Sie deren Überzeugungskraft.*

Martin sagt: „Eine Berufsausbildung ist sinnvoll, **= These** weil sie dazu beiträgt, die eigene Zukunft zu sichern. **= Argument**
Die Arbeitslosenstatistik beweist, dass viel mehr Ungelernte arbeitslos sind als ausgebildete Facharbeiter." **= Beweis**
Paula erwidert: „Aber manche Schulabgänger sind der Meinung, **= ?** dass eine Lehre verlorene Zeit ist, **= ?** da eine Aushilfskraft viel mehr Geld verdient als eine Auszubildende. **= ?** Eine ungelernte Aushilfsverkäuferin verdient zum Beispiel 1 200 EUR im Monat, als Auszubildende im Einzelhandel bekommt man höchsten 600 EUR. **= ?** Deshalb ist es besser, gleich mit dem Geldverdienen anzufangen." **= ?**
Lena meint: „Was ihr gesagt habt, zeigt, **= ?** dass es keine für alle jungen Menschen gültige Aussage gibt, **= ?** denn der eine orientiert sich mehr an der Gegenwart und der andere stärker an der Zukunft. **= ?** Daher muss jeder für sich selbst entscheiden, was er für richtig hält." **= ?**

5 *„Das Handy sollte in der Schule ausgeschaltet bleiben" – das ist ein umstrittenes Thema. Sechs Schüler/-innen übernehmen die Rolle der Lehrer/-innen, die diese Forderung unterstützen. Alle anderen bilden sich eine persönliche Meinung. Fertigen Sie Notizen zu Ihren Argumenten an. Diskutieren Sie nun die Positionen und suchen Sie einen Kompromiss.*

3.8.2 Argumente prüfen

Wenn ich jemanden überzeugen möchte, brauche ich gute Argumente.

Eine Aussage ist überzeugend, wenn	Beispiel-Argument:
• sie eine nachprüfbare Tatsache wiedergibt.	„Unsere Bevölkerung wird immer älter."
• sie einem Gesetz oder einer Vorschrift entspricht.	„In der Schulordnung wird die Benutzung von Handys verboten."
• sie anerkanntes Ergebnis einer Untersuchung/der Forschung ist.	„Das Meinungsforschungsinstitut INFAS hat festgestellt, dass es immer mehr Nichtwähler gibt."
• sie verallgemeinerten Erfahrungen entspricht.	„Lehrjahre sind keine Herrenjahre!"
• die Wahrscheinlichkeit für die Sache spricht.	„Im Team arbeitet man meist effektiver als alleine."
• eine bekannte Persönlichkeit die Aussage gemacht hat.	„Der Bundespräsident hat auch darauf hingewiesen, dass ausländische Mitbürger die deutsche Sprache lernen müssen."

Eine Aussage ist nicht überzeugend, wenn	Beispiel-Argument:
• sie nicht nachprüfbar ist.	„Heute sind junge Menschen unzufriedener als früher."
• sie auf einem Einzelfall beruht, der nicht verallgemeinert werden kann.	„Mein Freund hat mir erzählt, dass er dort während seines Urlaubs unfreundlich behandelt wurde."
• sie eine ganz persönliche Meinung ausdrückt.	„Ich finde, dass Praktikanten ausgenutzt werden."
• sie allgemeinen Erfahrungen widerspricht.	„Junge Leute fahren immer sehr vorsichtig Auto."
• eine unbekannte Quelle für die Aussage genannt wird.	„Ich habe irgendwo gehört, dass die Prüfung einfach sei."

1 *Die These, dass Hausaufgaben in der Berufsschule überflüssig sind, soll durch Begründungen an Überzeugungskraft gewinnen. Formulieren Sie drei Argumente, die diese These unterstützen.*
Vergleichen Sie Ihre Argumente mit denen Ihrer Mitschüler/-innen.

2 *Prüfen Sie, ob die folgenden Argumente überzeugend sind. Begründen Sie Ihre Entscheidung.*
These: *Die Ausbildungszeit sollte ein halbes Jahr verlängert werden,*
- **a** *da immer mehr Inhalte zu lernen sind.*
- **b** *weil dann die Prüfungsergebnisse besser wären.*
- **c** *denn die Zeit zum Üben ist für viele zu kurz.*
- **d** *weil mir das gefallen würde.*
- **e** *weil es dadurch weniger Arbeitslose gäbe.*
- **f** *weil dann mehr Betriebe ausbilden würden.*

3 *Formulieren Sie in Kleingruppen Argumente, die gegen eine Verlängerung der Ausbildungszeit sprechen. Schreiben Sie Ihre Argumente auf Karten und sammeln Sie diese auf einer Metaplantafel. Überlegen Sie mit der ganzen Klasse eine Schlussfolgerung aus allen gesammelten Argumenten und halten Sie diese auf der Pinnwand fest.*

3.8.3 Mündlich Stellung nehmen

Häufig wird man in der Stadt angesprochen und nach seiner Meinung zu einem aktuellen Thema gefragt. In unserem Beispiel wurden Passanten nach ihrer Meinung zum „Mopedführerschein mit 15" befragt (schriftliche Stellungnahme s. S. 122):

Klaus Haberkern, Lkw-Fahrer:

Als 15-jähriger Kerl wär ich begeistert, wenn ich schon den Führerschein machen dürfte. Als Lkw-Fahrer muss ich sagen: niemals. Die Jungen haben nicht den Überblick, die wollen Gas geben. Das sieht man ja bei den Motorradfahrern. Die haben keine Ahnung, wie unsichtbar sie für einen Lkw-Fahrer sind. Und was für einen Bremsweg ein Lkw hat!

Marcus Meier, Fahrlehrer:

Es ist höchste Zeit, dass wir uns unseren Nachbarländern anpassen. Unsere jungen Leute sind nicht mehr und nicht weniger verkehrstüchtig und verantwortungsbewusst als die dort. Das eine Jahr macht keinen Unterschied im Sicherheitsbewusstsein. Vom Fahrradfahren her kennen die Jugendlichen die Verkehrsverhältnisse. Große Strecken fahren sie sowieso nicht. Das ist eine gute Vorbereitung aufs Autofahren.

Christian Buck, Schüler:

Das ist eine gute Idee. Ich mach ein Praktikum in einer Großbäckerei. Da muss ich morgens früh die erste Straßenbahn nehmen. Wehe, wenn ich die verpasse! Und am Wochenende könnte ich zum Fußballspielen fahren, meine Eltern bräuchten mich nicht immer hinzubringen und stundenlang rumstehen.

Sarah Carle, Auszubildende:

Das ist klasse. Ich würde den Führerschein sofort machen. Ich wohne acht Kilometer von der Stadt entfernt, muss mich immer nach dem Bus richten. So wäre ich unabhängig und könnte auch abends mal später nach Hause fahren.

Maria Melters, Lehrerin und Mutter:

Bloß das nicht; mir reicht es, wenn mein Junge mit 16 die Straßen unsicher macht. Ich bin jedes Mal froh, wenn er heil wieder zu Hause ist. Wettrennen mit den Kumpels oder vor Mädchen großtun und schon passiert es: Sie fahren zu schnell, kommen aus der Kurve. Oder Autofahrer übersehen die Zweiräder. Gerade die Jungs sind oft so kopflos.

1 *Prüfen Sie, ob alle Passanten eine eindeutige Meinung äußern.*

2 *Notieren Sie die Pro- und Kontra-Argumente in einer Tabelle und ergänzen Sie sie um eigene Belege/Beispiele.*

3 *Nehmen Sie in der Klasse Stellung. Geben Sie sich gegenseitig ein Feedback (s. S. 67) zu der Überzeugungskraft Ihrer Argumentation.*

3.8.4 Missstände benennen – Verbesserungen vorschlagen

Bei der alltäglichen Arbeit fallen jeder Mitarbeiterin/jedem Mitarbeiter immer wieder Unzulänglichkeiten, Schwierigkeiten oder Missstände auf. Wenn dadurch die Arbeitsabläufe mühsamer sind als nötig, langsamer und umständlicher als möglich, ärgert einen das in der Regel. Unzufriedenheit und Unlust sind die Folge. Die Geschäftsleitungen haben inzwischen erkannt, dass unzufriedene Mitarbeiter auch schlechtere Leistungen erbringen. Außerdem hat sich die Erkenntnis durchgesetzt, dass der Mensch, der vor Ort arbeitet, am besten weiß, wo Abläufe optimiert werden können und wie das geschehen kann. In vielen Betrieben werden Mitarbeiterinnen und Mitarbeiter ausdrücklich aufgefordert, Verbesserungsvorschläge einzureichen – vielfach werden diese sogar prämiert (KVP – Kontinuierlicher Verbesserungsprozess).

Die folgende Gliederung zeigt Ihnen, wie Sie einen fundierten Vorschlag schriftlich oder mündlich vorbringen können:

Gliederung	Beispiel: Arbeitsplatzbeleuchtung reicht nicht aus
1. Sachverhalt	In Halle 8 nur Deckenlampen – Einzelarbeitsplätze ungenügend ausgeleuchtet – Schattenwirkung ...
2. unmittelbare Folgen	Erschwerte Arbeitsbedingungen – hohe Ausschussrate – Fehler beim Ablesen von Instrumenten – Kopfschmerzen – schnelle Ermüdung ...
3. weitere Auswirkungen	Krankmeldungen steigen – Unfallgefahr – sinkende Arbeitsfreude – unzufriedene Kunden durch Fertigungsmängel ...
4. Verbesserungsvorschlag	Anbringung von einzelnen Arbeitslampen vom Typ ... an ... und an ..., statt Deckenleuchten, besser Hängeleuchten; eine Alternative wäre ...

1 *Warum werden die Folgen und Auswirkungen so ausführlich dargestellt?*

2 *Arbeiten Sie die oben genannten Stichworte zu einer schriftlichen Stellungnahme aus (s. S. 122).*

3 *Nehmen Sie einen Missstand in der Schule zum Anlass, einen Verbesserungsvorschlag auszuarbeiten und der Schulleitung vorzutragen. Üben Sie zunächst in einem Rollenspiel das Gespräch mit der Schulleiterin/dem Schulleiter. Laden Sie sie/ihn dann in Ihre Klasse ein und tragen Sie Ihren Verbesserungsvorschlag vor.*

4 *Üben Sie an einem der folgenden Themen, fundierte Verbesserungsvorschläge zu formulieren und vorzutragen oder schriftlich auszuarbeiten:*
- **a** *Es gibt keinen Getränkeautomat in der Werkhalle.*
- **b** *Die Lüftung am Arbeitsplatz ist unzureichend.*
- **c** *Die Wege zwischen dem einen und dem anderen Arbeitsgang sind unnötig weit.*
- **d** *Es gibt zu viele Klassenarbeiten in einer Woche.*
- **e** *Die sanitären Anlagen sind regelmäßig verdreckt.*
- **f** *Es gibt keinen ruhigen Raum für die Erholung in der Pause.*

Tipp

Wenn Sie Kritik üben, sollten Sie darauf achten, dass Sie nicht eine Person kritisieren, sondern dass die Sache im Mittelpunkt steht. Formulieren Sie Ihre Kritik als Ich-Aussage (s. S. 32), z. B. „Für mich ist das Licht in der Halle zu dunkel" statt „Es ist in der Halle zu dunkel."

3.9 Diskutieren – Meinungen austauschen

In einer Diskussion werden von den Teilnehmerinnen und Teilnehmern Gedanken, Informationen und Meinungen über ein bestimmtes Thema ausgetauscht. Das Wort „Diskussion" stammt vom lateinischen „discutere" ab; es bedeutet „zerteilen, zerlegen, zerschlagen".

Eine Diskussion entwickelt sich, wenn zwei oder mehr Meinungen zu einem Thema geäußert werden, und wenn sich die Teilnehmer für die Meinung der anderen interessieren und bereit sind, sich auszutauschen.

Eine Diskussion kann Teil eines anderen Gesprächs sein, z. B. eines Unterrichtsgesprächs, einer Besprechung oder einer Unterhaltung. Viele Diskussionen sind aber eigenständige Gesprächssituationen, in denen man durch bestimmte Diskussionsformen bestimmte Diskussionsziele erreichen möchte.

Mögliche **Diskussionsziele** sind:
- ein Informations- und Meinungsaustausch soll stattfinden
- Wissenslücken der Teilnehmer/-innen sollen geschlossen werden
- die Standpunkte anderer sollen verständlicher werden
- offene Kritik soll geübt werden
- eine Beschlussfassung soll vorbereitet werden
- eine Entscheidung soll getroffen werden

1 Berichten Sie, an welchen Diskussionen Sie selbst schon teilgenommen haben.

2 An welche Diskussionen in den Medien erinnern Sie sich?
Welche der oben genannten Diskussionsziele wurden dabei angestrebt?

Schlichtungsgespräch zum umstrittenen Bahnprojekt Stuttgart 21

3.9.1 Diskussionsformen

1. Gruppendiskussion (Rundgespräch)

- Alle Teilnehmer/-innen diskutieren miteinander.
- Eine Moderatorin/ein Moderator leitet die Diskussion.
- Die Teilnehmerzahl ist auf 12 bis 15 begrenzt.
- Sie ist die häufigste Diskussionsform.
- Mit ihr lassen sich alle Diskussionsziele erreichen.

Die Teilnehmer/-innen sollen

- sich gut vorbereitet haben,
- sich als gleichberechtigt betrachten,
- sich aktiv beteiligen, aber dabei die Diskussionsordnung einhalten,
- darauf achten, dass sie nicht vom Thema abweichen (s. „Moderation", s. S. 56 ff.).

2. Diskussion nach einem Vortrag (Vortragsdiskussion)

- Sie ist eine weitverbreitete Diskussionsform bei Besprechungen und Seminaren,
- sie ist auch bei großer Teilnehmerzahl möglich.
- Sie dient hauptsächlich der Beseitigung von Unklarheiten.

Die Zuhörer/-innen haben dabei die Gelegenheit,

- Verständnisfragen zu stellen,
- zusätzliche Informationen zu erhalten,
- den Vortrag mit eigenen Erfahrungen zu ergänzen.

3. Kleingruppendiskussion (X × 6 Methode)

- Sie ist eine Sonderform der Gruppendiskussion.
- Eine große Gruppe wird in Kleingruppen aufgeteilt.
- Ideal sind sechs Personen in jeder Kleingruppe.
- Die geringe Teilnehmerzahl erleichtert vielen die Meinungsäußerung.
- Die Kleingruppe wählt eine Diskussionsleitung (Moderator/-in).
- Das Thema wird in der Kleingruppe diskutiert.
- Die Diskussionsleiter/-innen tragen die „Ergebnisse" der Kleingruppendiskussion in der Großgruppe vor.
- Die anderen Teilnehmer/-innen hören aktiv zu.

1 ***Debatte*** *und* ***Podiumsdiskussion*** *sind weitere Diskussionsformen. Recherchieren Sie beide Begriffe online.*

3.9.2 Diskussionsordnung

Wird diese elementare „Spielregel" bei einer Diskussion nicht beachtet, spricht bald jeder mit jedem und man versteht sein eigenes Wort nicht mehr. In einer Diskussion müssen sich deshalb alle Beteiligten an einige grundlegende Regeln halten, die sich aus den Aufgaben der Diskussionsteilnehmer/-innen und den Aufgaben der Diskussionsleitung ergeben.

Aufgaben der Diskussionsteilnehmer/-innen

- Die Teilnehmer/-innen bereiten sich auf die Diskussion vor, dazu gehört auch, dass notwendige Unterlagen in ausreichender Zahl vorhanden sind.
- Wer reden möchte, meldet sich erkennbar, aber nicht störend, und redet nur, wenn ihr bzw. ihm von der Diskussionsleitung das Wort erteilt wurde.
- Die Teilnehmer/-innen fassen sich kurz, sie halten sich an eine Redezeitbegrenzung.
- Die Teilnehmer/-innen weichen nicht vom Diskussionsthema ab.
- Die Teilnehmer/-innen hören aktiv zu, d.h., sie zeigen Interesse, machen sich Notizen und beteiligen sich an der Diskussion.
- Die Teilnehmer/-innen bleiben sachlich und greifen andere nicht persönlich an.

Aufgaben der Diskussionsleitung

- Sie lädt die Teilnehmer/-innen rechtzeitig zu der Diskussion ein und gibt ihnen das Thema und das Diskussionsziel bekannt.
- Die Diskussionsleitung eröffnet die Diskussion, indem sie die Teilnehmer/-innen begrüßt und das Thema sowie das Ziel der Diskussion noch einmal nennt.
- Sie achtet auf die Einhaltung der Regeln.
- Sie fasst die Ergebnisse der Diskussion zusammen und schließt die Diskussion ab.

1 *Temperament und Veranlagung der Menschen sind unterschiedlich. Welche Aufgabe würde Ihnen schwerfallen?*

2 *Sie haben sicher schon Diskussionen miterlebt oder selbst daran teilgenommen. Was ist Ihnen dabei am Verhalten der Teilnehmer/-innen positiv oder negativ aufgefallen? Gegen welche Regeln wurde dabei häufiger verstoßen?*

3.9.3 Diskussionstechniken

Ein wichtiges Ziel der Diskussion ist es, die Gesprächspartner/-innen von den eigenen Ansichten zu überzeugen. Verwendet man dabei unterschiedliche Diskussionstechniken, wirken die Beiträge abwechslungsreich und überzeugend.

1. Befragetechnik	Man stellt dem anderen Fragen, damit er sich zu einem bestimmten Aspekt äußern muss.
2. Vergleichstechnik	Man vergleicht zwei Positionen und zieht die entsprechenden Schlüsse aus dem Vergleich.
3. Bestreitetechnik	Man bestreitet, dass der angeführte Sachverhalt richtig ist oder als Beweis angeführt werden kann.
4. Kehrseitentechnik	Sie wird auch Ja-aber-Technik genannt. Man stimmt scheinbar der Aussage zu, schränkt dann aber Teile der Aussage ein durch Hinweise auf die Kehrseite der Medaille.
5. Zergliederungstechnik	Die Aussagen der Vorrednerin bzw. des Vorredners werden in einzelne Abschnitte aufgeteilt, jeder Abschnitt wird einzeln kritisiert.
6. Autoritätstechnik	Aussagen bekannter Personen werden zitiert, um den eigenen Standpunkt zu bestärken oder den der Gesprächspartnerin bzw. des Gesprächspartners infrage zu stellen.
7. Auf- und Abwertungstechnik	Die eigenen Stärken werden betont, die eigenen Schwächen bagatellisiert, die Schwächen des anderen dagegen herausgestellt und seine Stärken herabgesetzt.

1 *Einigen Sie sich in der Klasse auf ein Diskussionsthema, z. B. durch eine Kartenabfrage (s. dazu S. 57). Losen Sie eine Mitschülerin oder einen Mitschüler als Diskussionsleitung aus, losen Sie weitere Mitschüler aus, die als Beobachter eingesetzt werden. Führen Sie dann die Diskussion durch und besprechen Sie anschließend gemeinsam Ihre Beobachtungen und Erfahrungen.*

3.10 Moderieren – Gespräche leiten

Zeitraubende Diskussionen in Sitzungen und Besprechungen sind immer wieder ein Ärgernis. „Moderation" bedeutet, dass Gruppengespräche nach bestimmten Regeln geleitet werden. Sie dient der Meinungsbildung und der Entscheidungsfindung. Dabei werden die Gesprächs- und Arbeitsergebnisse durch Visualisierung für alle Teilnehmer sichtbar gemacht. Man kann Arbeits-, Projektsitzungen und Problemdiskussionen moderieren.

Ziel von Moderation ist es, Probleme zu analysieren, Interessen und Konflikte zu bearbeiten, Lösungen zu entwickeln, Arbeits- und Projektziele zu vereinbaren. Dabei sollen alle Betroffenen beteiligt werden. Auch gegensätzliche Meinungen und „verrückte Ideen" werden akzeptiert.

Als neutraler Dritter enthält der Moderator bzw. die Moderatorin sich jeglicher wertenden Aussagen und gibt keine Kommentare über die Beiträge der Teilnehmer und Teilnehmerinnen ab (auch nicht: „Das ist wichtig", „gut"...). Er oder sie vergewissert sich immer wieder, welchen Weg die Gruppe einschlagen will, und versteht sich als „Diener" der Gruppe. Das wird deutlich an folgenden Formulierungen: „Möchten Sie das diskutieren?"; „Ist das Ihr Thema?"; „Interessiert das alle?"; „Entspricht das Ihrem Wunsch?".

3.10.1 Aufgaben der Moderatorin / des Moderators

Wer erfolgreich moderieren möchte, sollte Folgendes beachten:

- klare Themenformulierung; alle Teilnehmer/-innen beachten; durch Fragen strukturieren; zusammenfassen; Strittiges benennen; keine Bewertungen abgeben; Ergebnisse festhalten und visualisieren (s. „Diskussionsordnung", S. 54)
- Material bereitstellen (vier bis sechs Metaplan-Tafeln, Karten, Stifte)
- Moderationstechniken beherrschen

Die Moderatorin / der Moderator präsentiert der Gruppe immer wieder ihre/seine Ergebnisse. Insofern spielen Präsentation (S. 59 ff.) und Visualisierung (S. 60) eine Rolle.

Metaplan-Tafeln sind ein geeignetes Arbeitsmittel für die Moderation. Sie benötigen für eine Moderation – je nach Gruppengröße – bis zu sechs Pinnwände, die mit Packpapier bestückt werden. Zum Schreiben verwenden Sie Stifte mit breiter Kante. Die Schrift soll auch von Weitem gut lesbar sein, sie soll Anonymität gewährleisten und als Gesamtbild gut aussehen. In Untersuchungen stellte man fest, dass das Schriftbild diese Bedingungen erfüllt, wenn

- man mit der breiten Seite des Stiftes schreibt,
- Groß- und Kleinschreibung beachtet wird, die kleinen Buchstaben fast so groß sind wie die großen und die Buchstabenlängen nach oben und unten kurz sind,
- nicht mehr als drei Zeilen auf einer Karte stehen.

3.10.2 Moderationsmethoden im Überblick

<table>
<tr><th>Methode</th><th>Zweck</th><th>Beispiele / Verfahren</th></tr>
<tr><td>1. Einpunktfrage
Der Moderator gibt eine Frage und eine Grafik vor; die Teilnehmer bekommen einen Punkt zum Kleben.</td><td>kurze Erfassung der Meinung; grober Überblick über Stimmung, Interesse, Wichtigkeit zu Beginn oder Schluss einer Veranstaltung oder Besprechung</td><td>„Wie waren Ihre bisherigen Erfahrungen mit ...?“<table><tr><th>+ +</th><th>+</th><th>–</th><th>– –</th></tr></table>„Wie haben Sie die Sitzung erlebt?“ Stimmungsbarometer
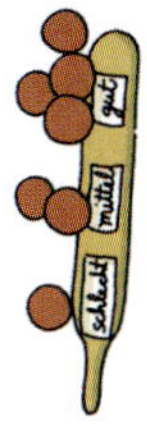</td></tr>
<tr><td>2. Zuruffrage
Sammeln kurzer Statements, diese werden stichwortartig aufgeschrieben.</td><td>Möglichkeit der Meinungsäußerung ohne Diskussion</td><td>„Was halten Sie davon, dass ...?“
„Haben Sie dieses Ergebnis erwartet?“</td></tr>
<tr><td>3. Mehrkartenfrage
Offene Frage, Teilnehmer bekommen je nach Gruppengröße drei bis fünf Karten, schreiben nur einen Gedanken auf eine Karte, alle Karten werden angepinnt und mit der Gruppe nach Themen sortiert.</td><td>Brainstorming; Erfassen der Vielfalt von Themen, Gründen, Möglichkeiten, Ideen, Gemeinsamkeiten und Unterschieden</td><td>Offene Frage: „Wenn ich an ... denke, fallen mir folgende Vorschläge, Ideen, Wünsche ein ...“
Ordnen der Karten in Gruppen (clustern), Cluster nummerieren und mit Überschriften versehen
</td></tr>
<tr><td>4. Mehrpunktfrage
Je nach Zahl der Cluster und Gruppengröße erhält jeder Teilnehmer drei bis fünf Punkte. Alle gehen gemeinsam nach vorne und punkten.</td><td>Gewichtung, Wertung, Meinungsbild der Gruppe ohne Diskussion, ohne Bloßstellung, anonym</td><td>„Was soll zuerst geschehen?“
„Welche Themenbereiche sind für Sie besonders wichtig?“</td></tr>
<tr><td>5. Themenfrage
Teilnehmer formulieren in Kleingruppen Themen zu den Kartengruppen, stellen sie vor und pinnen sie an.</td><td>Arbeitsschwerpunkte herausfinden, Liste von Themen erstellen</td><td>Wie-Fragen: „Wie kann die Zusammenarbeit verbessert werden?“
Durch die erneute Mehrpunktfrage können die wichtigsten Themen festgelegt werden. Dann können die Teilnehmer ihren Namen bei dem Thema eintragen, das sie bearbeiten möchten.</td></tr>
<tr><td>6. Tätigkeitskatalog
Festlegen, was bearbeitet werden soll.</td><td>Teams zur Bearbeitung bilden, festlegen, wer was bearbeitet; Aufgaben, Verantwortliche, Zeit, Form des Ergebnisses sollen festgelegt werden</td><td><table><tr><th>Was?</th><th>Wer?</th><th>Bis wann?</th><th>In welcher Form?</th></tr></table></td></tr>
<tr><td>7. Blitzlicht
Meinungen stichwortartig festhalten.</td><td>Rückmeldungen und Bedenken können geäußert werden.</td><td>„Zu wenig Zeit!“
Einwände zulassen und visualisieren.</td></tr>
</table>

3.10.3 Übungen zur Moderation

Die Moderation, z.B. einer Besprechung, ist dann gut gelungen, wenn die Gruppe in der geplanten Zeit das gesetzte Ziel erreicht hat und bereit ist, sich an das Ergebnis zu halten. Zur Dokumentation bzw. als Protokoll können die Metaplantafeln mit einer digitalen Kamera fotografiert und die Bilder an die Teilnehmerinnen und Teilnehmer ausgeteilt werden.
Die folgenden Übungen vermitteln Ihnen Sicherheit in der Moderation.

1 *Führen Sie eine **Einpunktfrage** zum Themenbereich „Ausbildung in Schule und Betrieb" durch.*
- *Stellen Sie sicher, dass alle Teilnehmer die Fragestellung verstanden haben.*
- *Lassen Sie Zeit zum Überlegen.*
- *Alle stehen gleichzeitig auf und kleben ihren Punkt in die Grafik.*
- *Stellen Sie das Ergebnis vor (s. S. 82 ff., Interpretation eines Schaubildes, und S. 59 ff., Präsentation).*

2 *Schließen Sie eine **Zuruffrage** an.*
- *Fragen Sie die Teilnehmer, ob das Ergebnis ihren Erwartungen entspricht oder ob sie überrascht sind.*
- *Fragen Sie auch nach den Gründen dafür.*
- *Notieren Sie alle Kommentare stichwortartig auf dem Papier unter Ihrer Einpunktfrage. Widerspricht ein Teilnehmer der Meinung eines anderen, können Sie ein „Blitz-Zeichen" dazuzeichnen.*
- *Diskutieren Sie nicht mit den Teilnehmerinnen und Teilnehmern, lassen Sie auch keine Diskussion unter ihnen zu.*

3 *Formulieren Sie für die **Mehrkartenfrage** eine offene Frage (s. S. 29).*
- *Pinnen Sie alle Karten an und ordnen Sie diese mithilfe der Gruppe nach Themenbereichen (Cluster bilden, s. S. 57).*

4 *Stellen Sie den Teilnehmern der Diskussion eine **Mehrpunktfrage** (s. S. 57).*
- *Teilen Sie vier bis fünf Klebepunkte aus und lassen Sie alle Teilnehmer gleichzeitig ankleben.*
- *Zählen Sie dann die Punkte aus und schreiben Sie das Ergebnis neben die Cluster.*

5 *In Kleingruppen von drei bis vier Teilnehmern lassen Sie nun zwei bis drei **Themenfragen** formulieren, z. B. „Wie können Berufsschule und Betrieb die Inhalte der Ausbildung besser absprechen?".*
- *Hängen Sie die Themenfragen sortiert untereinander, Doppelungen rücken Sie ein.*

6 *Vervollständigen Sie mit der Gruppe den bereits angelegten **Tätigkeitskatalog** (s. S. 57), indem Sie gemeinsam festlegen, wer welche Aufgabe übernimmt.*

7 *Blicken Sie in einem **Blitzlicht** mit der Gruppe auf den Moderationsprozess und das Ergebnis zurück:*
- *„Sind Sie zufrieden mit der Moderation?"*
- *„Haben Sie Bedenken?"*
- *„Wie geht es Ihnen mit dem Ergebnis?"*

Tipp

Wenn Sie sich mit dem Thema „Moderation" intensiver beschäftigen wollen, finden Sie gute Hinweise im Internet. Geben Sie den Suchbegriff „Moderation" ein.

3.11 Wirkungsvoll präsentieren

Präsentationen spielen im Berufsleben eine wichtige Rolle. Zunehmend wird von Auszubildenden erwartet, dass sie selbst Präsentationen erstellen können.

Wird ein Referat (s. S. 100 f.) angekündigt, so stellt sich das Publikum auf einen sachlichen Wortvortrag ein. Von einer Präsentation aber erwarten die Zuhörer Lebendigkeit, Anschaulichkeit und Überzeugungskraft. Visuelle Hilfsmittel sollen dazu beitragen, dass das Publikum sich angesprochen fühlt. Der Inhalt wird anschaulich dargestellt und kann dadurch auch besser behalten werden. Bei der Vorbereitung einer Präsentation steht die Frage im Mittelpunkt: Wie muss ich meine Sachinhalte aufbereiten, damit sie wirklich gut beim Zuhörer ankommen?

Es gibt viele Anlässe für Präsentationen:

Produkte (s. S. 25) beim Kunden, auf einer Messe, Dienstleistungen, neue Ideen, neue Arbeitsverfahren, Planungen, ein Sachverhalt (s. S. 51), Ergebnisse einer Arbeitsgruppe (s. S. 40), die eigene Person (s. S. 22 f.), der eigene Betrieb (s. S. 24)

Das Publikum schenkt Ihnen seine Zeit. Zu Recht erwartet es, dass Sie sich gut vorbereitet haben. Was alles bedacht werden muss, können Sie der Mindmap entnehmen:

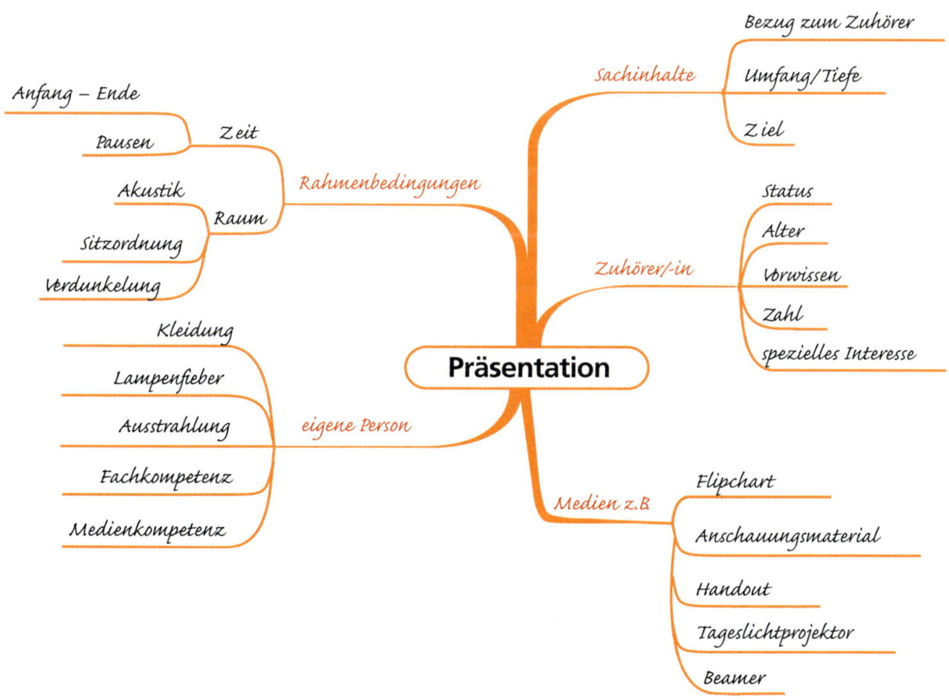

1. *Werten Sie die Mindmap aus.*
2. *Wo liegen für Sie die besonderen Schwierigkeiten bei der Gestaltung einer Präsentation?*
3. *Worauf werden Sie bei Ihrer nächsten Präsentation besonders achten?*

3.11.1 Hilfsmittel zur Visualisierung bei einer Präsentation

Medium		Merkmale	Hinweise
Schultafel	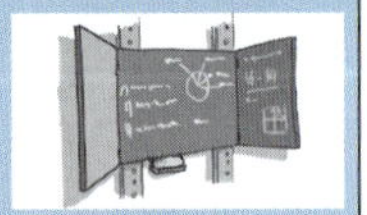	klassisches Mittel zur Veranschaulichung mit sehr großer Schreibfläche	Sie kann vorab beschriftet und dann aufgeklappt werden.
Whiteboard		weißgrundige Tafel, vielfarbige Spezialstifte, Abwischen ohne Wasser	Sie nimmt nicht so viel Platz ein, wirkt leicht und ist häufig mobil.
Flipchart	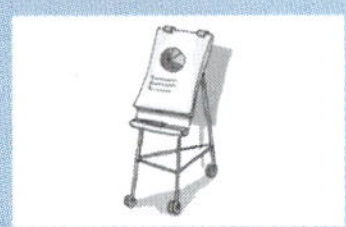	„Blatt-Tafel" mit Papierbogen, meist DIN A1. Man kann zurückblättern, Blätter aushängen und aufbewahren.	Es ist sehr flexibel, bietet aber wenig Platz, nur ein Blatt ist sichtbar.
Pinnwand (Metaplantafel)		Haftfläche für farbige Kärtchen, Scheiben u. a. mit Beschriftung, Symbolen, Schaubildern	Sie ermöglicht eine anschauliche Gestaltung, Umgruppierungen und Entwicklung.
Beamer / PC		Projektion von digitalen Fotos, Folien, Videos, Schaubildern, Einsatz verschiedener Präsentationsprogramme	Die Bedienung muss vorher geübt werden. Eine Kopie der Präsentation auf CD sollte immer vorhanden sein.
Tageslichtprojektor		Großflächige Darstellung von Schaubildern und Texten auf Folie	Folien müssen gut lesbar (große Schrift) und übersichtlich sein (wenig Text).
Videorekorder / DVD-Player		Vorführung von realistischen Handlungsabläufen, Filmberichte vom Ort des Geschehens	Die Bedienung muss vorher geübt werden. Bewegte Bilder sind lebendig und anschaulich.
Anschauungsmaterial		Vorführung eines Originalexemplars oder einer Modellausführung	Werden Originale gezeigt, wirkt das besonders überzeugend.
SMART Board®		Interaktive Tafel: Projektion des PC-Bildschirminhalts auf die Tafeloberfläche	Die Bedienung muss vorher geübt werden. Einträge per Hand oder Stift.
Dokumentenkamera oder Visualizer		Eine Kamera nimmt eine Vorlage auf, welche mittels Beamer auf eine weiße Fläche projiziert wird.	Dreidimensionale Gegenstände können projiziert werden. Der Anschluss an den PC ist möglich.

1 *Aus welchen Gründen ist bei einer Präsentation die visuelle Gestaltung wichtig?*

2 *Welche Auswirkungen hat es, wenn zu viele Hilfsmittel eingesetzt werden?*

3 *Jedes bei einer Präsentation eingesetzte Medium hat Vor- und Nachteile. Wählen Sie zwei Medien aus und beschreiben Sie deren Vor- und Nachteile.*

4 *Mit welchem Medium haben Sie noch wenig oder keine Erfahrung? Lassen Sie sich von einem Experten in der Klasse beraten.*

3.11.2 Ablauf einer Präsentation

Im Folgenden wird der Ablauf einer Präsentation detailliert dargestellt. Halten Sie sich bei Ihren Übungen daran, dann werden Ihre Präsentationen wirkungsvoll sein. Wenn Sie dann mehr Übung und Erfahrung haben, können Sie dieses Ablaufschema variieren.

1. Begrüßen

Es ist peinlich, wenn schon bei der Begrüßung Fehler unterlaufen. Wählen Sie die richtige Anrede in der richtigen Reihenfolge!
Überlegen Sie genau,

- in welcher Reihenfolge die Personen begrüßt werden müssen (Hierarchie, Titel, Frau/Mann),
- wie die Namen ausgesprochen werden,
- ob Sie duzen oder siezen.

Stellen Sie sich und ggf. auch Ihren **Präsentationspartner** vor, nennen Sie z. B. Name, Berufsausbildung, Betrieb, Aufgabenstellung.

Der Anfang prägt!
Das Ende haftet!

2. Hinführen und Thema nennen

Die Zuhörer sollen aufs Thema eingestimmt und motiviert werden, sich damit zu beschäftigen. Holen Sie die Zuhörer ab, sorgen Sie dafür, dass sie Ihr Thema als für sich wichtig erkennen.
Dann sind sie motiviert. Jetzt kann's losgehen!

Tipps zur Formulierung:

„Die Erfahrung haben sicher manche von Ihnen auch schon gemacht ..."
„Das Problem kennen Sie sicher auch ..."
„Wer schon einmal ... erlebt hat, weiß ..."
„Immer wieder hören wir, dass ..."
„In der Öffentlichkeit wird oft diskutiert ..."
„Das ist heute mein Thema: ..."
„Damit beschäftigen wir uns jetzt: ..."

3. Übersicht über den Ablauf

Für die Zuhörer ist es wichtig, zu wissen, was sie erwartet und worauf sie sich einstellen können. Für die Zuhörer und für Sie als Referierenden ist es hilfreich, wenn die Gliederungspunkte visualisiert sind, z. B. auf einer Folie oder einer Pinnwand.

Tipps zur Formulierung:

„Drei Gesichtspunkte sind mir besonders wichtig: ..."
„Ich habe mein Referat in vier Punkte eingeteilt: ..."
„In drei Schritten erläutere ich ..."
„Meine Präsentation besteht aus 1. ... 2. ... 3. ..."

4. Hauptteil

Die angekündigten Abschnitte werden nun ausgeführt.
Die Zuhörer sind dankbar, wenn Sie ihnen immer wieder helfen, die Orientierung zu behalten und die Zusammenhänge zu erkennen. Lassen Sie ihnen genügend Zeit, damit sie die Visualisierungen auch betrachten und darüber nachdenken können. Denken Sie daran, dass Ihre Zuhörer die eingesetzten Schaubilder oder Folien noch nicht gesehen haben. Um auf einer Folie oder der Projektionswand etwas zu zeigen, verwenden Sie nicht die Finger, sondern ein Hilfsmittel, z. B. einen Bleistift, einen Zeigestab oder einen Laserpointer.

Tipps zur Formulierung:

„Wir haben also jetzt gesehen, wie ..."
„Jetzt komme ich zum nächsten Punkt ..."
„Besonders wichtig ist, ..."
„Ich sage Ihnen im Folgenden, wie ..."
„Sie haben sicher bemerkt, ..."

5. Schluss: Zusammenfassen und danken

„Das war's." – „Ich bin am Ende." – „Das ist alles." – „Ich bin fertig." Mit solchen Verlegenheitssätzen teilen Sie den Zuhörern mit, wie erleichtert Sie sind, dass Sie nun das Schlimmste überstanden haben. Das ist kein Schluss, der Zuhörer nochmals aufhorchen lässt und ihnen im Gedächtnis bleibt.
Je nach Thema eignet sich ein **Ausblick**, ein **Appell**, eine offene **Frage** oder eine prägnante **Zusammenfassung**. Besonders gut wirkt es, wenn die Gedanken aus der Hinführung wieder aufgegriffen werden!
Achtung: Rennen Sie nicht gleich fort, wenn Sie Ihre Präsentation beendet haben!

Tipps zur Formulierung:

„Wir haben also nun gehört ..."
„In Zukunft werden wir sicherlich ..."
„Noch offen ist die Frage, ob ..."
„Wenn Sie künftig vor die Frage gestellt sind, ob ..."
„Wenn Ihnen also das Thema ... begegnet, wissen Sie nun genau ..."
„Für Ihre Aufmerksamkeit bedanke ich mich."

First tell them, what you are going to tell them, then tell them, and finally tell them, what you've told them.

6. Handout / Flyer

Hilfreich ist es, wenn die Zuhörer eine kurze Zusammenfassung der Grundgedanken oder Ergebnisse der Präsentation erhalten. Ein DIN-A4-Blatt sollte die wichtigsten Fakten wiedergeben. Eine ansprechende Gestaltung trägt dazu bei, dass die Präsentation bei den Zuhörern in guter Erinnerung bleibt. Weisen Sie Ihre Zuhörer am Anfang der Präsentation darauf hin, dass Sie am Ende eine kurze Zusammenfassung austeilen werden. Teilen Sie diese aber erst aus, wenn Sie Ihre Präsentation beendet haben.

1 *Wählen Sie aus den folgenden Themen eines aus:*
- **a** *Der Kündigungsschutz in Deutschland*
- **b** *Ein neues Handy – Gebrauchsgegenstand oder Hightech-Produkt?*
- **c** *E-Learning – eine neue Form des Lernens*

2 *Beschaffen Sie sich die wichtigsten Informationen zu Ihrem Thema. Stellen Sie sich nun eine bestimmte Gruppe vor, der Sie die Informationen weitergeben möchten.*

3 *Formulieren Sie nun Sätze*
- **a** *zur Begrüßung,*
- **b** *zur Hinführung,*
- **c** *zur Themennennung (auf Folie schreiben) und*
- **d** *notieren Sie drei Punkte zum Hauptteil (auf Folie schreiben),*
- **e** *formulieren Sie den Schluss und*
- **f** *den Dank.*

4 *Wählen Sie vier bis fünf Mitschülerinnen/Mitschüler aus, mit denen Sie sich gut verstehen. Tragen Sie nun Ihre Kurzpräsentation vor, evtl. in einem anderen Raum. Lassen Sie sich anschließend von Ihren Zuhörern ein Feedback (s. S. 67) geben.*

3.11.3 Mit der Aufregung umgehen

„Sprich, damit ich dich sehe."
Sokrates

Sie haben nun alles gut vorbereitet. Jetzt steht Ihr Auftritt bevor. Die Nervosität steigt, vielleicht machen sich Angstgefühle oder Übelkeit bemerkbar, das Gedächtnis droht auszusetzen. Die tieferen **Ursachen der Aufregung** liegen

- in der seelischen Verfassung vor dem „großen Auftritt" und
- in der Chemie unseres Körpers.

Die Angst alles zu vergessen, sich zu blamieren und vor aller Augen zu versagen, löst Alarm im Körper aus. Er produziert große Mengen Adrenalin. Jeder hat das bei sich selbst erlebt und bei anderen beobachtet: Die Hände schwitzen, das Herz klopft, der Mund wird trocken, man bekommt „weiche Knie", ist „wie gelähmt". Jetzt kontrolliert die Angst den Menschen, er beginnt zu stottern, hat einen Blackout und verliert den Faden. Die Muskulatur verkrampft sich, manche reden zu schnell, als wollten sie möglichst bald fertig werden und wieder an ihren Platz verschwinden. Andere zappeln herum oder halten sich verkrampft am Tisch fest.

Die Aufregung ist ganz normal. Fast jeder erlebt sie. Der Körper reagiert auf die ungewohnte Situation. Dagegen können wir nichts machen, wir können die Reaktionen nicht wegreden, sondern müssen sie akzeptieren. Aber durch gute Vorbereitung und häufiges Üben können wir uns weiterentwickeln und lernen, mit dem Lampenfieber zurechtzukommen.

Gehen Sie davon aus, dass die Zuhörer Ihnen wohlgesonnen sind und aufmerksam und neugierig auf Ihre Präsentation warten.

Sprache und Körpersprache

Kleidung, Stimme, Ausdrucksweise, Körpersprache spielen eine wichtige Rolle beim Auftreten vor einer Gruppe. **Kleiden** Sie sich der Situation entsprechend, lassen Sie sich von jemandem beraten, der sich auskennt. **Sprechen** Sie in angemessener Lautstärke, langsam und deutlich, testen Sie vorher, wie Ihre Stimme im Raum klingt. Achten Sie auf Ihre **Haltung:** Stellen Sie sich frei in den Raum, sodass Sie sowohl guten Blickkontakt zu den Zuhörern haben als auch alle Medien gut bedienen können. Lassen Sie die Arme hängen, stehen Sie gut und fest mit beiden Füßen auf dem Boden. Das ist Ihre Ausgangsstellung. So können Ihre Hände in Aktion treten, z.B. wenn Sie etwas Wichtiges zu sagen haben und es „mit Händen und Füßen" betonen wollen.

Tipp

Tipps für den Umgang mit „Lampenfieber"
Die folgenden Tipps können Ihnen helfen, das Lampenfieber zu überwinden:

- viel laut lesen und die eigene Stimme kennenlernen
- Zuhörer nicht als Gegner, sondern als neugierige Freunde betrachten
- Kontakt zu den Zuhörern halten und ihnen etwas mitteilen wollen: „Ich will euch etwas Interessantes berichten!"
- Blick auf eine wohlwollende Person richten
- kurze Sprechpausen machen
- Erinnerung an Erfolgserlebnisse pflegen (Angstfantasien umpolen)
- Ziele realistisch stecken (kein Perfektionismus!)
- Hilfsmittel für die Visualisierung vorbereiten (Kärtchen, Plakate, Folien)
- bewusst, ruhig und tief ausatmen
- lockerer, guter Stand auf beiden Füßen: „Hier stehe ich gut!"
- Selbstsuggestion: „Ich muss reden. Ich will reden. Ich kann reden."

3.11.4 Folien gestalten

Bei Präsentationen in Schule und Betrieb werden häufig Folien eingesetzt. Wenn wenig Zeit zur Verfügung steht, werden sie handschriftlich angefertigt.

Folien handschriftlich gestalten

1 *Welche Mängel sind Ihnen bei den Folien anderer schon aufgefallen?*

2 *Bewerten Sie die nebenstehende Folie. Was halten Sie für gelungen? Welche formalen Mittel werden eingesetzt?*

3 *Welche Farben eignen sich Ihrer Meinung nach für die Schrift auf der Folie?*

4 *Entwerfen Sie eine Folie auf einem Blatt Papier zum Thema „Ausbildungsvertrag" oder zu einem aktuellen Thema aus Gemeinschafts- oder Wirtschaftskunde.*

5 *Vergleichen Sie Ihren Entwurf mit dem einer Mitschülerin/eines Mitschülers. Geben Sie sich gegenseitig Tipps zur Verbesserung.*

Bedeutung des Handys für Jugendliche

Verbreitung:
- 12–19-Jährige: 99 %

Wichtigste Nutzung:
- simsen
- telefonieren
- im Internet surfen
- fotografieren
- MMS

Vertragsarten:
- Jüngere vorzugsweise Prepaidkarten
- Ältere vermehrt Zwei-Jahres-Vertrag

Kosten:
- Höhe der Kosten steigt mit zunehmendem Alter
- Kostenfallen:
  - ungewollte Abos
  - Herunterladen aus dem Internet
  - Gespräche aus dem Ausland

Folien mit dem Computer erstellen

Textverarbeitungsprogramme ermöglichen den Benutzern eine Vielfalt an Gestaltungsmitteln für Folien.

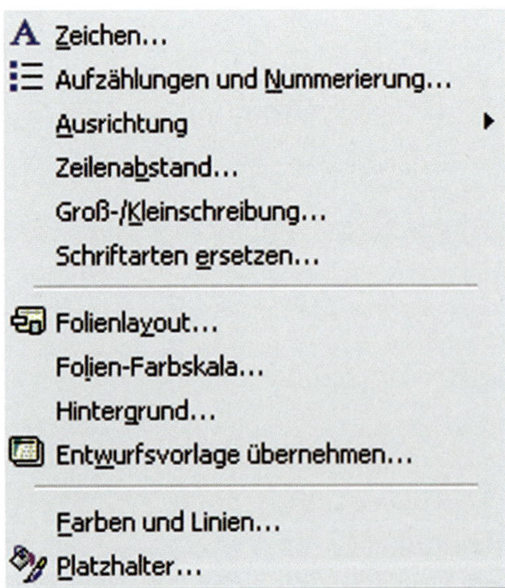

6 *Welche der links abgebildeten Schaltflächen haben Sie schon häufig benutzt? Welche sind Ihnen nicht bekannt?*

7 *Welche grafischen Gestaltungsmittel können Sie zudem noch einsetzen (s. unter „Einfügen" Menü „Grafik" bzw. untere Menüleiste des Textverarbeitungsdokuments)?*

8 *Welche Möglichkeiten der Textgestaltung halten Sie für besonders wichtig? Welche halten Sie für überflüssig?*

3.11.5 Plakate gestalten

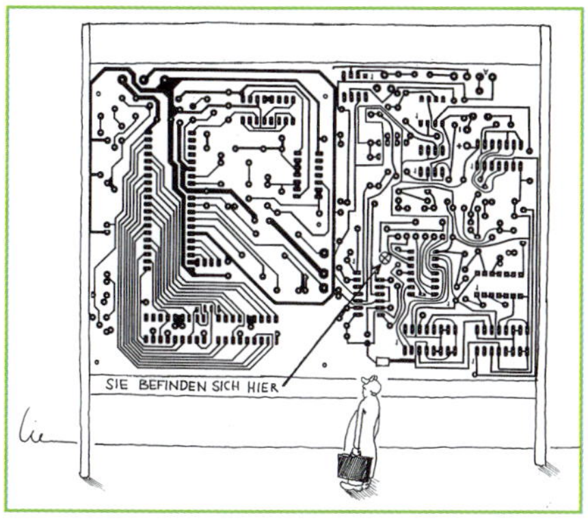

Ein Plakat ist in Schule, Ausbildung und Betrieb bei der Präsentation von Gruppen- und Projektarbeiten ein sehr beliebtes Medium. Die folgenden Hinweise helfen Ihnen, Plakate so zu gestalten, dass sie „plakativ" sind, d. h. die Aufmerksamkeit der Betrachter auf sich ziehen und Ihnen selbst die Präsentation erleichtern.

1 *Welche Vorteile hat ein Plakat bei einer Präsentation?*

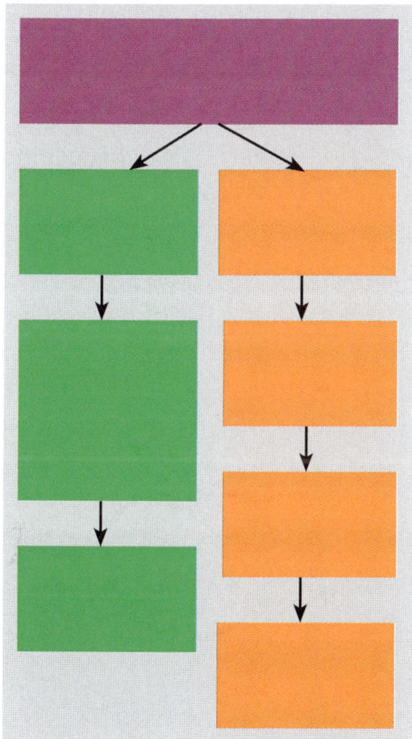

Vorüberlegungen für ein Plakat

Wenn Sie zu einem Projekt/Referat ein Plakat gestalten wollen:

- Entscheiden Sie, was Sie auf dem Plakat darstellen wollen.
- Entwerfen Sie das Plakat im „Kleinformat", z. B. DIN A4.
- Fassen Sie die Elemente, die Sie präsentieren wollen, in Sinnblöcken zusammen.
- Skizzieren Sie die Sinnblöcke auf Kärtchen.
- Verschieben Sie die Kärtchen so lange, bis Sie eine gute Anordnung und optimale Platzausnutzung gefunden haben.
- Ordnen Sie die Sinnblöcke in der üblichen Leserichtung. Das hilft Ihnen bei der Präsentation und erleichtert dem Betrachter die Orientierung.
- Verdeutlichen Sie die Zusammenhänge durch Linien, Pfeile, Farben.

Ausarbeitung des Plakats

- Wählen Sie das Plakat möglichst groß (z. B. Größe einer Metaplan-Tafel).
- Übertragen Sie Ihr Konzept auf das Papier.
- Zeichnen Sie die visuellen Elemente in angemessener Größe auf einzelne Blätter. Kleben Sie diese dann entsprechend Ihrer Planung auf das Plakat.
- Schreiben Sie mit Filzstiften mit schräger Kante auf Hilfslinien in Druckschrift mit Groß- und Kleinbuchstaben. Üben Sie vorher die richtige Technik.
- Wählen Sie eine angemessene Schriftgröße, z. B. für Überschriften ca. 30 mm, für Text ca. 10–15 mm.
- Überprüfen Sie in Ihrem Konzept die korrekte Rechtschreibung. Rechtschreibfehler sind peinlich und lenken bei der Präsentation ab.
- Schreiben Sie nur Stichwörter oder Halbsätze, keine langen Sätze.
- Verwenden Sie nur wenige Farben, schreiben Sie Zusammengehöriges in derselben Farbe.

2 *Entwerfen Sie anhand der Informationen auf dieser Seite in Einzelarbeit ein Plakat mit dem Thema: „Wirksame Plakatgestaltung".*

3 *Bilden Sie Gruppen und vergleichen Sie Ihre Entwürfe.*

4 *Gestalten Sie in Ihrer Gruppe ein Plakat und präsentieren Sie es in Ihrer Klasse.*

3.11.6 Bewertung einer Präsentation

Im Anschluss an eine Präsentation sind sich die Zuhörerinnen und Zuhörer schnell darüber einig, ob sie interessant war oder nicht ansprechend. Nicht so einfach ist es, zu sagen, was besonders gut gelungen ist und warum anderes eher langweilig wirkte. Das zu erfahren, ist aber für den Präsentierenden besonders wichtig. Für jeden, der das Präsentieren lernt, ist eine Rückmeldung in Form eines Feedbacks oder einer Beurteilung eine wertvolle Hilfe. Nur so erfährt man die Schwachstellen und erkennt Verbesserungsmöglichkeiten.
Bei Präsentationen in der Klasse können die Bewertungen durch die Mitschülerinnen und Mitschüler neben der Bewertung durch die Lehrerin/den Lehrer in die Note eingehen.

1 *Lesen Sie den abgedruckten Bewertungsbogen für eine Präsentation kritisch durch.*

2 *Prüfen Sie in der Gruppe, ob alle wichtigen Kriterien für die Bewertung einer Präsentation berücksichtigt sind.*

3 *Erscheinen Ihnen die Bewertungsstufen angemessen? Welche Verbesserungen schlagen Sie vor?*

4 *Einigen Sie sich in der Klasse auf einen Beurteilungsbogen für Präsentationen. Erstellen Sie einen solchen Bogen als Kopiervorlage und teilen Sie ihn aus.*

5 *Beurteilen Sie zur Übung eine Präsentation einer Mitschülerin/eines Mitschülers.*

6 *Vergleichen Sie Ihre Bewertung mit der Ihrer Mitschülerinnen und Mitschüler.*

Bewertung der Präsentation

Name: Datum:
Thema:

	Kriterien:	Bewertungsstufen: ++	+	–	– –
1	**Inhalt**				
	Inhalt sachlich richtig	O	O	O	O
	Veranschaulichung durch Beispiele, Vergleiche, Zahlen	O	O	O	O
	Information vollständig	O	O	O	O
	Information auf das Wesentliche begrenzt	O	O	O	O
	Fachkompetenz vorhanden	O	O	O	O
2	**Aufbau**				
	Einleitung vorhanden und zweckmäßig	O	O	O	O
	Hauptteil sachlogisch gegliedert	O	O	O	O
	Schluss (z. B. als Zusammenfassung)	O	O	O	O
3	**Medieneinsatz**				
	ausreichender Medieneinsatz	O	O	O	O
	sinnvolle Abwechslung der Medien	O	O	O	O
	Medien ansprechend und übersichtlich	O	O	O	O
	Folien lesbar	O	O	O	O
4	**Sprache**				
	Sprache deutlich und angemessen laut	O	O	O	O
	stimmliche Modulation	O	O	O	O
	weitgehend freies Sprechen	O	O	O	O
	zweckmäßige Pausen vorhanden	O	O	O	O
5	**Auftreten**				
	Auftreten natürlich und sicher	O	O	O	O
	Blickkontakt mit den Zuhörern	O	O	O	O
	Umgangston (höflich – unhöflich)	O	O	O	O
6	**bei Gruppenpräsentationen**				
	Sind die Übergänge gut aufeinander abgestimmt?	O	O	O	O
	Sind die Teilbereiche angemessen auf die Gruppenmitglieder verteilt?	O	O	O	O
7	**sonstige Kriterien**				
	______________________	O	O	O	O
	______________________	O	O	O	O

Stufung: ++ ⇒ sehr gute Leistung; + ⇒ gute Leistung;
– ⇒ Mindestanforderung; – – ⇒ ungenügende Leistung

Web

Diesen Vorschlag für eine Bewertung finden Sie auch unter BuchPlusWeb.

3.11.7 Feedback geben und entgegennehmen

Was ist ein Feedback?

Ein Feedback ist eine Mitteilung an eine andere Person darüber,

- wie ich sie wahrnehme,
- wie ich sie verstanden habe,
- welche Gefühle, Gedanken und Ideen ihr Verhalten in mir auslöst.

Ein Feedback ist immer subjektiv!

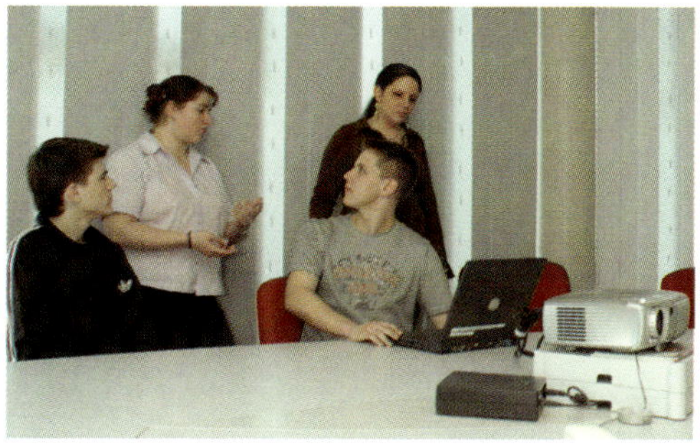

Regeln für das Geben von Feedback

- Geben Sie ein Feedback zeitnah, d. h. so bald wie möglich.
- Sagen Sie klar und konkret, auf welches Verhalten Sie sich beziehen.
- Beschreiben Sie Ihre Gefühle und Ihre Wahrnehmung.
- Verwenden Sie Ich-Aussagen (s. S. 32).
- Nennen Sie zuerst, was Ihnen gefällt bzw. gefallen hat: „Gut fand ich ..."
- Führen Sie erst dann die kritischen Gesichtspunkte an: „Verbesserungsmöglichkeiten sehe ich ..."

Ein Feedback sollte vom Gegenüber gewünscht sein. Allerdings gibt es im Berufsleben auch das Feedbackgespräch, in dem der Vorgesetzte seinen Eindruck von der Arbeit und dem Verhalten des Mitarbeiters formuliert, z. B. im Jahresgespräch.

Regeln für das Empfangen von Feedback

- Hören Sie aufmerksam zu.
- Fragen Sie nach, wenn Ihnen etwas unklar ist.
- Entschuldigen, erklären oder verteidigen Sie sich nicht.
- Denken Sie nach, entscheiden Sie, ob Sie künftig etwas verändern wollen.
- Wenn Sie ein gutes, d. h. qualifiziertes Feedback bekommen, können Sie sich beim Gegenüber bedanken. Ihr Gesprächspartner hat sich ja Mühe gegeben, um ehrlich und gerecht zu sein.

Sie brauchen sich nicht zu verteidigen, wenn Sie die Gefühle oder Wahrnehmungen Ihres Gesprächspartners nicht teilen. Nur Sie entscheiden, was Sie davon für sich und Ihre Weiterentwicklung verwenden bzw. berücksichtigen wollen.

1 *Wann haben Sie ein Feedback gegeben oder entgegengenommen? Welche Gefühle hatten Sie dabei?*

2 *Bilden Sie Gruppen zu vier Schülerinnen/Schülern. Suchen Sie die wichtigsten Regeln für das Geben von Feedback heraus und gestalten Sie ein anschauliches Plakat (s. S. 65).*

3 *Stellen Sie die Plakate in der Klasse vor. Wählen Sie (z. B. durch eine Einpunktfrage, s. S. 57) das beste Plakat aus und hängen Sie es in der Klasse aus. Geben Sie sich gegenseitig ein Feedback.*

Tipp

Achten Sie gemeinsam darauf, dass die Feedbackregeln konsequent eingehalten werden, wenn jemand etwas vor der Klasse präsentiert und ein Feedback gegeben wird.

4

Informationen verarbeiten

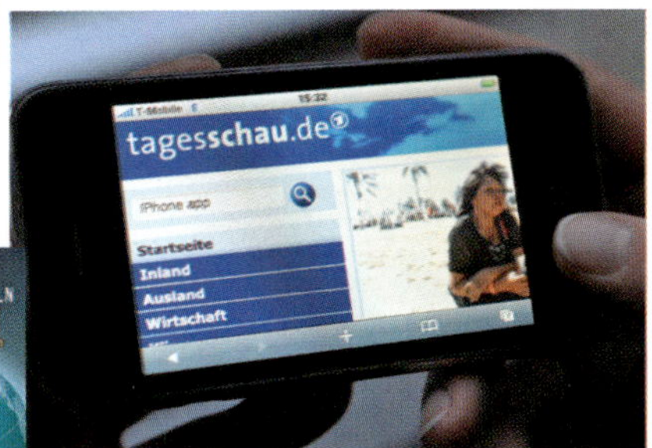

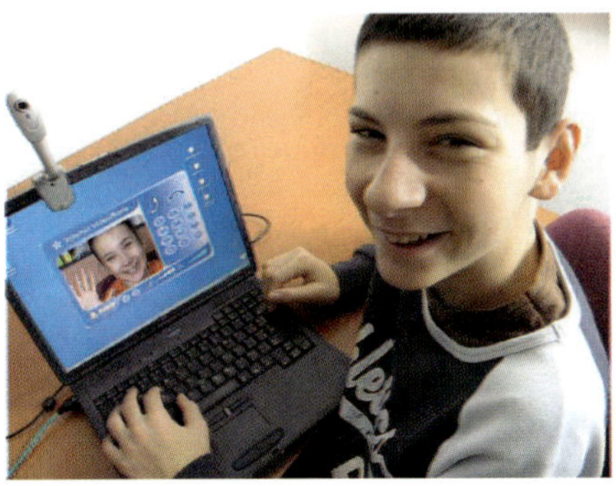

4.1 Sich informieren

4.1.1 Informationen aus Medien beurteilen

Für die Berufsausbildung und die berufliche Weiterentwicklung, aber auch für die Gestaltung des privaten Lebens und der Freizeit benötigen Sie eine Fülle von Informationen. Viele Informationen werden Ihnen direkt angeboten, z.B. durch die verschiedenen Medien. Andere müssen Sie sich selbst beschaffen.

1 *Benennen Sie die auf der vorhergehenden Seite abgebildeten Medien. Welche Informationen lassen sich mit ihrer Hilfe gewinnen?*

2 *Mit welchen Medien haben Sie schon gearbeitet, mit welchen haben Sie keine eigenen Erfahrungen gesammelt?*

3 *Übertragen Sie die unten stehende Tabelle auf ein gesondertes Blatt und vervollständigen Sie die Übersicht. Diskutieren Sie über unterschiedliche Eintragungen.*

4 *Welche Medien würden Sie benutzen, wenn Sie*
- *sich über ein Urlaubsziel informieren wollen,*
- *sich auf eine Klassenarbeit vorbereiten möchten,*
- *ein Referat über die Erweiterung der EU halten sollen,*
- *sich für eine Fortbildung im erlernten Beruf interessieren?*

Medium	Art der Information	Verständlichkeit	Verfügbarkeit	Zeitaufwand	Bedeutung für den Beruf	Bedeutung für das Privatleben
Fachbuch	Fachwissen	häufig schwer	bei Firma vorhanden	mittel	wichtig	
Internet	verschiedene	sehr unterschiedlich	z. T. in der Firma oder privat	häufig sehr hoch	z. T. wichtig	interessant
Wörterbuch	Rechtschreibung					

Einen Vordruck für die Tabelle finden Sie unter BuchPlusWeb.

Web

Tipp

Lassen Sie sich bei der Informationsbeschaffung beraten! Fachleute, Vertreter/-innen, Buchhändler/-innen, Bibliothekare/Bibliothekarinnen, Ausbilder/-innen und Lehrer/-innen helfen gerne.
Zeitschriften und **Prospekte** enthalten häufig aktuelle Informationen; die Zusammenhänge und die Systematik werden jedoch oft nicht deutlich. In **Büchern** finden Sie überwiegend systematische Informationen, die aber nicht so aktuell sind.
Überlegen Sie, ob für Sie aktuelle oder systematische Informationen wichtiger sind. Prüfen Sie bei Informationen aus dem **Internet** sehr gewissenhaft die Quelle. Häufig verfolgt der Webseiteninhaber eigene geschäftliche Interessen. Achten Sie auch auf das Datum der letzten Aktualisierung.

4.1.2 Informationsverhalten untersuchen

Sie müssen sich eine Fülle von Wissen aneignen und viele Fertigkeiten einüben. Von Ihnen wird erwartet, dass Sie Fachwissen und Allgemeinbildung selbstständig erwerben. Die unterschiedlichen Medien stellen sowohl aktuelle Informationen als auch Grundlagen- und Fachwissen bereit.

Wenn Sie Informationen suchen, stellen sich zwei Fragen: Wo finde ich das, was ich suche? Wie zuverlässig und vertrauenswürdig ist die Quelle, die ich benutze? Beide Fragen sind nicht leicht zu beantworten.

2009 veröffentlichte der Medienpädagogische Forschungsverbund Südwest das Ergebnis einer Studie, mithilfe welcher Medien sich Jugendliche am häufigsten informierten.

Ich informiere mich zum Thema … am häufigsten im …

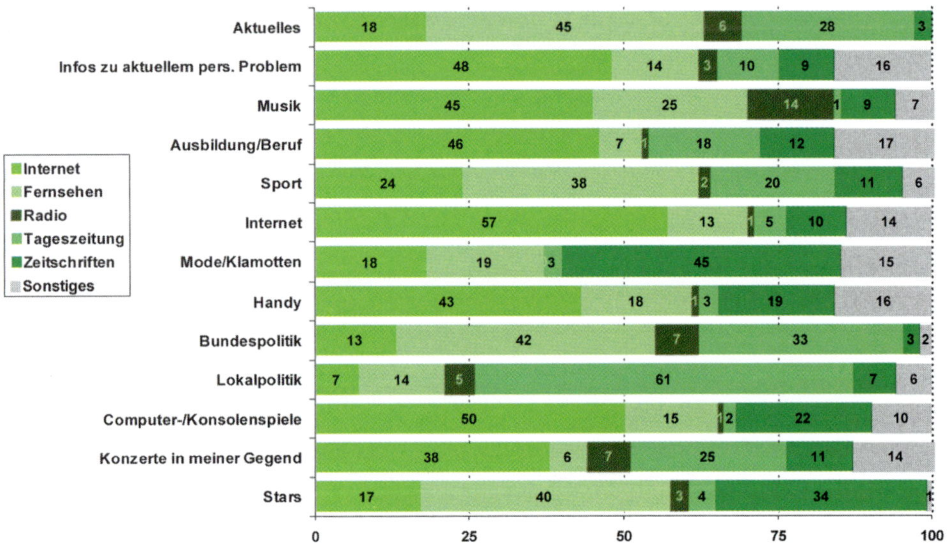

Quelle: JIM 2009, Angaben in Prozent

Basis: Befragte, denen es sehr/etwas wichtig ist, über neue Entwicklungen zum Themenbereich schnell Bescheid zu wissen

1 *Welche Informationsquelle wurde 2009 zu welchem Thema am häufigsten bzw. am wenigsten benutzt? Übertragen und ergänzen Sie die unten stehende Tabelle (DIN-A4 Querformat).*

2 *Welche Informationsquelle nutzen Sie zu welchem Thema am häufigsten bzw. am wenigsten?*

3 *Erheben Sie das Informationsverhalten Ihrer Klasse und ergänzen Sie die Tabelle.*

4 *Vergleichen Sie Ihre persönliche Nutzung und die Ihrer Klasse mit dem Ergebnis der Studie von 2009.*

Medium	Häufigstes Thema			Zweithäufigstes Thema			Am wenigsten gesuchtes Thema		
	2009	Persönl. Nutzung	Nutzung der Klasse	2009	Persönl. Nutzung	Nutzung der Klasse	2009	Persönl. Nutzung	Nutzung der Klasse
Internet									
Fernsehen									
Radio									
Tageszeitung									
Zeitschriften									

Web

Einen Vordruck für diese Tabelle finden Sie unter BuchPlusWeb.

4.1.3 Das Internet nutzen

Nach der JIM-Studie 2012 steht allen Jugendlichen zu Hause ein Computer zur Verfügung; 79 Prozent besitzen ein eigenes Gerät. Etwa 131 Minuten verbringt ein Jugendlicher an einem normalen Werktag am Computer.

Dabei lassen sich die Tätigkeiten bei der Internetnutzung in vier Bereiche einteilen:

1. Kommunikation (E-Mail, Chat)
2. Spiele
3. Informationssuche
4. Unterhaltung (z. B. Musik, Videos, Bilder)

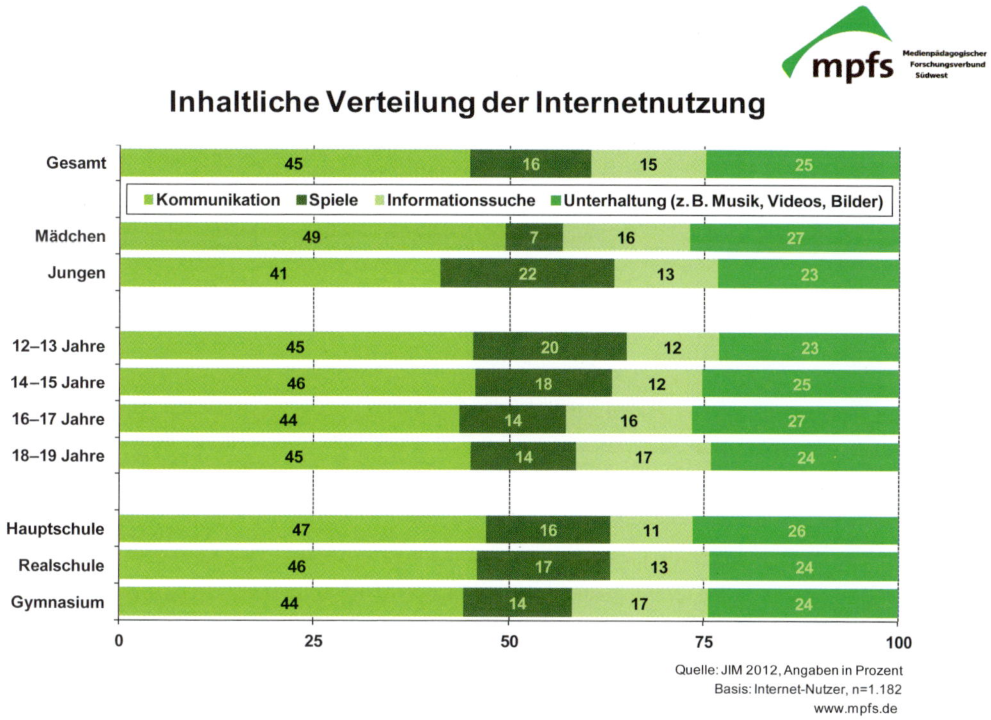

1 *Werten Sie die Grafik aus:*
- *Wie verteilt sich die Nutzungszeit auf die vier Bereiche? Rechnen Sie für Sie zutreffende Angaben (Mädchen/Junge, Altersgruppe) in Minuten um (100 Prozent = 140 Min.).*
- *Welche Unterschiede gibt es zwischen Mädchen und Jungen?*
- *Welche Veränderungen sind in den vier Jahrgangsgruppen zu beobachten?*
- *Welche Auswirkungen hat der Schulbesuch auf die Internetnutzung?*

2 *Zeichnen Sie eine Grafik über Ihre persönliche Internetnutzung und über die Nutzung in der Klasse. Welche Übereinstimmungen sind erkennbar? Wodurch ergeben sich Unterschiede?*

4.1.4 Informationen online recherchieren

Beim Recherchieren im Internet besteht eine Gefahr darin, dass man sich von einer bestimmten Webseite auf weiterführende Seiten (sog. Links) durchklickt, ohne die vorhergehende gründlich angesehen zu haben. Wenn man im Internet Informationen sucht, sollte man Folgendes beachten:

- Prüfen Sie, welche Informationen für Sie wichtig sind, und bewahren Sie dabei einen kritischen Blick.
- Vergleichen Sie immer verschiedene Datenquellen.
- Beachten Sie das Datum der letzten Aktualisierung einer Internetseite.
- Achten Sie mehr auf den Inhalt als auf die optische Aufmachung einer Internetseite.

Zur ersten Orientierung bei der Suche im Internet eignen sich sogenannte **Webkataloge**, die auf ihrer Startseite verschiedene Suchgebiete (Rubriken) anbieten. Hier können Sie in speziellen Menüs weitersuchen oder gezielt Suchwörter eingeben.
Mithilfe sogenannter **Suchmaschinen** und durch die Kombination von Suchbegriffen (z. B. „Ausbildungsplätze, Industriekaufmann, Lippstadt") kann der Benutzer die Informationsmenge gezielt eingrenzen und schneller zu Ergebnissen gelangen.

Name	Suchtechnik / Leistungsangebote u. a.
Dino-Online	*Suchmaschine* Orts- und Branchenverzeichnis, Nachrichten
Fireball	*Suchmaschine* spezialisiert auf Nachrichten
Google	*Suchmaschine* Nachrichten, Übersetzer, Maps, usw.
HotBot	*Webkatalog und Suchmaschine*
Lycos	*Suchmaschine* Nachrichten, Wetter, E-Mail, kostenlose Homepage, Terminverwaltung
MetaCrawler	*Metasuchmaschine* (AltaVista, Excite, Google, GoTo, Infoseek, LookSmart, Lycos)
Web.de	*Suchmaschine* Routenplaner, kostenlose E-Mail, Diskussionsgruppen, Chat
Yahoo	*Webkatalog und Suchmaschine* Nachrichten, Shopping, Wetter, kostenlose E-Mail, Fernsehprogramme

1 *Führen Sie eine Internetrecherche zum Thema „Geschichte des Internets" durch. Verschaffen Sie sich dabei mit den oben angegebenen Webkatalogen und Suchmaschinen einen ersten Überblick.*

2 *Diskutieren Sie in Ihrer Klasse Stärken und Schwächen der jeweiligen Webkataloge bzw. Suchmaschinen.*

4.1.5 Informationen verwenden

Zitieren

Wenn Sie ein Referat anfertigen oder eine Präsentation vorbereiten, benutzen Sie oft Bücher, Zeitschriften oder Internetseiten als Informationsquellen. Textstellen, die Sie daraus übernehmen, müssen als Zitat gekennzeichnet werden. Durch Zitate werden die eigenen Aussagen ergänzt und unterstützt.

Beim Zitieren sollten Sie vier Grundsätze beachten:
- **Erkennbar zitieren:** Das Zitat wird in Anführungszeichen gesetzt.
- **Sinnvoll zitieren:** Der Zusammenhang muss stimmen und klar sein.
- **Genau zitieren:** Worte, Wortstellung, Rechtschreibung und Zeichensetzung des Originals müssen übernommen werden.
- **Unmittelbar zitieren:** Nach Möglichkeit soll der Originaltext für ein Zitat verwendet werden. Fremdsprachliche Texte werden in ihrer Originalsprache zitiert.

Aus Büchern zitieren:
- Rafik Schami behauptet: „So großartig Araber als Gastgeber sind, als Gäste sind sie dagegen furchtbar" (Schami: Andere Sitten, S. 135).
- Jan Weiler beschreibt seine Empfindungen beim Besuch von Flughäfen: „Wenn man sich in einem Flughafen befindet, ist es egal, wo man sich befindet. [...] Das hat auch sein Gutes, denn es nimmt mir die Angst" (Weiler: Antonio im Wunderland, S. 9).

Aus Zeitschriften zitieren:
- „Forscher zählen den massenweisen Konsum gezuckerter Softdrinks zu den Hauptursachen der Fettsucht", schreibt Eva Tenzer in ihrem Bericht über den Zucker (Tenzer: Zucker besser als sein Ruf, S. 60).
- Georg Bleicher meint in seinem Artikel „Licht ins Dunkel": „Das Radeln in der Dunkelheit wird sicherer" (Bleicher: Licht ins Dunkel, S. 42).

Quellen angeben

Für jedes Zitat muss die Quelle angegeben werden, damit das Zitat überprüft werden kann. Auch wenn Sie einen Gedankengang oder eine gute Idee übernehmen, sollten Sie den Fundort dokumentieren. Tun Sie das nicht, so schmücken Sie sich nicht nur mit fremden Federn, sondern Sie stehlen geistiges Eigentum. In einem fortlaufenden Text wird die Quelle in Kurzform angegeben. Am Ende des Textes werden die verwendeten Quellen in einem Literaturverzeichnis alphabetisch geordnet und z. B. folgendermaßen aufgeführt:

- Bleicher, Georg: Licht ins Dunkel. In: Radtouren, 5/05, S. 42–47
- Schami, Rafik: Andere Sitten. In: Gesammelte Olivenkerne aus dem Tagebuch der Fremde. Deutscher Taschenbuch Verlag, München 2000, 2. Auflage
- Tenzer, Eva: Zucker besser als sein Ruf. In: Natur und Kosmos, 12/2005, S. 58–61
- Weiler, Jan: Antonio im Wunderland. Rowohlt, Reinbek 2005

Wird aus dem Internet zitiert:
- David Böcking: Ende der Rezession-Europa berappelt sich. In: Spiegel online, unter http://www.spiegel.de/wirtschaft/soziales/euro-zone-wieder-wachstum-im-zweiten-quartal-a-916561.html[Zugriff: 14.08.2013]

1 *Erstellen Sie ein Literaturverzeichnis der Schulbücher, die Sie verwenden.*

2 *Stellen Sie ein Verzeichnis der Bücher und Zeitschriften zusammen, mit denen Sie sich in den letzten vier Wochen beschäftigt haben.*

4.2 Wörterbücher benutzen

Mithilfe von Wörterbüchern können Sie sich vergewissern, ob Ihre Rechtschreibung und Grammatik stimmt. Im Fremdwörterbuch, Bedeutungswörterbuch und Wörterbuch der Synonyme finden Sie Erläuterungen zur Bedeutung von Wörtern. Das bekannteste Wörterbuch ist der Duden, ein Nachschlagewerk, das den Namen des Mannes trägt, der die deutsche Rechtschreibung entscheidend geprägt hat: Konrad Duden (1829–1911).

Auch im Internet finden Sie Hinweise zur Rechtschreibung und Bedeutung von Wörtern. Beim Nachschlagen eines Wortes treffen Sie auf vielfältige Zeichen und Abkürzungen, die wichtige Informationen enthalten; sie werden in der Regel auf den ersten Seiten eines Wörterbuches erklärt.

Im Folgenden ist ein Beispiel für die Erläuterung eines Wortes in einem Wörterbuch abgedruckt:

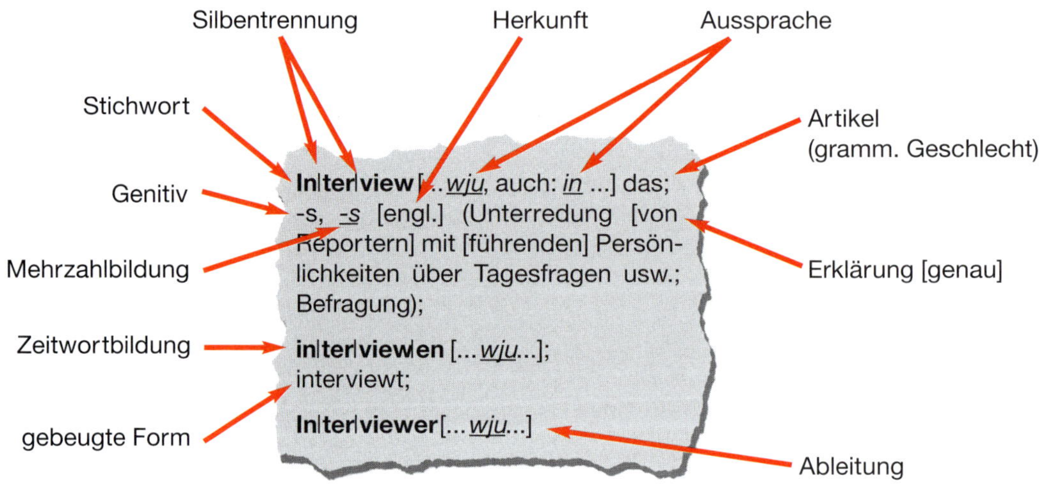

1 *Suchen Sie auf S. 75 folgende Angaben heraus:*
- *Herkunft von Saison, Sago, Sake, Safran, Saite, sakra!*
- *Aussprache für die englische und französische Form von „Saint"*
- *Betonung der Silben des Wortes Sahara*
- *Geschlecht von Sakko (der oder das Sakko?)*

2 *Schreiben Sie die folgenden Wörter nach Silben getrennt auf ein Blatt: Sakko, Saisonwanderung, Saiteninstrument, Sahnesoße, saisonunabhängig. Prüfen Sie, ob Ihre Trennungen richtig sind.*

3 *Vergleichen Sie die Informationen zu „Saisonnier" und „Sakrament" auf S. 75 mit denen, die Sie über das Internet, z. B. bei Wikipedia, finden.*

4 *Wenn Sie mit dem PC schreiben, weist Sie das jeweilig installierte Rechtschreibprogramm auf Rechtschreib- und Grammatikfehler und/oder Wortwiederholungen hin. Diskutieren Sie mit Ihren Mitschülerinnen und Mitschülern über die Erfahrungen, die Sie damit gemacht haben.*

Gefahr einer Aidsinfektion minderndes Sexualverhalten)
Saf|fi|an, der; -s ‹pers.› (feines Ziegenleder); **Saf|fi|an|le|der**
Sa|f|lor, der; -s, -e ‹arab.-ital.› (Färberdistel); **sa|f|lor|gelb**
Sa|f|ran, der; -s, -e ‹pers.› (Krokus; Farbstoff; *nur Sing.*: ein Gewürz); **sa|f|ran|gelb**
Saft, der; -[e]s, Säfte (*österr. auch für* Bratensoße); **Saft|bra|ten**
saf|ten
Saft|fut|ter *vgl.* [1]Futter
saft|grün
saf|tig (*ugs. auch für* derb); **Saf|tig|keit**
Saft|kur (mit Obst- oder Gemüsesäften durchgeführte [1]Kur)
Saft|la|den (*ugs. abwertend für* schlecht funktionierender Betrieb)
saft|los; saft- u. kraftlos ↑K31
Saft|pres|se; Saft|sack (Schimpfwort); **Saft|schub|se,** die; -, -n (*ugs. abwertend für* Flugbegleiterin); **Saft|tag**
Sa|ga ['za(:)ga], die; -, -s ‹altnord.› (altisländische Prosaerzählung)
sag|bar
Sa|ge, die; -, -n
Sä|ge, die; -, -n; **Sä|ge|blatt; Sä|ge|bock; Sä|ge|fisch; Sä|ge|mehl,** das; -[e]s; **Sä|ge|müh|le**
sa|gen; es kostet sage und schreibe (tatsächlich) zwanzig Euro; ich habe mir sagen lassen, dass ...; von ihm wollen wir uns nichts sagen (befehlen) lassen; sie hat hier das Sagen ↑K82
sä|gen
Sa|gen|buch; Sa|gen|dich|tung, die; -; **Sa|gen|for|scher; Sa|gen|for|sche|rin; Sa|gen|ge|stalt**
sa|gen|haft (*ugs. auch für* unvorstellbar)
Sa|gen|kreis
sa|gen|um|wo|ben ↑K59
Sa|ger (*österr. ugs. für* Ausspruch)
Sä|ger; Sä|ge|rei; Sä|ge|rin
Sä|ge|spä|ne *Plur.*
Sä|ge|werk; Sä|ge|wer|ker; Sä|ge|wer|ke|rin
Sä|ge|zahn
sa|git|tal ‹lat.› (*Biol., Med.* parallel zur Mittelachse liegend); **Sa|git|tal|ebe|ne** (der Mittelebene des Körpers parallele Ebene)
Sa|go, der, *österr. meist* das; -s ‹indones.› (gekörntes Stärkemehl); **Sa|go|pal|me; Sa|go|sup|pe**
sah *vgl.* sehen
Sa|ha|ra [*auch* 'za:...], die; - ‹arab.› (Wüste in Nordafrika)
Sa|hel [*auch* 'za:hɛl], der; -[s] ‹arab.› (Gebiet südlich der Sahara); **Sa|hel|zo|ne,** die; -
Sa|hib, der; -[s], -s ‹arab.-Hindi› (in Indien u. Pakistan titelähnliche Bez. od. höfliche Anrede)
Sah|ne, die; -; **Sah|ne|bon|bon; Sah|ne|eis; Sah|ne|häub|chen; Sah|ne|känn|chen; Sah|ne|kä|se; Sah|ne|meer|ret|tich,** der; -s
sah|nen
Sah|ne|sau|ce *vgl.* Sahnesoße
Sah|ne|schnit|te
Sah|ne|so|ße, Sah|ne|sau|ce
Sah|ne|stück; Sah|ne|tor|te
sah|nig
Saib|ling (ein Fisch); *vgl.* Salbling
Sai|gon [*auch* ...'gɔn] (*früherer Name von* Ho-Chi-Minh-Stadt)
[1]**Saint** [sn̩t] ‹engl., »heilig«›; (*Abk.* St *od.* St.; *»Saint« erscheint als Bestandteil von engl. u. amerik. Heiligennamen u. darauf zurückgehenden Ortsnamen. Es steht sowohl in männl. als auch in weibl. Namen und wird ohne Bindestrich verwendet:* Saint Louis [sn̩t 'lu:ɪs]; Saint Anne [sn̩t 'ɛn]; *vgl.* San, Sankt, São)
[2]**Saint** [sɛ̃] ‹franz., »heilig«›; (*Abk.* St; *»Saint« erscheint als Bestandteil von männl. franz. Heiligennamen u. darauf zurückgehenden Ortsnamen. Es steht mit einem Bindestrich:* Saint-Cyr [sɛ̃'si:ɐ̯]; *vgl.* San, Sankt, São)
Sainte [sɛ̃t]; (*Abk.* Ste.; *»Sainte« erscheint als Bestandteil von weibl. franz. Heiligennamen u. darauf zurückgehenden Ortsnamen. Es steht mit einem Bindestrich:* Sainte-Marie [sɛ̃tma'ri:]; *vgl.* San, Sankt, São)
Saint-Exu|pé|ry [sɛ̃tɛksype'ri:] (franz. Schriftsteller)
Saint Geor|ge's [sn̩t 'dʒɔ:dʒɪs] (Hauptstadt Grenadas)
Saint John's [sn̩t 'dʒɔns] (Hauptstadt von Antigua und Barbuda)
Saint Lou|is [sn̩t 'lu:ɪs] (Stadt in Missouri)
Saint-Saëns [sɛ̃'sã:s] (franz. Komponist)
Saint-Si|mo|nis|mus [sɛ̃si...], der; - ‹nach dem franz. Sozialreformer Saint-Simon› (sozialistische Lehre); **Saint-Si|mo|nist,** der; -en, -en; **Saint-Si|mo|nis|tin**
Sa|is (altägyptische Stadt)
Sai|son [zɛ'zõ:, *auch, bes. südd., österr.,* zɛ'zo:n], die; -, *Plur.* -s, *auch, bes. südd., österr.,* ...onen ‹franz.› (Hauptbetriebs-, Hauptreise-, Hauptgeschäftszeit, Theaterspielzeit)
sai|son|ab|hän|gig; sai|so|nal
Sai|son|ar|beit; Sai|son|ar|bei|ter; Sai|son|ar|bei|te|rin
Sai|son|auf|takt
Sai|son|aus|ver|kauf
sai|son|be|dingt
Sai|son|be|ginn, der; -s
sai|son|be|rei|nigt (*Amtsspr.*)
Sai|son|be|trieb; Sai|son|en|de, das; -s; **Sai|son|er|geb|nis** (*Sport*); **Sai|son|er|öff|nung**
Sai|so|ni|er [zɛzɔ'nie:] *vgl.* Saisonnier
Sai|son|in|dex (*Wirtsch.*); **Sai|son|kenn|zei|chen; Sai|son|kre|dit** (*Bankw.*)
Sai|son|lauf (*Motorsport* einzelner Durchgang beim [Auto]rennen)
Sai|son|ni|er, Sai|so|ni|er [zɛzɔ'nie:], der; -s, -s (*österr., schweiz. für* Saisonarbeiter)
Sai|son|schluss; Sai|son|start
sai|son|un|ab|hän|gig
Sai|son|wan|de|rung (saisonbedingte Wanderung von Arbeitskräften)
sai|son|wei|se
Sai|son|ziel (*Sport*)
Sai|te, die; -, -n (gedrehter Tierdarm, Metall od. Kunststoff [zur Bespannung von Musikinstrumenten]); *vgl. aber* Seite
Sai|ten|hal|ter (Teil eines Saiteninstrumentes); **Sai|ten|in|s|t|ru|ment; Sai|ten|spiel,** das; -[e]s
...sai|tig (z. B. fünfsaitig)
Sait|ling (Schafdarm)
Sa|ke, der; - ‹jap.› (aus Reis hergestellter japanischer Wein)
Sak|ko [*österr.* ...'ko:], der, *auch, österr. nur,* das; -s, -s (Herrenjackett); **Sak|ko|an|zug**
sa|k|ra! ‹lat.› (*südd. ugs. für* verdammt!)
sa|k|ral ‹lat.› (den Gottesdienst betreffend; *Med.* zum Kreuzbein gehörend); **Sa|k|ral|bau** *Plur.* ...bauten (*Kunstwiss.* kirchl. Bauwerk; *Ggs.* Profanbau)
Sa|k|ra|ment, das; -[e]s, -e ‹lat.› (eine gottesdienstliche Handlung); **sa|k|ra|men|tal; Sa|k|ra|men|ta|li|en** *Plur.* (*kath. Kirche* sakramentähnliche Zeichen u. Handlungen, z. B. Wasserweihe; *auch Bez. für* geweihte Dinge, z. B. Weihwasser)
Sa|k|ra|men|ter, der; -s, - (*landsch. für* jmd., über den man sich ärgert; Schimpfwort)

Duden, Die deutsche Rechtschreibung, 25. Aufl., S. 921.

gelb unterlegte Wörter: von der Wörterbuch-Redaktion bevorzugte Schreibweise
blau unterlegte „Kennziffern“: Verweise auf Rechtschreib- und Kommaregeln

Tipp

Im Kapitel „Rechtschreibung/Zeichensetzung“ (S. 172 ff.) finden Sie Regeln, Beispiele und Übungen mit deren Hilfe Sie mehr Sicherheit in der Rechtschreibung erlangen können.

4.3 Inhalte wiedergeben

In einer **Inhaltsangabe (Textwiedergabe)** wird ein Text mit eigenen Worten zusammengefasst und verkürzt wiedergegeben. Im beruflichen Alltag kommt es immer wieder vor, dass Arbeitskolleginnen und -kollegen oder Vorgesetzte über den Inhalt eines Textes informiert werden müssen. In der Schule gibt es häufig die Aufgabenstellung, einen Text mit eigenen Worten zusammenzufassen.

Auch im privaten Bereich formulieren wir ab und zu Inhaltsangaben, wenn wir z. B. einem Bekannten erzählen, warum uns ein Film oder ein Vortrag gut gefallen hat oder warum wir ihm empfehlen, ein bestimmtes Buch zu lesen oder nicht zu lesen. Bei solchen Gesprächen ist die Inhaltsangabe aber nur ein Teil der Begründung, wir ergänzen sie mit persönlichen Beurteilungen.

Die **Inhaltsangabe von Sachtexten** (Gebrauchstexten – funktionalen Texten) unterscheidet sich im Aufbau und in der Vorgehensweise von der Inhaltsangabe von literarischen Texten (fiktionalen Texten). Daher wird diese ab S. 160 gesondert behandelt.

4.3.1 Mündliche Inhaltsangabe

Liebe

Tasha, 18, aus Kalifornien und Doug, 17, aus Illinois haben sich am 2. Februar dieses Jahres im Internet kennengelernt, im Video-Chat, anonym, durch einen Zufallsgenerator.

Er grinste so süß. Sein blaues Käppi hatte er verkehrt aufgesetzt. „Irgendwie cool", dachte Tasha. Doug mochte Tashas braune Locken, ihre Augen, das Lächeln. Die beiden quatschten: über Kumpels von Doug und darüber, dass es was Besonderes sein müsse, auf einer Chatplattform jemanden zu finden, der irgendwie normal zu sein scheint. In der wirklichen Welt sind es die leicht Verrückten, die begehrt werden. Im Internet sind es die „Normalen". „Wie treffe ich dich wieder?", fragte Doug. „Finde mich im Netz", sagte Tasha, „ich nenne mich Natpie". Doug googelte und fand Natpies YouTube-Kanal: Dort zeigte Tasha Videos aus ihrem Alltag. Doug hätte ihr eine Nachricht schreiben können, privat. Er entschied sich für das Gegenteil, nahm ebenfalls ein Video auf. Die ganze Welt sollte wissen, dass er Tasha vermisst. Er nannte das Video: „I miss you normal girl". Tasha sah den Film und filmte ihre Antwort. Sie sagte oft „I miss you", sie warf Doug einen Kuss in die Kamera. Tasha und Doug können sich in die Augen schauen und sich Zärtlichkeiten zuflüstern. Aber solange die beiden online bleiben, werden sich ihre Lippen nie berühren. Was sie erleben, ist eine neue Art von Beziehung: Die beiden lieben sich, und das Netz schaut zu. Inzwischen haben sie sich viele Videos geschickt. Tausende verfolgen, wie sich die Beziehung entwickelt. Sie selbst nennen es: die Welt soll teilhaben an ihrem Glück.

Tasha hat Doug ihre Handynummer gegeben, sie haben telefoniert. Aber das fühlt sich irgendwie anders an als die Filme, nicht so spannend. Es kribbelt mehr, wenn Freunde zugucken, Fremde tuscheln und, ja, wenn manche auch ein wenig neidisch sind. Tasha und Doug wollen jetzt doch lieber weiter Videos bei YouTube hochladen. Seit drei Monaten sind die beiden jetzt schon ein Paar. Doug würde gern nach Kalifornien fliegen zu Tasha. Er möchte wissen, wie ihre Locken riechen, und er würde sie gern mal in den Arm nehmen. „Das ganze altmodische Zeug", sagt er. Tasha sagt: „Ich weiß nicht, ob ich das brauche." (UA)

1 *Lesen Sie den Text aufmerksam und notieren Sie sich vier bis fünf Stichworte, die Ihnen helfen, das Wichtigste zu behalten und mündlich wiederzugeben.*

2 *Bilden Sie Kleingruppen zu drei bis vier Mitgliedern. Jeder gibt in knappen Worten den Inhalt wieder und erhält von den anderen eine Rückmeldung über die Vollständigkeit und Verständlichkeit der Zusammenfassung.*

4.3.2 Inhaltsangabe von Sachtexten

Die Inhaltsangabe eines Sachtextes (Gebrauchstextes) gibt die wichtigen Gedanken eines Textes wieder und kann zusätzlich seinen Aufbau (Textstruktur) beschreiben. Dabei darf der Sprachstil der Vorlage verändert werden. Die Fachsprache sollte erhalten bleiben.

Fünf Schritte zur Gestaltung einer Inhaltsangabe

1. Text aufmerksam lesen und dabei die Sinnabschnitte markieren[1]
2. wichtige Wörter unterstreichen[1]
3. Kurzsätze bilden (z. B. als Randnotiz[1])
4. Inhaltsangabe formulieren
5. Einleitung und Schluss ausarbeiten

Eine Inhaltsangabe kann auch in **visueller Form** als **Strukturbild** oder als **Mindmap** dargestellt werden.

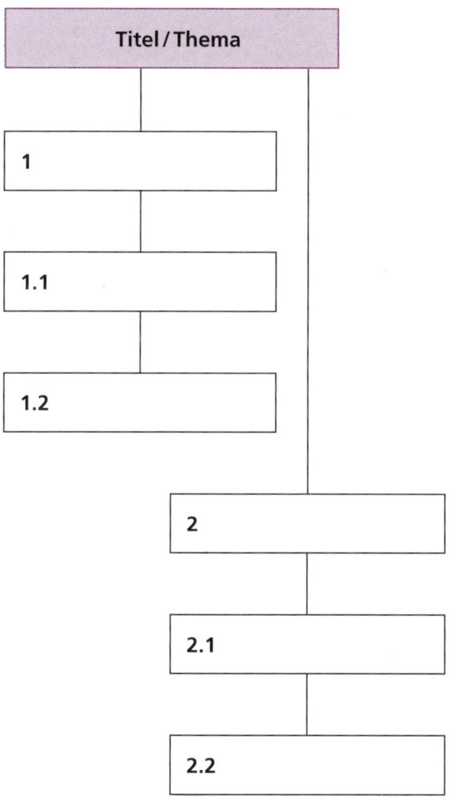

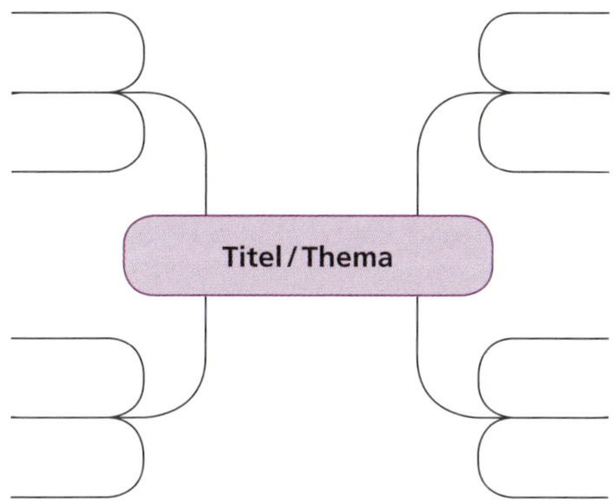

Vorlage für eine Mindmap

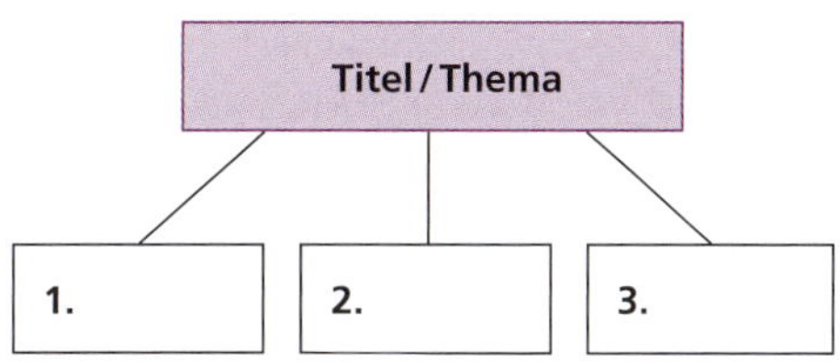

Beispiele zur Gestaltung von Strukturbildern

[1] *Bei geliehenen Büchern eine Kopie oder einen Notizzettel verwenden.*

4.3.3 Schritt für Schritt zu einer Inhaltsangabe

1. **Text lesen** 2. **Wichtiges unterstreichen** 3. **Kurzsätze bilden (Kernaussagen)**

Bäume in der Stadt

Seit jeher werden Straßenverläufe von Bäumen begleitet, Plätze durch Bäume abgegrenzt, Wege und Treffpunkte durch Bäume hervorgehoben. In unseren heute vor allem durch die Verkehrsmittel bestimmten Stadtbereichen gewinnen Bäume wieder mehr und mehr an Bedeutung. Dabei spielen die dekorativen Aspekte nur eine vordergründige Rolle. Zugegeben, grüne Innenstadtbereiche sind lebenswerter, erholsamer, freundlicher als die zubetonierten, meist grauen Fassaden.

Die Funktion des Baumes ist jedoch viel bedeutender, als man zunächst zu glauben vermag. Das Laub der Bäume filtert den Staub aus der Stadtluft. Baumbestandene Straßen haben bis zu 70 Prozent weniger Staubpartikel in der Luft. Sauerstoff ist für den Menschen lebensnotwendig. Ein großer Baum kann bis zu 1200 Liter Sauerstoff pro Stunde produzieren. Kohlendioxid, das bei der Verbrennung entsteht, ist in der Stadtluft in erhöhten Konzentrationen nachzuweisen. Bäume sind in der Lage, diesen Schadstoffgehalt der Luft zu reduzieren, denn sie verarbeiten bis zu 2,4 kg Kohlendioxid pro Stunde.

Die Lärmbelästigung belastet die Menschen ganz erheblich. Bäume brechen den Schall und vermindern so die Lärmbelästigung in ganz wesentlichem Umfang. In dicht bebauten Gebieten sind Straßenbäume häufig die einzigen Pflanzen und somit wichtiger Lebensraum für Kleinlebewesen und Vögel.

Bäume können auf sehr vielfältige Art und Weise die Lebensqualität der Bewohner in den Ballungsräumen verbessern. Wünschenswert wäre für jede Stadt ein dichtes Netz von Straßenbäumen. Vor allem dort, wo Gärten ganz fehlen, ist der Baum auf der Straße ein Stück Natur, das die Beachtung und Pflege des Menschen erfordert, wenn es bestehen soll. Immer noch wird im Winter unachtsam Salz auf Bauminseln gestreut, Autos parken zu dicht an den Baumstämmen und beschädigen Holz und Wurzeln, auslaufendes Benzin und Öl oder Unkrautbekämpfungsmittel bringen Bäumen in der Stadt einen langsamen, unaufhaltsamen Tod. Und der Tod eines Baumes in der Stadt bedeutet einen Verlust an Lebensqualität für alle. ph

aus: Frankfurter Nachrichten

SINNABSCHNITTE

1 *zunehmende Bedeutung der Bäume in Stadtbereichen*

2 *Bäume haben mehrere Funktionen*

filtern den Staub

produzieren Sauerstoff

reduzieren den Schadstoffgehalt der Luft

Bäume vermindern Lärm

sie bieten Lebensraum für Kleinlebewesen und Vögel

3 *dichtes Netz von Straßenbäumen wünschenswert*

4 *Pflege erforderlich*

Schädigung durch Salz, parkende Autos, Schadstoffe

5 *Tod eines Baumes ist Verlust an Lebensqualität*

4. **Inhaltsangabe formulieren**

Die Bedeutung der Bäume in Stadtbereichen nimmt zu.

Das liegt daran, dass Bäume mehrere wichtige Funktionen erfüllen.
Ihr Laub filtert den Staub aus der Stadtluft.

Außerdem produzieren sie den lebensnotwendigen Sauerstoff und verringern dabei den Kohlendioxidgehalt der Luft.

Bäume können auch die Lärmbelästigung verringern, weil sich in ihrem Laub der Schall bricht.

Für Kleinlebewesen und Vögel sind Bäume ein wichtiger Lebensraum.

Aus all diesen Gründen sollte ein dichtes Netz von Straßenbäumen geschaffen werden.

Diese müssen aber gepflegt
und
vor Schäden bewahrt werden.

Mit jedem Baum, der in der Großstadt stirbt, verringert sich die Lebensqualität.

5. **Einleitung und Schluss**

Einleitung

In einem Zeitungsartikel in den Frankfurter Nachrichten beschreibt der Autor P. H. die Funktion der Bäume in der Großstadt.

Schluss

Dem Autor ist es gelungen, dem Leser mit eindringlichen Worten die Bedeutung der Bäume bewusst zu machen. Seine mahnenden Worte am Schluss weisen auf eine ernste Gefahr hin, die viele noch nicht erkannt haben.

4.3.4 Übungstexte

Vorsicht beim Gebrauchtwagenkauf

Verbraucherzentralen schlagen Alarm. Allzu oft versuchen Gebrauchtwagenhändler, die Gewährleistungsrechte auszuhebeln. Denn Händler müssen auf gebrauchte Autos zwei Jahre Gewährleistung geben. Zwar darf die Frist im Vertrag auf ein Jahr verkürzt werden. Doch die früher übliche Klausel „Probe gefahren, Ausschluss jeglicher Gewährleistung" ist damit hinfällig. Wo sie dennoch auftaucht, gilt stattdessen die Zweijahresfrist.

Der Verkäufer trägt die Beweislast, wenn das Auto in den ersten sechs Monaten nach dem Kauf streikt. Er muss dann darlegen, dass der Mangel bei Übergabe des Pkw nicht vorlag. Erst nach Ablauf der sechs Monate trifft den Käufer die Beweispflicht. Damit stehen Kunden deutlich besser da als früher, wenn es da nicht schwarze Schafe unter den Händlern gäbe, die sich am Gesetz vorbeimogeln. Einige bremsen ihre Kunden aus, indem sie kurz vor der Unterschrift nicht sich selbst als Verkäufer eintragen, sondern einen privaten Vorbesitzer. Der Händler ist dann nur Vermittler – eine Vertragsgestaltung, die Kunden unbedingt vermeiden sollten.

Aber nur echte Mängel treffen den Händler, Verschleiß nicht. Daher gibt es im Streitfall handfeste Abgrenzungsprobleme: Was ist Mangel, was Verschleiß? Rechtsprechung gibt es dazu bisher kaum. Immerhin hat das Oberlandesgericht Bamberg salomonisch[1] definiert: Ein Mangel liegt vor, wenn die Abnutzung über das hinausgeht, was angesichts von Typ, Alter und Laufleistung normal ist.

Ausgeschlossen ist die Gewährleistung aber für Mängel, die der Verkäufer genannt hat. Viele bieten Gebrauchte daher oft nur mit Gutachten an. Diese Mängelliste sollten Käufer aufmerksam durchgehen – besonders wenn es heißt, die dort aufgeführten Punkte seien nur Formalitäten.

Der Verkäufer muss aber nicht auf allgemein übliche Abnutzungen hinweisen oder auf offensichtliche Macken wie Beulen, die jeder sehen kann. Vorsicht gilt indes, wenn bei einem guten Auto pauschal „Bastlerfahrzeug" oder „Zum Ausschlachten" im Kaufvertrag steht. Dann hat der Kunde bei späteren Reklamationen schlechte Karten.

Diese Regeln gelten nicht unter Privatleuten. Da bleibt es beim Gewährleistungsausschluss, wenn etwa „Gekauft wie besehen, Ausschluss jeder Gewährleistung" im Vertrag steht. Dies gilt nicht, wenn der private Verkäufer Mängel arglistig verschweigt.

aus: test (Stiftung Warentest), S. 12

1 *Prüfen Sie Ihr Textverständnis:*
- *Welche rechtlichen Unterschiede bestehen zwischen dem Kauf eines Gebrauchtwagens beim Händler und dem Kauf von einer privaten Person?*
- *Formulieren Sie einige Ratschläge für den Kauf eines Gebrauchtwagens.*

2 *Fertigen Sie von diesem Text oder von dem Text auf der nächsten Seite eine Inhaltsangabe mithilfe der auf S. 77 genannten Arbeitsschritte.*

[1] *klug und weise*

Das Mindesthaltbarkeitsdatum

Auf den meisten Lebensmitteln muss der Vermerk „Mindestens haltbar bis ..." aufgedruckt oder eingeprägt werden. Was besagt das „Mindesthaltbarkeitsdatum"? Wenn man meint, diese Angabe bezeichne das letzte Verkaufs- oder Verbrauchsdatum, dann täuscht man sich gewaltig. Das Lebensmittelgesetz versteht etwas anderes unter dem Mindesthaltbarkeitsdatum. Das Mindesthaltbarkeitsdatum bezeichnet die vom Hersteller festgesetzte Frist, in der ein Lebensmittel bei richtiger Lagerung seine typischen Eigenschaften behält. Der Geschmack soll in dieser Zeit erhalten bleiben. Auch der Nährwert soll sich innerhalb dieser Frist nicht ändern. Die Ware soll ihr Aussehen behalten und die Zusammensetzung soll sich auch nicht verändern. Ein Händler, der Ware nach Ablauf des Datums anbietet, verstößt nicht gegen das Gesetz und macht sich folglich auch nicht strafbar. Er müsste allerdings prüfen, ob die von ihm angebotene Ware noch einwandfrei ist, d.h. nicht verdorben und nicht gesundheitsschädlich ist. Es wäre natürlich übertrieben, wenn man ein solches Mindesthaltbarkeitsdatum auch beim Verkauf von frischem Obst oder Gemüse verlangen würde. Auch Getränke mit mehr als 10 Prozent Alkohol, frische Backwaren, Zucker, Speisesalz, Bier, Honig, Kaffee, Kakao, Schokolade dürfen ohne das Mindesthaltbarkeitsdatum verkauft werden. Ziemlich unübersichtlich wird die Regelung der Mindesthaltbarkeit für den Verbraucher, weil dabei auch noch Sondervorschriften zu beachten sind. Zum Beispiel ist es üblich, bei Hackfleisch das Verzehrdatum anzugeben, aber bei Eiern das Legedatum. Auf die Butterpackung wird der Tag aufgedruckt, an dem sie hergestellt wurde. (GW)

4.3.5 Inhaltsangabe von Sachtexten — Überblick

Lernziele
Sie können
- die wesentlichen Gedanken eines Textes erkennen und wiedergeben,
- den Aufbau eines Textes (die Textstruktur) beschreiben,
- den Sprachstil eines Textes erkennen und in der Inhaltsangabe beibehalten.

So gehen Sie vor:
Arbeitsschritte
1. Text aufmerksam lesen und Sinnabschnitte markieren[1]
2. Wichtige Sätze unterstreichen[1]
3. Kurzsätze bilden (z.B. als Randnotiz)[1]
4. Inhaltsangabe (Hauptteil) formulieren
5. Einleitung und Schluss ausformulieren

Inhalt und Aufbau
Einleitung
- Verfasser, Titel, Art und Herkunft des Textes
- Inhaltskern in einem Satz als Vorinformation

Hauptteil
- Information über wesentliche Gedanken des Textes
- evtl. Informationen über äußere Merkmale (formaler Aufbau) und über den inhaltlichen Aufbau (Textstruktur)

Schluss
- Beurteilung der Wichtigkeit und Bedeutung des Textes
- Beurteilung der Wirkung auf den Leser

Sprache
- Wiedergabe mit eigenen Worten (Fachbegriffe übernehmen)
- sachlicher Stil, klare, leicht verständliche Sätze
- Zeitform Präsens, direkte Rede in indirekte Rede umwandeln

[1] *Bei geliehenen Büchern eine Kopie oder einen Notizzettel verwenden.*

4.4 Diagramme erläutern

4.4.1 Diagrammformen

Bei einem Referat (s. S. 100 ff.) oder einer Präsentation (s. S. 59 ff.) können Zahlenangaben durch Diagramme (Schaubilder) veranschaulicht werden, z. B. mithilfe einer Folie für den Tageslichtprojektor. Auf diese Weise können Daten so visualisiert werden, dass ein Zahlenvergleich oder eine Entwicklung auf einen Blick zu erfassen und zu verstehen ist.

Zahlenreihen können sich Zuhörer/-innen schlecht merken. Nur die wichtigsten Zahlen sollten hervorgehoben werden.
Zusammenhänge und Schlussfolgerungen müssen klar formuliert werden.

Kreisdiagramm

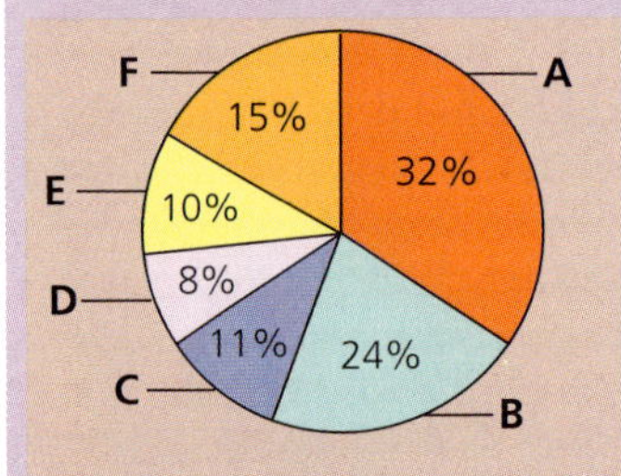

Geeignet für die Darstellung von (Prozent-)Anteilen an einer Gesamtheit (100 Prozent). Beispiel: Anteil von Altersgruppen an der Gesamtbevölkerung. (Nicht geeignet für die Darstellung von Zeitreihen.)

Erläutern Sie den Inhalt beispielsweise so:

Der größte Teil der .../der Anteil der ... beträgt/ein Viertel der .../die kleinste Gruppe ist .../X Prozent entfallen auf .../A, B und C zusammen umfassen .../Über die Hälfte der ... o. Ä.

Balkendiagramm

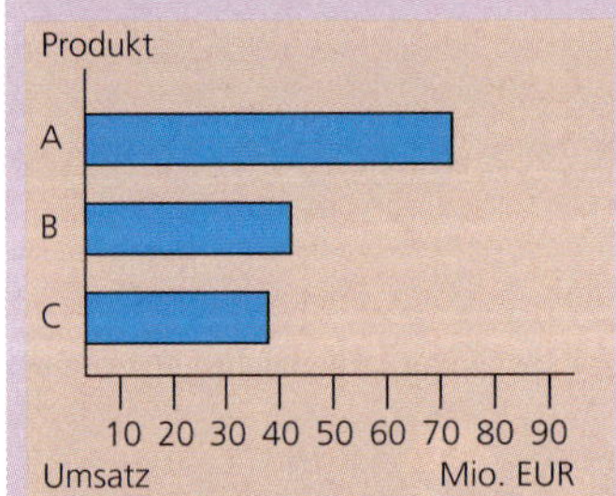

Geeignet für die Darstellung von Rangfolgen und Vergleichen, weniger geeignet für Zeitreihen wegen der übereinanderliegenden Anordnung.

Erläutern Sie den Inhalt beispielsweise so:

An dritter Stelle folgt .../an der Spitze liegen .../am besten haben ... abgeschnitten/größer/kleiner als .../am niedrigsten/am höchsten .../deutlich größer .../mehr als alle anderen/Schlusslicht ... o. Ä.

Säulendiagramm

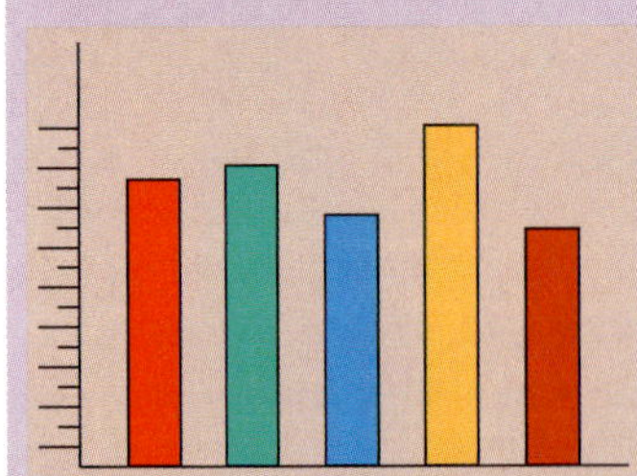

Geeignet für die Darstellung von Häufigkeit und Anteilen, ebenso geeignet für Zeitreihen (dann mit einem von links nach rechts verlaufenden „Zeitstrahl").

Erläutern Sie den Inhalt beispielsweise so:

In der Zeit von ... bis .../in der ersten Jahreshälfte/gegenüber dem Vorjahr/... ist gewachsen/... ist gesunken/... geht zurück/nimmt zu/hat sich verdoppelt ... o. Ä.

Kurvendiagramm

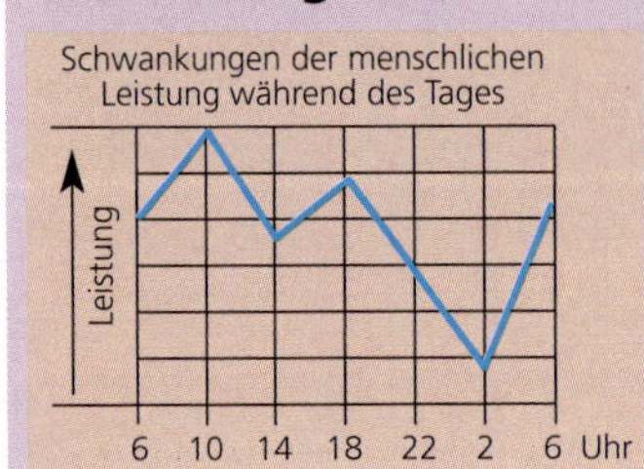

Geeignet für die Darstellung von Veränderungen in einem Zeitraum (z. B. Absatzschwankungen, Entwicklung der Arbeitslosenzahlen).

Erläutern Sie den Inhalt beispielsweise so:

In dem Zeitraum von ... bis .../seit dem Jahr .../in der zweiten Jahreshälfte/gegenüber dem Vormonat/sinkt/fällt ab/nimmt ab/schwankt/stagniert/... bleibt konstant/steigt an/Höhepunkt/Tiefpunkt ... o. Ä.

4.4.2 Über ein Diagramm informieren

So können Sie den Inhalt dieses Diagramms in Worte fassen:

- Bei den deutschen Autourlaubern ist … das Reiseland Nr. 1.
- Im Inland ist … die beliebteste Urlaubsregion der deutschen Autofahrer.
- Im Ausland ist … das beliebteste Urlaubsland.
- Nach … fahren die wenigsten deutschen Autourlauber.
- Fast … (1/2, 1/3, 1/4, 1/5 ?) fahren nach Italien und Frankreich.

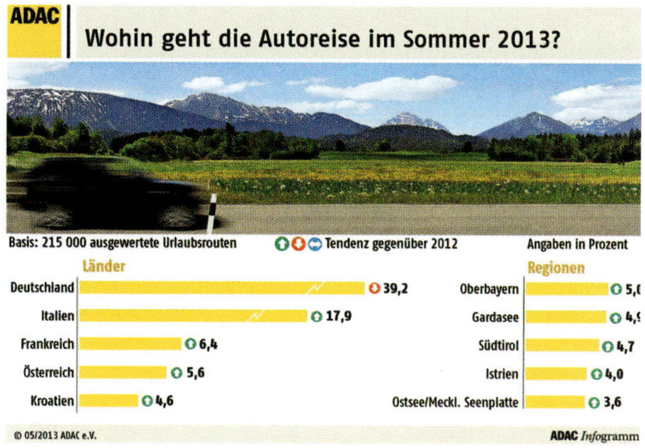

Quelle: ADAC

1 *Worum geht es in diesem Diagramm? Formulieren Sie in einem Satz, worüber der Betrachter informiert werden soll.*

2 *Fassen Sie die Aussagen des Schaubildes in einem Text zusammen, z. B. als Kurzvortrag vor der Klasse. Beginnen Sie dabei mit der folgenden* ***Einleitung****:*

„In der Maiausgabe 2013 der „Motorwelt" veröffentlichte der ADAC eine Grafik mit den Reisezielen der deutschen Autourlauber. Die Angaben sind als Balkendiagramm dargestellt und zeigen Folgendes …"

Einleitende Sätze bei der Erläuterung eines Diagramms

A Fundstelle | B Zeitangabe | C Thema | D Diagrammform

3 *Benennen Sie in der Einleitung bei Aufgabe 2 oben die Teile A bis D.*

4 *Benennen Sie diese Teile auch im folgenden Einleitungsbeispiel und vervollständigen Sie den Text (zu dem Diagramm über „Unfallverursacher", S. 85).*

Das Schaubild mit dem Titel … war in … ohne Zeitangabe abgedruckt. Die einzelnen Angaben stammen vom … und sind als … dargestellt. Das Schaubild zeigt …

Abschließende Sätze bei der Erläuterung eines Diagramms

Als Schluss können Sie zu dem angesprochenen Problem persönlich Stellung nehmen:

Ist das Problem Ihrer Meinung nach ernst zu nehmen? Aus welchen Gründen? Welche Folgen, welche Auswirkungen sind zu bedenken? Ergibt sich aus der Auswertung des Schaubildes eine Forderung? Sind bestimmte Maßnahmen zu treffen?

4.4.3 Den Inhalt eines Diagramms erschließen

Zur Vorbereitung einer schriftlichen Beschreibung und Auswertung eines Diagramms empfiehlt es sich, mithilfe der unten stehenden **Erschließungsfragen** stichwortartig Gedanken zum Thema aufzuschreiben.

1 *Prüfen Sie, ob die Antworten auf die Erschließungsfragen mit den Informationen des Diagramms übereinstimmen.*

2 *Wandeln Sie die Antworten in einen flüssigen Text um.*

3 *Nehmen Sie anschließend persönlich Stellung zu dem in dem Diagramm angesprochenen Problem (s. S. 83 unten).*

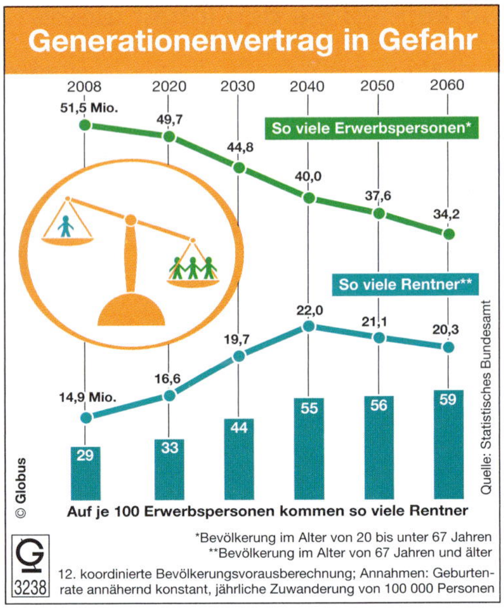

Erschließungsfragen	Überschrift/Titel des Diagramms: Generationenvertrag in Gefahr
① **Einleitungssatz:** Überschrift/ Titel? Form der Darstellung? Quelle? Gesamtproblem?	Generationenvertrag in Gefahr – Kurven- und Balkendiagramm – „Statistisches Bundesamt" – Rentenproblem in der Zukunft
② Über welche Bereiche informiert das Diagramm? Was wird dargestellt? Was wird verglichen? Was fällt besonders auf? Welche Entwicklung ist zu erkennen?	Entwicklung der Zahl der Erwerbspersonen und der Zahl der Rentner bis zum Jahre 2060 – mit zwei Kurven gegenübergestellt – in Abständen von 12 und dann 10 Jahren: die Abnahme der Zahl der Erwerbspersonen und die Zunahme der Rentner – starke Veränderung zwischen 2020 und 2060 – in einem Balkendiagramm wird das Verhältnis Erwerbspersonen/Rentner dargestellt – durch diese Entwicklung immer weniger Beitragszahler und immer mehr Rentenempfänger (Missverhältnis) – dazu Angabe im Balkendiagramm: Auf 100 Erwerbspersonen kommen 2020 rund 33 Rentner, d. h., drei Beitragszahler müssen für einen Rentner aufkommen, 2060 müssen zwei mehr als einen Rentner finanzieren.
③ Welche Folgerungen ergeben sich aus der Untersuchung des Diagramms? Welche Maßnahmen sind erforderlich?	Folgerung: Die Rentenbeiträge steigen immer mehr oder die Renten müssen gekürzt werden – Maßnahme: Rentenreform, denn die Last darf nicht allein auf die zukünftigen Generationen abgewälzt werden.
④ **Schluss:** Wie ist der Informationsgehalt zu beurteilen? Wie ist die Wirkung auf den Betrachter zu beurteilen?	Das Diagramm öffnet mit seiner übersichtlich gestalteten Grafik die Augen für eines der wichtigsten Probleme der Gegenwart – es ist allerdings nur eine Prognose.

Erschließungsfragen zu diesem Diagramm

a) Wie heißt das dargestellte Gesamtproblem?

b) Woher stammen die Angaben?

c) Welche Bereiche werden gegenübergestellt?

d) Welche Gruppen werden miteinander verglichen?

e) In welchem Umfang sind die Gruppen an Unfällen beteiligt?

f) Welche Rolle spielt das Alter in Bezug auf die Unfallhäufigkeit?

g) Was könnte die Ursache sein? Welche Faktoren könnten eine Rolle spielen? Welche Maßnahmen schlagen Sie vor?

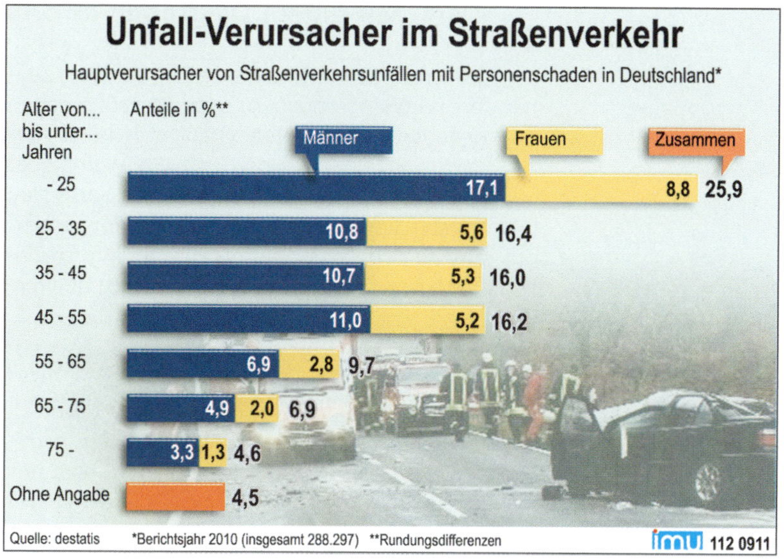

4 *Komplizierte Prozentangaben sollten, wenn es möglich ist, zum besseren Verständnis gerundet und in anschauliche Begriffe umformuliert werden, wie in den folgenden Beispielen: 23,56 Prozent = fast ein Viertel, 73,89 Prozent = rund drei Viertel, 35 Prozent = über ein Drittel, 48 Prozent = knapp die Hälfte (oder auch: fast jeder Zweite).*
Formulieren Sie dafür geeignete Prozentzahlen in einem der Diagramme in anschauliche Begriffe um.

5 *Welche Prozentzahlen verbergen sich hinter den folgenden Formulierungen?*
etwa jeder Dritte – so gut wie jeder Zehnte – beinahe zwei Drittel – mehr als ein Viertel – circa ein Achtel – ungefähr jeder Fünfte

6 *Erläutern Sie schriftlich den Inhalt eines der Diagramme auf dieser Seite. Nehmen Sie kurz Stellung zu dem im Diagramm erkennbar gewordenen Problem.*

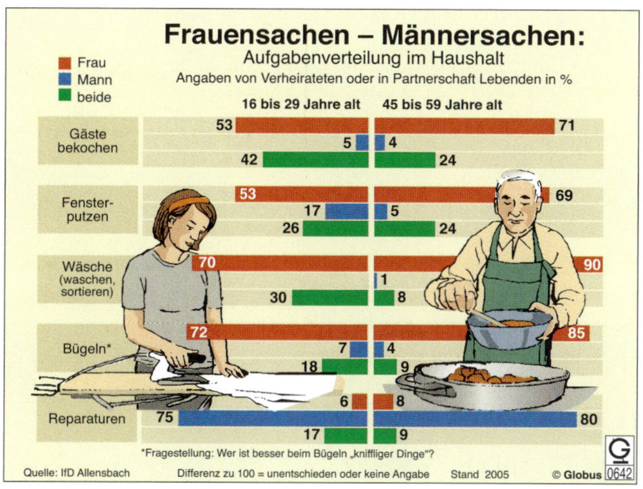

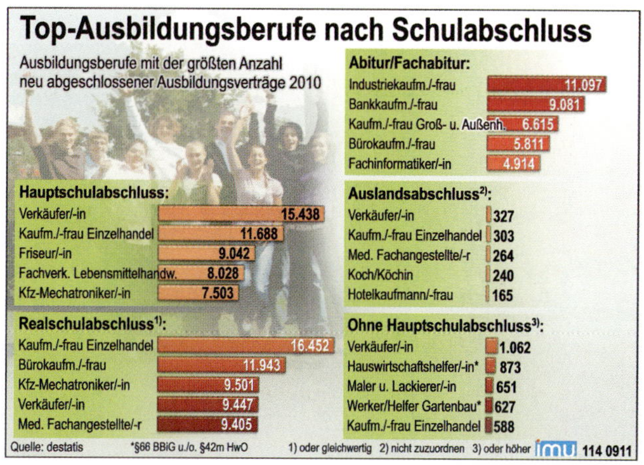

4.4.4 Mit einem Diagramm Informationen eines Textes visualisieren

Informationen in Texten werden häufig als Zahlen, Größenordnungen oder Prozentangaben gegeben. Wenn mehrere Zahlen genannt werden, sind diese für den Leser verwirrend, er kann sie sich weder merken noch vorstellen. Durch Visualisierung werden die Zahlen veranschaulicht, das Gehirn kann die Informationen besser aufnehmen, verstehen und behalten.

Wer die **Zahlenangaben** eines Textes **visualisieren** möchte, kann folgendermaßen vorgehen: Zunächst stellt man drei Fragen und beantwortet sie aus dem Text. Anschließend wählt man die geeignete Diagrammform (s. S. 82) aus.
Das folgende Beispiel zeigt, wie eine Visualisierung gelingt!

Genug Taschengeld?

Mehr Taschengeld, das ist der Wunsch der meisten Kinder und Jugendlichen, obwohl sie eigentlich mit der Höhe zufrieden sein könnten, wenn man von den Durchschnittszahlen ausgeht, die in einer Umfrage im Jahre 2010 ermittelt worden sind.
Schon die 6- bis 9-jährigen Jungen haben im Monat 13 Euro, die gleichaltrigen Mädchen sind mit 11 Euro etwas bescheidener. Sie überholen dann aber in der Altersgruppe von 10 bis 12 Jahren die Jungen um einen Euro und bekommen 21 Euro im Monat. In den folgenden Altersstufen halten die Jungen die Hand stärker auf und bekommen mit 13 bis 15 Jahren 41 Euro, 3 Euro mehr als die Mädchen. Der größte Unterschied in der Höhe des Taschengeldes besteht aber in der Altersgruppe der 16- bis 19-Jährigen. Während den Jungen in diesem Alter monatlich 217 Euro zur Verfügung stehen, müssen sich die Mädchen mit 164 Euro mit deutlich weniger zufrieden geben. Für diesen Unterschied mag es zwei Gründe geben: Zum einen ist die Ausbildungsvergütung für männliche Auszubildende im Durchschnitt höher, zum anderen müssen noch viele Mädchen zu Hause mehr abgeben als die Jungen. (efka)

Drei Fragen an den Text:

1. *Welches Problem wird in dem Text beschrieben? Hier: Höhe des Taschengeldes bei Kindern und Jugendlichen*
2. *Welche Personengruppen werden im Text genannt? Hier: Jungen und Mädchen verschiedener Altersgruppen*
3. *Welche Zahlenangaben sind in dem Text enthalten? Hier: Unterschiedliche Euro-Beträge, den Altersgruppen zugeordnet*

Diagrammform

Genug Taschengeld?

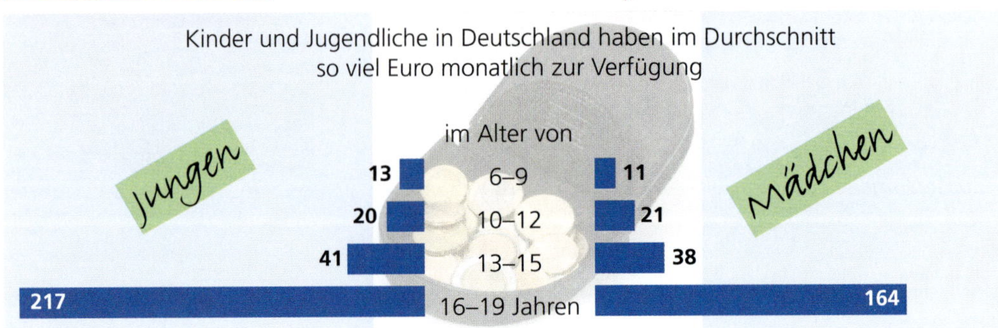

Wo bleibt die Zeit?

Für eine Statistik über die Zeiteinteilung der Bundesbürger wurden vom Statistischen Bundesamt mehr als 12 600 Menschen in 5 400 Haushalten befragt und 37 000 Tagebücher ausgewertet, in denen die Teilnehmer der sogenannten Zeitbudgeterhebung[1] minutiös festgehalten haben, wofür sie wie lange brauchen. Ein gutes Drittel seines Tages verschläft der Durchschnittsbürger, mehr als zwei Stunden benötigt er zum An-, Aus- und Umziehen, für Körperpflege, Essen und andere persönliche Dinge, vier Stunden nehmen Freunde, Sport und ähnliche Freizeitaktivitäten in Anspruch, zwei Stunden sitzt ein Mustermensch vor dem Fernseher, Männer übrigens länger als Frauen. Acht Stunden pro Tag bleiben für den Beruf, die Schule, die Familie oder den Haushalt – Wochenende, Urlaub, kürzere Arbeitszeiten oder gelegentliche Zeiten der Erwerbslosigkeit mit eingeschlossen.

vgl. Statistisches Bundesamt, Tabellenband zur Zeitbudgeterhebung

4 *Visualisieren Sie die Informationen des Textes über die Zeiteinteilung durch ein Diagramm (s. S. 86).*

5 *Erstellen Sie anschließend ein weiteres Diagramm, das Ihre eigene durchschnittliche Tageseinteilung zeigt. Wählen Sie dazu eine andere Diagrammform als vorher (s. S. 82).*

Alkoholvergiftung: Mehr Jugendliche nach Vollrausch in Klinik

[...] 2011 wurden insgesamt 26 349 Kinder und Jugendliche im Alter von zehn bis 20 Jahren nach Trinkgelagen im Krankenhaus behandelt. 2010 waren es noch 25 995. Bezogen auf die gesamte Bevölkerung kamen 2011 von 100 000 der 10- bis 20-Jährigen 325 wegen einer Alkoholvergiftung ins Krankenhaus, 3,3 Prozent mehr als im Vorjahr. Zum Vergleich: 2005 kamen 19 423 Kinder und Jugendliche mit einem Rausch ins Krankenhaus. Die größte Gruppe bilden allerdings nach wie vor die 15- bis 20-jährigen jungen Männer mit 670 Alkoholvergiftungen pro 100 000 Einwohner. Die Zahlen in dieser Altersgruppe haben sich mehr als verdreifacht. Während es 2000 noch 4 726 Fälle gab, waren es im Jahr 2011 bereits 14 239. Generell scheinen Jungs anfälliger zu sein. Sie machten rund 62 Prozent der Behandelten aus, obwohl ihr Anteil in der Bevölkerung in der Altersgruppe nur 51 Prozent beträgt. [...]

Quelle: Spiegel online, von den Autoren überarbeitet

6 *Visualisieren Sie in der Gruppe die Angaben im oben stehenden Text.*

7 *Tauschen Sie die Visualisierung mit einer anderen Gruppe aus und diskutieren Sie über deren Schaubild.*

8 *Nehmen Sie anschließend Stellung:*
- *Welche Unterschiede gibt es zu Ihrer eigenen Visualisierung?*
- *Beurteilen Sie die Ergebnisse.*

9 *Zusatzaufgabe (auch zur Binnendifferenzierung möglich): Schreiben Sie eine Stellungnahme zu dem von Ihnen beschriebenen Schaubild.*

Einen weiteren Übungstext für die Visualisierung und entsprechende Aufgaben finden Sie unter BuchPlusWeb.

[1] *Haushaltsplan*

4.5 Vorgänge und Sachverhalte im Betrieb dokumentieren

In einem Betrieb arbeiten viele Menschen an unterschiedlichen Vorgängen und Sachverhalten. Der Betriebsablauf muss geplant und abgestimmt sein, sonst entstehen Störungen und Leerlauf. Die Vielzahl der anfallenden Arbeiten und das Erfordernis einer möglichst reibungslosen Zusammenarbeit der Mitarbeiter machen es notwendig, viele dieser Vorgänge und Abläufe sorgfältig zu dokumentieren.

In allen Betrieben gibt es dafür Vordrucke in Papierform oder die Dokumentation erfolgt elektronisch. Es ist klar geregelt, wer die jeweilige Dokumentation zu erstellen hat, wo diese aufbewahrt wird und wer Zugang dazu hat.

Vorgang/Sachverhalt	Mittel/Form der Dokumentation:	Was wird dokumentiert?	Wer dokumentiert?
Arbeitszeit	Stechkarte/ elektronische Erfassung	Arbeitsbeginn/ Arbeitsende	jeder Mitarbeiter
Posteingang	Posteingangsbuch		
Postausgang		Poststelle	
Wareneingang			
Bestellvorgang			
Telefongespräch			
Projektplanung			
Mitarbeitergespräch			
Mitarbeiterbeurteilung			
Förderungsgespräch			
Maschinenlaufzeit			
Materialverbrauch			
Verbrauchsmaterial			
Fahrtenbuch			
Zielvereinbarung			
Werkzeugausgabe			

1 *Ergänzen Sie die Übersicht um die Vorgänge und Sachverhalte, die in Ihrem Ausbildungsbetrieb dokumentiert werden.*

2 *Erkundigen Sie sich, in welcher Form die verschiedenen Dokumentationen erfolgen und wo sie aufbewahrt werden.*

3 *Wer hat Zugang zu den bereits erstellten Dokumentationen?*

4 *Entwerfen Sie eine Übersicht über die Vorgänge und Sachverhalte, die in der Berufsschule dokumentiert werden (Verwaltung, Lehrer, Schüler).*

Web

Die Tabelle finden Sie als Lösungshilfe unter BuchPlusWeb.

4.6 Berichten

4.6.1 Über eine Arbeit berichten

Im beruflichen Alltag muss man immer wieder anderen Auszubildenden oder dem/der Vorgesetzten über eine Arbeit berichten, die man erfolgreich durchgeführt hat.
In einem ausführlichen Arbeitsbericht sollten Sie in ganzen Sätzen folgende Informationen geben:

- Tag
- Ort
- Beginn/Ende
- Art der Tätigkeit
- die einzelnen Arbeitsschritte
- die verwendeten Werkzeuge
- das verwendete Material
- das Arbeitsergebnis

1 *Berichten Sie von einer Arbeit im Betrieb, die Sie besonders gerne ausgeführt haben.*

2 *Vergleichen Sie Ihren Bericht mit den Berichten Ihrer Mitschülerinnen und Mitschüler. Beurteilen Sie dabei vor allem die Verständlichkeit und die Ausführlichkeit.*

3 *Lesen Sie den Arbeitsbericht von Kai Wagner.*
- *Welche inhaltlichen und sprachlichen Verbesserungen würden Sie vornehmen?*
- *Welche Formulierungen sollten gestrichen werden?*
- *Vergleichen Sie Ihren verbesserten Bericht mit den Berichten Ihrer Mitschülerinnen und Mitschüler.*

> Am Montag war es spannend. Ich führte zum ersten Mal selbstständig die Eingangskontrolle bei bestellten Waren durch. Zuerst öffnete ich das Paket und prüfte die Begleitpapiere. Und dann packte ich die gelieferte Ware aus. Danach zählte ich die gelieferte Ware und verglich sie mit dem Lieferschein, dazu hakte ich jeden Posten auf dem Lieferschein ab. Dabei stellte sich heraus, dass alles o.k. war.
> Dann ordnete ich die Ware in den entsprechenden Regalen ein. Dann habe ich die Papiere zu der Sachbearbeiterin gebracht.
> Danach war ich fertig.
>
> K. Wagner

4 *Entwerfen Sie den Eintrag, den Kai Wagner ins Berichtsheft schreiben könnte.*

5 *Schreiben Sie einen Arbeitsbericht über eine in Ihrem Beruf häufig vorkommende Tätigkeit. Tauschen Sie Ihren Bericht mit dem einer Mitschülerin oder eines Mitschülers aus und bringen Sie mit Bleistift Verbesserungen an. Besprechen Sie diese miteinander.*

4.6.2 Ein Berichtsheft führen

Während Ihrer Berufsausbildung müssen Sie **Wochenberichte** schreiben. Darin wird in Kurzform festgehalten, was im Betrieb und in der Berufsschule gearbeitet und behandelt worden ist. Der für die Ausbildung Verantwortliche muss diese Wochenberichte lesen und unterschreiben. Die Berichtshefte müssen bei der Zwischen- und der Abschlussprüfung vorgelegt werden.

Diese Kurzberichte haben zwei **Funktionen**:
- Der oder die Auszubildende erkennt die Inhalte und den Fortgang der Ausbildung.
- Die für die Ausbildung verantwortlichen Personen können nachprüfen, ob die erforderlichen Fertigkeiten und Kenntnisse lückenlos vermittelt werden **(Ausbildungsnachweis)**.

1 Üben Sie das Ausfüllen des Berichtsformulars für zwei Tage in einer bestimmten Woche. Tragen Sie auf einem Übungsblatt ein, was Sie im Verlauf dieser Tage in der Schule und im Betrieb gearbeitet und gelernt haben.

Wochenbericht Nr.___ vom _____ bis _____ 20.. Ausbildungsjahr _____ Ausbildungsabteilung _____

Tag	Nachweis der in der Woche geleisteten Arbeit	Einzelstunden	Gesamtstunden
Montag	Rohrstück nach Zeichnung gefertigt: Materialbeschaffung,		
	Ablängen an Bügelsäge. Werkzeug bereitgestellt: Flachfeile,		
	Dreikantfeile, Wendelbohrer = 4,8 HSS, Gewindebohrer M 6.	0,5	
	Fertigung: am Schraubstock bearbeitet, an Tischbohrmaschine		
	gebohrt, Gewinde geschnitten.	3,5	
	Nachmittags bei Warenauslieferung geholfen.	4,0	8
Dienstag			

so nicht!
Warenannahme
Preisauszeichnung
Regallager
Deutsch
Wirtschaftskunde

aber so:
8 Hometrainer angenommen und geprüft
Sportschuhe mit Sonderpreis ausgezeichnet
Regale im Lager umgestellt, Ware aus- und eingeräumt
D: Protokollarten, eigenes Protokoll verfasst
WI: Kaufvertrag, Wiederholungsfragen

Web Einen Vordruck für einen Wochenbericht finden Sie unter BuchPlusWeb.

4.6.3 Über einen Unfall schriftlich berichten

Aussage Yvonne Stahl:

Jetzt habe ich schon das Pech, dass ich nur alle vier Jahre Geburtstag feiern kann, und ausgerechnet an diesem Tag muss mir das passieren.
Ich hatte Blumen an unsere Kunden ausgefahren und konnte dem entgegenkommenden Motorrad gerade noch ausweichen. Doch auf der nassen Straße war das Auto nicht mehr zu lenken und donnerte gegen eine Hauswand. Ein Glück, dass der Transit unserer Gärtnerei, Kennzeichen DU-S 844, so stabil gebaut ist, sonst wäre ich nicht nur mit Prellungen davongekommen. Den Motorradfahrer hat es schlimmer erwischt, vor allem am Kopf.

Aussage Michael Gerstner:

Ich hatte mich links eingeordnet, denn ich wollte an der Kreuzung nach links in die Ebertstraße abbiegen. Da kommt dieser Kamikaze-Fahrer dahergerast und verkratzt mit seiner Fußraste an meinem neuen Golf den vorderen Kotflügel. Ich bin etwa 30 km/h gefahren, der war mindestens doppelt so schnell.

Aussage Ludwig Kramer:

Am Mittwochabend, es begann schon dunkel zu werden, wollte ich die Kronenstraße auf der Höhe des Gasthauses „Adler" überqueren. Ich ließ noch einen Golf vorbei, da kommt von links ein unbeleuchtetes Motorrad mit laut aufheulendem Motor dahergerast und streift den Golf. Ich denke noch, der ist verrückt, das ist doch eine Einbahnstraße, da hat es schon weiter hinten gekracht. Er ist gerade noch an einem Lieferwagen vorbeigekommen, aber dann hat es ihn gedreht und er lag auf der Straße. Die Nummer des Golfs habe ich mir gemerkt, weil sie so lustig war: KUS-S 300.

Aussage Hans Zöllner:

Ich habe nicht gesehen, dass das eine Einbahnstraße ist. Bis vor einem Jahr, da war ich noch 17 Jahre alt, habe ich selbst in Bölkstadt gelebt und da war das noch eine normale Straße. Jetzt wohne ich bei meiner Freundin in Siegburg. Ich hatte es eilig, denn in einer Viertelstunde war Geschäftsschluss, und ich wollte noch in den Computer-Shop am Ende der Straße. Dann habe ich einen Filmriss, ich weiß gar nicht mehr, wie ich ins Krankenhaus gekommen bin. Meine Honda ist jetzt im Eimer. Ein Glück, dass ich vollkaskoversichert bin. Das Kennzeichen will ich aber beibehalten: SU-SI 225.

Sie finden ein Formular für einen Verkehrsunfallbericht unter BuchPlusWeb.

Web

1 *Lesen Sie die Aussagen zum Unfallhergang aufmerksam durch.*

2 *Gestalten Sie aus den Aussagen der Beteiligten und der Zeugen einen genauen Bericht.*

3 *Nicht jeder ist der Aufgabe gewachsen, im Berufsleben Berichte zu verfassen. Im folgenden Beispiel ist der Versuch, einen Bericht zu schreiben, missglückt. Stellen Sie die Mängel zusammen.*

Am Montag der vergangenen Woche arbeiteten unser Geselle Thomas, den wir wegen seiner Größe „Rambo" nennen, und unser Stift Erwin in einem Neubau. Bei Innenputzarbeiten zogen sie in einem Treppenhaus Eimer mit Mörtel hoch. Thomas, der oben die vollen Eimer abnahm, war schlecht gelaunt, denn er hatte am Sonntag sein Auto zu Schrott gefahren. „Mach doch schneller, du Faulpelz!", rief er zu dem die Winde bedienenden Erwin hinunter. Der war über diesen ungerechtfertigten Tadel verstimmt und dachte: „Dich krieg ich dran!"

Grinsend legte er in den nächsten mit Mörtel gefüllten Eimer einen alten Gummistiefel, der zufällig in der Nähe lag. Kaum hatte Thomas den Stiefel bemerkt, warf er ihn lachend auf Erwin hinunter.

Der schaute gerade in diesem Augenblick nach oben, um zu sehen, wie Thomas auf den Stiefel reagieren würde. Thomas hatte nur zu gut gezielt. Der Stiefel traf voll ins Ziel und der daran haftende Mörtel spritzte Erwin in beide Augen. Er schreit laut auf und blitzschnell rast Thomas zu ihm hinunter und leistet Erste Hilfe. Zwei im gleichen Stockwerk arbeitende Elektriker, die den ganzen Vorfall beobachtet hatten, machten Thomas heftige Vorwürfe. Die für so harmlos gehaltene Neckerei kam Erwin teuer zu stehen. Trotz anschließender Behandlung in einer Augenklinik verlor er die Sehkraft auf einem Auge fast ganz.

4 *Vergleichen Sie die Ergebnisse Ihrer Textuntersuchung mit dem* ***Überblick zum Bericht*** *auf* *S. 94.*

5 *Formen Sie obige Darstellung in einen vollständigen Bericht um.*

Ergänzen Sie die fehlenden Angaben zu den ***sechs W-Fragen*** *selbst.*

6 *Schreiben Sie einen Bericht über einen Unfall aus Ihrem Arbeitsbereich.*

7 *Prüfen Sie, welche weiteren Informationen im Unfallmeldeformular einer Versicherung verlangt werden (s. BuchPlusWeb).*

In einem Bericht werden sechs W-Fragen beantwortet:

wann **wo** **was** **wer** **wie** **warum**

Ein Unfallmeldeformular einer Versicherung finden Sie unter BuchPlusWeb.

4.6.4 Über eine Veranstaltung berichten

Spezialitäten beim Schützenfest

Neustädter Schützenfest erfreut sich steigender Beliebtheit

(GW) Wie in den vergangenen Jahren gestalteten viele örtliche Vereine und Einrichtungen auch in diesem Jahr wieder das Neustädter Schützenfest, das von der Bürgerkommission Neustadt geplant und am vergangenen Wochenende durchgeführt wurde. Bedingt durch den eigentlich unnötigen Neubau der übergroßen Feuerwache mussten die Beteiligten auf dem Festplatz an der Brückenstraße deutlich mehr zusammenrücken. Auch waren die Wege für die Besucher an einigen Stellen sehr eng, so dass es zu Gedränge und Stauungen kam.
Aber die schon bekannten und beliebten Spezialitäten und die günstigen Preise garantierten den Besuchern auch in diesem Jahr einen angenehmen Aufenthalt.
Eröffnet wurde das Schützenfest mit dem Fassanstich durch den Oberbürgermeister am Freitagabend und dem traditionellen Sauerfleischessen[1].
Am Samstag wetteiferten zuerst die Schützen und danach die Schützinnen. Ob diese Trennung nach Geschlechtern noch zeitgemäß ist, müssen sich die Verantwortlichen fragen lassen. Schützenkönig wurde zum dritten Male hintereinander Dirk Meier, der damit die Scheibe endgültig gewonnen hat. Bei den Schützinnen siegte mit überraschend großem Vorsprung die Tochter des alten und neuen Schützenkönigs, die blutjunge und bildhübsche Svenja Meier.
Der Sonntag begann mit einem ökumenischen[2] Gottesdienst, der von dem evangelischen Kirchenchor, dem Männergesangverein und dem Spielmannszug der Feuerwehr mitgestaltet wurde.
Zehn Vereine – vom Gesangverein über die drei Sportvereine bis zum altmodischen Kleintierzüchterverein – hatten einen eigenen Stand oder ein Zelt aufgebaut, in denen sie ihre Spezialitäten anboten, wie „Möhren durcheinander"[3], „Dicke Bohnen mit Speck", „Neustädter Plinsen"[4], „Reibekuchen" und „Matjes mit Kartoffelsalat".
Der Vorsitzende des Sportfischervereins betonte, dass die gute Zusammenarbeit aller Vereine dazu beigetragen hat, dass das Neustädter Schützenfest bei den Besuchern aus nah und fern und bei den engagierten Vereinsmitgliedern immer beliebter wird.

Münsteraner Tagesblatt

Der oben abgedruckte Zeitungsbericht über ein Schützenfest enthält alle **Merkmale eines Berichts**. In den folgenden Aufgaben sollen diese Merkmale herausgearbeitet werden.

1 ***Vollständige Beantwortung der sechs W-Fragen:*** *Beantworten Sie aus dem Text heraus die sechs W-Fragen.*

2 ***Die richtige Zeitstufe:*** *Suchen Sie Zeitwörter heraus, die in der Zeitstufe der Vergangenheit stehen.*

3 ***Sachliche, objektive Information:*** *Ein Bericht darf keine persönlichen Urteile, Vermutungen oder Gefühle enthalten.*

Zur Übung wurden nachträglich in dem Text drei Stellen so verändert, dass sie dieser Forderung nicht mehr entsprechen. Suchen Sie diese unsachlichen Formulierungen heraus.

4 *Schreiben Sie über das Schützenfest in Neustadt einen* ***Kurzbericht****.*

5 *Schreiben Sie über eine Veranstaltung in Ihrer Heimatgemeinde einen Kurzbericht.*

---

[1] Sauerfleisch = kalte Schweinefleischsülze mit Gurkenstückchen
[2] ökumenisch = zwischenkirchlich
[3] Möhren durcheinander = Möhreneintopf
[4] Neustädter Plinsen = kleine, süße Pfannkuchen

Überblick 4.6.5 Bericht

Lernziele

Sie können
- ein Ereignis oder einen Vorgang sachlich und distanziert beobachten,
- die sechs W-Fragen zu einem Ereignis oder einem Vorgang beantworten,
- andere mündlich oder schriftlich über ein Ereignis oder einen Vorgang sachlich informieren.

So gehen Sie vor:

Arbeitsschritte

1. Ereignis oder Vorgang aufmerksam verfolgen
2. die Beteiligten, die wichtigen Vorgänge, den zeitlichen Ablauf und das Ergebnis notieren
3. zeitnah aus Ihren Notizen einen sachlichen Bericht verfassen

Inhalt

- **sachliche Information** über eine Tätigkeit, ein Ereignis, eine Veranstaltung oder einen einmaligen Vorgang
- **objektive**, wahrheitsgetreue **Darstellung**, ohne persönliche Urteile, Vermutungen und Gefühle
- vollständige Beantwortung der sechs W-Fragen, wobei sich der Umfang nach dem Zweck und den Erwartungen der Leser oder Hörer richtet

Aufbau

Die **Gliederung** folgt dem zeitlichen Ablauf.
Der einleitende Satz sollte nicht mehr als drei Angaben enthalten, z. B. Zeit, Ort und Art des Geschehens.
Beispiel: Am 16. Mai 20.., gegen 14:30 Uhr, ereignete sich in der Gärtnerei Grün in Xanten ein Arbeitsunfall.

Sprache

sachliche, nüchterne Sprache
- keine wertenden oder schmückenden Adjektive
- klare Aussagesätze oder kurze Satzreihen
- keine Spannung aufbauen
- keine Gefühle beschreiben
- **Fachsprache** des betreffenden Sachgebiets verwenden
- **Zeit:** Präteritum (Vergangenheit)

Aufgaben für Übungen und Klassenarbeiten

A Berichten Sie für die Schülerzeitung von einer Veranstaltung (z. B. Lehrstellenbörse), die Sie besucht haben.

B Berichten Sie von einer Betriebsbesichtigung, dem Besuch eines Museums oder einer Ausstellung.

C Verfassen Sie einen Zeitungsbericht über ein Ereignis an Ihrem Wohnort (z. B. Straßenfest – Umzug – Unglück – Versammlung – Bürgermeisterwahl).

4.7 Gespräche protokollieren

4.7.1 Funktionen des Protokolls

Funktionen des Protokolls

Information	Dokumentation	Organisation	Kontrolle
z. B. für Abwesende, Nachschlagemöglichkeit	juristischer Beweis, Urkundencharakter	z. B. Aufgabenverteilung festhalten	Durchführung von Beschlüssen überwachen

Verlaufsprotokoll

- hält die wesentlichen Schritte fest
- stellt dar, wie es zu den Ergebnissen gekommen ist
- gibt den Kern der Äußerungen von Teilnehmern, deren Anträge, Forderungen, Argumente und Einwände wieder
- nennt Ergebnisse, Beschlüsse, Abstimmungs- und Wahlergebnisse
- enthält Angaben darüber, wer Aufgaben übernommen hat und bis wann sie zu erledigen sind

Ergebnisprotokoll

- beschränkt sich auf die Informationen über Tagesordnung, Aufträge, Ergebnisse und Beschlüsse
- nennt Anträge und Abstimmungsergebnisse, ferner Wahlergebnisse, evtl. in gekürzter Form
- enthält Angaben darüber, wer Aufgaben übernommen hat und bis wann sie zu erledigen sind

1 *Erläutern Sie die vier Funktionen des Protokolls anhand von Beispielen.*

2 *Erklären Sie mit Ihren Worten den Unterschied zwischen einem Verlaufsprotokoll und einem Ergebnisprotokoll.*

3 *Welche Protokollform ist in folgenden Fällen zweckmäßig?*
Betriebsratssitzung – Elternabend – Klassenkonferenz (= Notenkonferenz) – Vernehmung – Besprechung der Abteilungsleiter – Unterrichtsstunde – Sitzung der Schülermitverwaltung – Vorstandssitzung eines Vereins

4 *Formulieren Sie die folgenden Sätze so um, dass sie keine persönlichen Wertungen enthalten:*
Herr Müller fordert mit großer Erregung, den Verkaufsraum anders zu gestalten.
Frau Kunze lehnt dies mit überzeugenden Argumenten ab, kann sich aber leider nicht durchsetzen.

Tipp

- Notieren Sie als Protokollführer/-in bereits während der Veranstaltung das Wichtigste in Stichworten.
- Bitten Sie die Teilnehmer/-innen, die Zahlen und Daten zu schnell genannt haben, Ihnen die vorgetragenen Angaben zu wiederholen oder schriftlich zu geben.
- Verfassen Sie das Protokoll möglichst noch am selben Tag.
- Achten Sie darauf, dass Sie eine neutrale Haltung beibehalten.

4.7.2 Verlaufsprotokoll

Protokoll

über die Wahl des Klassensprechers der Klasse M1MV3

Datum:	28.09.20..
Ort:	Carl-Benz-Schule, Ludwigsberg, Saal 114
Vorsitzender:	Studienrat Paulsen, Klassenlehrer
Teilnehmer:	siehe Anwesenheitsliste
Tagesordnung:	Durchführung der Klassensprecherwahl
Beginn:	08:15 Uhr
Ende:	09:00 Uhr

1. Studienrat Paulsen gibt bekannt, dass heute die Wahl des Klassensprechers und seines Vertreters durchgeführt werden solle. Er erklärt sich bereit, das Amt des Vorsitzenden und Wahlleiters zu übernehmen. Die Schüler Amann und Künzler sprechen sich dagegen aus, weil diese Wahl eine Angelegenheit der Schüler sei und die Lehrer gar nichts angehe. Sie werden von der übrigen Klasse überstimmt. Axel Steinmann willigt ein, das Protokoll zu führen.
2. Karl Sommer stellt den Antrag, die Wahl um einige Wochen zu verschieben. Er begründet dies damit, dass sich in dieser ersten Klasse die Schüler noch viel zu wenig kennen würden. Das Schuljahr habe ja erst vor wenigen Wochen begonnen und er halte deshalb den Wahltermin für verfrüht. Studienrat Paulsen spricht sich gegen einen späteren Wahltermin aus, weil er die Namen des Klassensprechers und seines Vertreters unbedingt noch in dieser Woche benötige. Mit 16 zu 9 Stimmen wird der Antrag auf Wahlverlegung abgelehnt.
3. Eine kurze Diskussion entsteht über das Wahlverfahren. Durch Akklamation* stimmt die überwiegende Mehrheit dem Vorschlag des Klassenlehrers zu, in zwei Durchgängen zu wählen. Die fünf Schüler, die im ersten Wahlgang die meisten Stimmen erhalten würden, sollten sich einer Stichwahl stellen.
4. Aus dem ersten Wahlgang gehen mit den meisten Stimmen hervor: Conny Engels, Murat Tschelis, Karl Koch, Elke Schuhmacher, Udo Zipf.
5. Die fünf Kandidaten stellen sich der Klasse persönlich vor, nachdem Hagen Amann dies gefordert hat und sein Antrag von mehreren Schülern unterstützt worden ist.
6. Der zweite Wahlgang bringt folgendes Ergebnis:

Conny Engels	4 Stimmen	Elke Schuhmacher	10 Stimmen
Murat Tschelis	6 Stimmen	Udo Zipf	2 Stimmen
Karl Koch	3 Stimmen		

7. Elke Schuhmacher ist damit zur Klassensprecherin gewählt und nimmt die Wahl an. Murat Tschelis, an zweiter Stelle stehend, erklärt sich bereit, das Amt des Vertreters zu übernehmen. Studienrat Paulsen gratuliert den Gewählten und sagt, dass er auf eine gute Zusammenarbeit hoffe.

Protokollführer	Vorsitzender
Axel Steinmann	*Paulsen*

[1] *Entscheidung durch Zurufe*

4.7.3 Ergebnisprotokoll

Protokoll

über die Wahl des Klassensprechers der Klasse M1MV3

Datum: 28.09.20..
Ort: Carl-Benz-Schule, Ludwigsberg, Saal 114
Vorsitzender: Studienrat Paulsen, Klassenlehrer
Teilnehmer: siehe Anwesenheitsliste
Tagesordnung:
1. Eröffnung, Ernennung des Wahlleiters und des Protokollführers
2. Vereinbarung des Wahlverfahrens
3. Wahl

Beginn: 08:15 Uhr
Ende: 09:00 Uhr

TOP 1: Studienrat Paulsen begrüßt die Klasse und gibt bekannt, dass heute die Wahl des Klassensprechers und seines Vertreters durchgeführt werden solle. Er erklärt sich bereit, das Amt des Vorsitzenden und Wahlleiters zu übernehmen. Axel Steinmann wird zum Protokollführer ernannt.

TOP 2: Nach einer kurzen Diskussion einigt sich die Klasse auf eine Wahl in zwei Durchgängen. Die fünf Schülerinnen oder Schüler, die im ersten Wahlgang die meisten Stimmen erhalten, werden sich einer Stichwahl stellen.

TOP 3: Im ersten Wahlgang erhalten die meisten Stimmen: Conny Engels, Murat Tschelis, Karl Koch, Elke Schuhmacher, Udo Zipf.
Ergebnis des zweiten Wahlgangs:

Conny Engels	4 Stimmen	Elke Schuhmacher	10 Stimmen
Murat Tschelis	6 Stimmen	Udo Zipf	2 Stimmen
Karl Koch	3 Stimmen		

Elke Schuhmacher ist damit zur Klassensprecherin gewählt und nimmt die Wahl an. Murat Tschelis, an zweiter Stelle stehend, erklärt sich bereit, das Amt des Vertreters zu übernehmen.

Protokollführer — Vorsitzender

Axel Steinmann — *Paulsen*

1 Vergleichen Sie die beiden Protokolle über eine Klassensprecherwahl.
- *Welche Protokollform ist für diesen Anlass besser geeignet?*
- *Gibt es auch Gründe, die für die andere Protokollform sprechen?*
- *Enthält das vorliegende Ergebnisprotokoll alles Wesentliche oder sollten noch Angaben aus dem Verlaufsprotokoll übernommen werden?*

2 Welche Anforderungen werden an den Protokollführer/die Protokollführerin gestellt?

3 Welche Erwartungen hat der Leser eines Protokolls?

4.7.4 Gesprächsnotizen anfertigen

Gesprächsnotiz Tag ____ 7 8 9 10 11 12 / 13 14 15 16 17 18

telefonisch/persönlich mit ____ Telefon-Nr. ____

in der Firma ____

Straße ____

Ort ____

Betreff:

____

An Frau/Herrn:

Muster

1 *Warum ärgert sich der Chef über seine Mitarbeiterin? Welche Informationen erwartet er von ihr?*

2 *Prüfen Sie im verkleinert abgebildeten Formular einer Gesprächsnotiz, ob alle wesentlichen Angaben verlangt werden.*

3 *Lesen Sie das Telefongespräch auf S. 33 und schreiben Sie eine zutreffende Telefonnotiz.*

4 *Die beste Gesprächsnotiz nützt nichts, wenn man sie bei Bedarf nicht mehr findet. Informieren Sie sich in Ihrem Betrieb darüber, wie Gesprächsnotizen aufbewahrt werden.*

4.7.5 Gedächtnisprotokoll

Immer wieder kommt es vor, dass Sie ein Gespräch führen, dessen Inhalte für Sie selbst oder für andere wichtig sind. Sie wollen sicherstellen, dass Sie nichts vergessen. Oft können Sie sich aber während des Gesprächs nur wenige oder gar keine Notizen machen. Dann sollten Sie sich nach dem Gespräch so bald wie möglich Zeit nehmen, um eine Gesprächsnotiz aus Ihrer noch frischen Erinnerung zu schreiben. Für die Form und die Sprache des Gedächtnisprotokolls gibt es keine Vorschriften, Sie können dazu ebenfalls einen Vordruck verwenden oder sich am Ergebnisprotokoll orientieren.

1 *Beschreiben Sie zwei Situationen, nach denen Sie ein Gedächtnisprotokoll anfertigen würden.*

2 *Prüfen Sie, welche der auf S. 95 angesprochenen Funktionen des Protokolls das Gedächtnisprotokoll nicht erfüllt.*

3 *Was sollten Sie bedenken, wenn Sie ein von Ihnen erstelltes Gedächtnisprotokoll an andere Personen weitergeben?*

4.7.6 Protokoll — Überblick

Lernziele
Sie können
- den Verlauf eines Gesprächs oder eines Vorgangs verfolgen und sich Notizen darüber anfertigen,
- die wichtigen Inhalte erkennen und zusammenfassen,
- sich kurzfassen und ohne persönliche Wertungen ausdrücken.

Inhalt
- sachliche Information über den Verlauf oder die Ergebnisse von Besprechungen, Sitzungen, Verhandlungen, Konferenzen usw.
- neutrale Darstellung durch den gewählten oder ernannten Protokollführer, ohne wertende Zusätze
- präzise Angaben, deren Umfang von der Protokollform abhängt
- eindeutige Nebensächlichkeiten und Vorgänge am Rande bleiben unberücksichtigt

Aufbau
- systematische Gliederung
- Reihenfolge ergibt sich aus vorgegebenen **T**ages**o**rdnungs**p**unkten (TOP 1, 2, 3 ...)

Sprache
- sachliche Sprache des Berichts
- Überleitungen zwischen Abschnitten sind nicht erforderlich
- genaue, knappe Formulierungen, die das Wesentliche enthalten
- **indirekte Rede,** wobei Aussagen einzelner Teilnehmer wiedergegeben werden (s. die im unten stehenden Beispiel kursiv gedruckten Verben)
- **Zeit:** in der Regel Präsens (Gegenwart)

In der Kürze liegt die Würze

Frau Koch erklärt, sie benötige einen Hauptschlüssel, dann *könne* sie sich mit der Dekoration länger Zeit lassen. Wegen ihrer Tätigkeit als Aushilfskassiererin *käme* sie häufig erst nach Geschäftsschluss dazu. **Herr Schmitt** meint, dass er das einsehe, aber er *könne* das nicht allein entscheiden. Dazu sei die Genehmigung der Zentrale erforderlich und er habe Zweifel, ob die zustimmen *werde*. Er *sei* dennoch bereit, den Antrag zu stellen.

oben: sprachlich korrekt, aber zu weitschweifig.
unten: Es geht auch kürzer!

Frau Koch beantragt, ihr einen Hauptschlüssel zu überlassen, weil sie dann auch nach Geschäftsschluss die Dekoration erledigen *könne*. **Herr Schmitt** wird die Zentrale um Genehmigung bitten.

1 Schreiben Sie ein Verlaufs- oder ein Ergebnisprotokoll über die Klassensprecherwahl in Ihrer eigenen Klasse.

2 Führen Sie das Protokoll über eine Unterrichtsstunde als Teamarbeit und lösen Sie sich nach einer vereinbarten Zeit gegenseitig ab.

5 Texte erstellen und präsentieren

5.1 Referate halten

Wenn Sie ein Referat halten, wollen Sie die Zuhörerinnen und Zuhörer über einen Sachverhalt, einen Gegenstand oder eine Person umfassend informieren. Als Thema eines Referats eignet sich deshalb jeder Stoff, der bei einer bestimmten Zuhörergruppe auf Interesse stößt. Ein schriftlich ausgearbeitetes Referat wird als **Facharbeit** bezeichnet. Da diese nicht vorgetragen, sondern gelesen wird, können Sie Fachausdrücke und komplexe Sätze verwenden.

Susanne und Kerstin, 18 Jahre, beim Referat vor ihrer Klasse
Sie wählten das Thema „Erzählperspektiven". In Absprache mit dem Lehrer stellten sie die unten stehenden Überlegungen bei der Vorbereitung des Referats an.

1. *Wird das Thema in dem Zuhörerkreis Interesse finden?*
2. *Ist es besser, einen Gesamtüberblick zu geben oder nur einen begrenzten Ausschnitt zu behandeln?*
3. *Welchen Umfang sollte das Referat haben? Wie lange darf es dauern?*
4. *Wie ist die Zuhörergruppe zusammengesetzt? („Adressatenbezug": Sind es Laien oder Fachleute? Welche Vorkenntnisse sind vorhanden? Welches Niveau ist angemessen?)*
5. *Wie gliedern wir das Referat? Welche Überschriften passen zu den einzelnen Abschnitten?*
6. *Welche Inhalte sollen die Zuhörer auf jeden Fall behalten können?*
7. *Tragen wir das Referat frei mit einem Stichwortzettel vor oder benutzen wir ein ausgearbeitetes Manuskript, in dem Stichwörter markiert sind?*

8 *Haben Sie bereits Gelegenheit gehabt, ein Referat zu halten? Berichten Sie kurz über das Thema und über Ihre Erfahrungen.*

9 *Beschreiben Sie Situationen, in denen Sie in Ihrem Berufsleben kurze oder längere Referate zu hören bekamen. Zu welchem Zweck wurden sie gehalten? Was erleichterte oder erschwerte Ihnen das Zuhören?*

10 *Notieren Sie stichwortartig drei Vorschläge, wie Sie als Referent[1] vermeiden, Ihre Zuhörer zu langweilen. Bilden Sie Kleingruppen und stellen Sie ein Ranking der fünf besten Ideen auf. Jede Kleingruppe präsentiert ihre Ergebnisse auf einer Metaplantafel (s. S. 56). Erstellen Sie anschließend ein Ranking der fünf besten Vorschläge der ganzen Klasse.*

5.1.1 Vorausgehende Überlegungen

- Welche Erwartungen haben die Zuhörer/-innen (bzw. Leser/-innen)?
- Was ist im Hinblick auf die Zusammensetzung und den Kenntnisstand der Zuhörer zu berücksichtigen (Adressatenbezug)?
- Welchen Umfang soll das Referat bzw. die Facharbeit haben?
- Wie viel Zeit steht zur Verfügung?

Umfangreiches Referat Die Zuhörer/-innen erhalten ausführliche Informationen über ein umfangreiches Wissensgebiet oder ein Gesamtthema.	***Die Sozialversicherung*** • geschichtliche Entwicklung • die einzelnen Pflichtversicherungen • Probleme heute und in der Zukunft	**Zeit:** bis zu 60 Min.
Mittellanges Referat Die Zuhörer/-innen erhalten detaillierte Informationen über einen Sachverhalt oder über einen Ausschnitt aus einem Gesamtthema.	***Die gesetzliche Krankenversicherung*** • Träger – Beiträge • Leistungen	**Zeit:** bis zu 30 Min.
Kurzreferat Die Zuhörer/-innen erhalten eine kurze Information oder einen Überblick oder es wird ihnen ein einzelner Sachverhalt erklärt.	***Das Krankengeld***	**Zeit:** bis zu 15 Min.

1 *Entscheiden Sie, welcher Umfang Ihnen für Referate zu den folgenden Themen angemessen erscheint. Was lässt sich daraus schließen, wenn es in Ihrer Klasse unterschiedliche Auffassungen darüber gibt?*

Das Arbeitslosengeld – Die Kommanditgesellschaft – Hände weg von Drogen – Das Arbeitszeugnis (vgl. S. 139 ff.) – Unfallverhütung in unserem Betrieb – Der Zweite Weltkrieg – Was ist Globalisierung? – Erfolgreich ein Vorstellungsgespräch führen (vgl. S. 120 f.) – Vorstellung eines Berufs – Die erneuerbaren Energien – Heinrich Böll, ein großer deutscher Dichter – „Der Richter und sein Henker", ein lesenswertes Buch von Friedrich Dürrenmatt

[1] *jemand, der ein Referat hält*

Überblick 5.1.2 Referat

Lernziele

Sie können
- ein Referat planen und Informationen zu einem Thema gezielt sammeln, ordnen und auswerten,
- ein Referat ausarbeiten, gliedern und organisieren,
- vor Zuhörer/-innen anschaulich über ein Thema referieren.

So gehen Sie vor:

Arbeitsschritte
1. Vorüberlegungen: Thema untersuchen und eingrenzen
2. Informationssuche: Material beschaffen, auswählen und auswerten
3. Ausarbeitung: übersichtliche Gliederung planen, wichtige Stichworte auf Vortragskarten notieren, Handout[1] schreiben
4. Organisatorisches: Anschauungsmaterial beschaffen, evtl. Raum und Medien vorbereiten, Handout vervielfältigen

Dabei sollten Sie beachten:

Inhalt und Aufbau

Einleitung
- Begrüßung der Zuhörer/-innen
- Hinführung zum Thema durch interessanten Aufhänger: z. B. Zitat, aktueller Bezug, Gegenstand, Musik, Grafik oder Schaubild auf Folien
- Gliederung des Referats (z. B. auf Folie) vorstellen

Hauptteil
- Informationen sachlich, mit Beispielen und optisch anschaulich präsentieren (s. S. 59 ff.), z. B. mit Folien (s. S. 64), Powerpoint-Präsentation, Dias, Tafel, Flipchart etc.
- keine Abschweifungen in Nebenthemen
- auf Gliederungspunkte eingehen (z. B. „Ich komme zu einem weiteren Problem ..." / „Zum Schluss will ich ...")

Schluss
- Hinweis auf ungelöste Probleme, Ausblick oder kritisches Fazit
- Nachfragen der Zuhörer/-innen
- Dank für Aufmerksamkeit
- Austeilen des Handouts

Sprache
- leicht verständliche Sätze formulieren
- laut, deutlich und flüssig sprechen
- notwendige Fachbegriffe/Fremdwörter erklären

Tipp
- Gehen Sie auf Bezüge zum Arbeits- oder Unterrichtsstoff ein, wenn sich diese ergeben.
- Tragen Sie frei vor und halten Sie Blickkontakt mit den Zuhörern/Zuhörerinnen.
- Beachten Sie den zeitlichen Rahmen.
- Bitten Sie einen Ihnen vertrauten Zuhörer nach dem Referat um ein Feedback (s. S. 67).

[1] *Handzettel mit Zusammenfassung der wichtigsten Informationen*

5.2 Geschäftsbriefe verfassen

Schreiben Sie im Betrieb eine Bestellung oder erstellen Sie eine Rechnung, dann sind das „Geschäftsbriefe". Wenn Sie privat ein Abonnement kündigen oder eine neue Jacke bestellen, so handelt es sich ebenfalls um Geschäftsvorgänge.

Beim Schriftverkehr in diesen Zusammenhängen spricht man von „privaten Geschäftsbriefen". Für all diese Fälle bietet Ihnen die folgende Übersicht eine Nachschlagemöglichkeit.

5.2.1 Briefarten

Brief	Anlass	§§	Inhalt (Gliederung)
1. Anfrage	a **allgemein:** Bitte um Katalog o. Ä. b **gezielt:** Informationen über Ware oder Arbeitsausführung (Werk)	rechtlich unverbindlich	1. evtl. Bezug (Anzeige, Messebesuch, Testbericht o. Ä.) 2. kurze Angabe des Grundes für die Anfrage 3. Nennung der gewünschten Informationen (Preis, Lieferzeit u. a.)
2. Angebot	a Werbebrief (unverlangte Zusendung von Prospekten oder Wiederbelebung einer Geschäftsbeziehung) b **Antwort** auf eine Anfrage	verbindlich, wenn nicht die Unverbindlichkeit angegeben wird: • „freibleibend" • „So lange Vorrat reicht" • „Zwischenverkauf vorbehalten" u. Ä.	1. Dank für Anfrage 2. Genaue Angaben über Preis, Lieferzeit, Art und Beschaffenheit u. a. 3. Freude über mögliche Auftragserteilung ausdrücken
3. Bestellung / Auftrag	Ware/Dienstleistung/Arbeitsausführung wird benötigt • allgemein • zu festem Termin	rechtlich verbindlich	1. Bezug auf Angebot, Prospekt, Anzeige o. Ä. 2. genaue Angaben: Menge, Art, Preis, Beschaffenheit, Ausführung u. a., Liefertermin bei Kauf
4. Auftragsbestätigung	Annahme der Bestellung oder des Auftrags, vor allem bei telefonischer oder mündlicher Bestellung	verhindert Missverständnisse, sichert den Vertragsabschluss, besonders wenn Bestellung von Angebot abweicht	1. Dank für Bestellung 2. Bestätigung der Auftragsübernahme mit Wiederholung der Einzelheiten der Bestellung 3. Zusicherung gewissenhafter Ausführung o. Ä.
5. Mahnung wegen Lieferungsverzug	bestellte Ware trifft nicht ein; Arbeitsausführung wird nicht erledigt	a bei allgemeiner Bestellung Mahnung mit Nachfrist b bei Fixkauf sofortiger Rücktritt möglich	1. Hinweis auf Bestellung 2. Feststellung, dass Ware bisher nicht eingetroffen 3. evtl. Begründung der Dringlichkeit 4. angemessene Nachfrist setzen 5. Androhung von Konsequenzen

Brief	Anlass	§§	Inhalt (Gliederung)
6. Mahnung wegen Zahlungsverzug	Kunde zahlt Rechnung nicht	Verkäufer kann Verzugszinsen und Ersatz der Mahnkosten fordern (keine Auswirkung auf Verjährung!).	1. Hinweis, dass Rechnung noch nicht bezahlt wurde 2. Bitte um sofortige Zahlung 3. evtl. Hinweis auf mögliche weitere Maßnahmen (Kostenersatz, Mahnbescheid)
7. Mängelrüge	gelieferte Ware oder ausgeführte Arbeit (Werk) weist Mängel auf in der Güte, der Beschaffenheit, der Menge u. a.	bei offenen Mängeln muss sofort gemahnt werden, bei versteckten Mängeln nach der Entdeckung	1. Wareneingang und Prüfung 2. genaue Beschreibung der Mängel 3. Aufforderung (mit Fristsetzung), den Mangel zu beseitigen (= Nachbesserung) oder mangelfreie Ware zu liefern (= Nachlieferung). Wenn diese Nacherfüllung nicht erfolgt, Rechtsanspruch geltend machen: Rücktritt, Minderung (Preisnachlass), Schadensersatz
8. Kündigung	a Arbeitsplatzwechsel b Entlassung	mündlich gültig, doch hat ein Brief mehr Beweiskraft, Kündigungsfrist beachten!	1. Kündigungsformel mit Termin (z. B. zum 30. Juni 20..) 2. evtl. Begründung 3. Bitte um Arbeitszeugnis
9. Brief an Behörde oder Leserbrief an Zeitung	Beschwerde über Missstand (z. B. fehlendes Jugendhaus), Kritik an getroffener oder geplanter Maßnahme, auch: Zustimmung	keine Rufschädigung durch unbeweisbare Behauptungen, keine Beschimpfungen von Personen	1. jetzige Situation schildern 2. Folgen, Nachteile nennen 3. diese mit Beispiel verdeutlichen 4. eine Forderung stellen 5. eigene Vorschläge machen 6. um schnelle Durchführung bitten
10. Bewerbungsschreiben	Stellensuche	rechtlich unverbindlich, aber später Kündigungsgrund bei unwahren Angaben	s. ausführliche Darstellung auf S. 115 ff.

1 Welche Geschäftsbriefe aus der Übersicht können auch in Ihrem Privatleben vorkommen?

2 Erläutern Sie, warum beim Schreiben solcher Briefe rechtliche Gesichtspunkte (§§) zu beachten sind.

3 Warum sollte man immer einen Durchschlag oder eine Kopie des Briefes aufbewahren?

5.2.2 Die DIN 5008

Die Abkürzung DIN steht für das **Deutsche Institut für Normung e. V.,** welches die Deutschen Normen oder **DIN-Normen** erarbeitet. Die Normung dient u. a. der Vereinheitlichung, dem leichteren Austausch und der Qualitätssicherung.

Die DIN 5008 gibt Empfehlungen, mit denen sich Schriftstücke leserfreundlich, zweckmäßig und übersichtlich gestalten lassen. Diese Norm enthält umfassende Regeln für den Briefverkehr und ist weltweit einmalig. Im Schriftverkehr zwischen Unternehmen und von Unternehmen zu Privatpersonen ist die DIN 5008 von großer Bedeutung. Auf Geschäftsbriefbögen sind die vier Bereiche (Kopfbereich, Anschriftenzone, Briefkörper, Fußbereich) vorgedruckt.

1		
2		
3	**Kopfbereich – Absenderfeld:**	⇒ bei Geschäftsbriefbogen grafisch gestaltet
4		⇒ bei privaten Geschäftspapieren sachlich und klar, ohne Wappen, Bildchen oder Sprüche
5		
6		
7		
8 …	* (3,4 cm von oben)	
9	1 **Anschriftenzone:** drei Zeilen für Versandvermerke, z. B. Einschreiben, Eilbote	
10	2	
11	3	
12	1 **Anschrift des Empfängers** z. B.	*(Frau)*
13	2	*(Monika Lang)*
14	3 ohne Leerzeilen	*(Waldstraße 10)*
15	4	*(51643 Gummersbach)*
16	5	
17	6	
18	*	
19	*	
20	*	
21	**Bezugszeile:**	Ihre Nachricht/Ihr Schreiben vom … / Ihr Zeichen … — **Datum:** TT. Monat JJJJ
22		*(15. April 20..)*
23	*	
24	**Betreffzeile:**	Anliegen / Inhalt in Kurzfassung: z. B. *(Skateboardanlage in Pfarrkirchen)*
25	*	
26	*	
27	**Anrede:**	immer mit Komma am Schluss *(Sehr geehrte Frau Lang,)*
28	*	
29	**Textblock:**	⇒ wenn kein Substantiv am Anfang, dann kleinschreiben
30		⇒ Gliederung in Abschnitte durch je eine Leerzeile
31		⇒ Formulierungen in klarer, guter und anschaulicher Sprache
32		⇒ auf geschwollene, altmodische Ausdrücke verzichten
33		⇒ am Ende des Textblockes vor dem Gruß eine Leerzeile
34		⇒ Zeilenabstand einfach oder 1,5
35		
36		
37		
38	*	
39	**Grußformel:**	endet ohne Satzzeichen *(Mit freundlichen Grüßen)*
40	*	
41	**Unterschrift:**	⇒ für die Unterschrift 2–3 Zeilen Platz lassen
42		⇒ bei Geschäftsbriefbogen den Namen unter die Unterschrift schreiben
43		⇒ bei privaten Geschäftsbriefen **keinen** Namen unter die Unterschrift
44	*	
45	*	
46	*	
47	*	
48	**Anlage(n):**	⇒ durch (mindestens) eine Leerzeile von der Unterschrift absetzen
49		⇒ können einzeln aufgezählt werden
50		
51		
52		
53		
54		
55	Linker Rand (Fluchtlinie) 2,4 cm	
56	Rechter Rand 0,8 cm	
57	Unterer Rand mindestens 2,0 cm	

5.2.3 Beispiel: Mängelrüge

•
•
•
•

① Klaus Schuster ③ 28.04.20..
Gartenstr. 2
48147 Münster
Tel. 04567 12345
E-Mail: K.Schuster@web.de

•
•
•
•
•

② Versandhaus
Globus GmbH
Karlstraße 17
87439 Kempten

•
•
•
•

④ Mängel des gelieferten Zeltes – Lieferschein-Nr. A 346

•
•

⑤ Sehr geehrte Damen und Herren,

•

das von mir am 15. April 20.. bestellte Zelt, Modell Iglu ST 14, habe ich heute erhalten. Bei der Prüfung der Ware stellte ich aber zwei erhebliche Mängel fest.

•

⑥ An der Vorderseite des Zeltes ist der Reißverschluss falsch angenäht, sodass der Eingang nicht völlig geschlossen werden kann. Außerdem fehlt am Überdach die im Katalog abgebildete und auch im Text beschriebene Lüftungsklappe.

•

Ich schicke das Zelt auf Ihre Kosten zurück und bitte Sie, die Ware gegen eine einwandfreie Ausführung umzutauschen. Da ich in Urlaub fahren will, ist eine Erledigung bis zum 10. Juni d. J. erforderlich.

•

⑦ Mit freundlichen Grüßen

•

⑧ *Klaus Schuster*

•
•
•

⑨ Anlage: Ausriss aus Katalog

Einteilung eines Geschäftsbriefs nach DIN-Regel 5008 (Punkte stehen für Leerzeilen)

1 Vergleichen Sie diese Mängelrüge mit den entsprechenden Angaben in der Übersicht auf S. 104. Zeigen Sie die drei Gliederungspunkte im Brieftext auf.

2 Ein Geschäftsbrief besteht aus neun Teilen. Nennen Sie diese Teile in der Mängelrüge.

5.2.4 Anredepronomen (Anredefürwörter) in Briefen

Übung

Sehr geehrte Frau Schwarz,
endlich können wir _ hnen (iI) mitteilen, dass _ ie (sS) _ hre (iI) verlorene Tasche abholen können. Zwei Rentner haben _ ie (sS) bei _ hrem (iI) Morgenspaziergang gefunden. Wir haben uns in _ hrem (iI) Namen bedankt und _ hnen (iI) eine kleine Belohnung gegeben. Wenn _ ie (sS) _ ns (uU) wieder besuchen, sollten _ ie (sS) _ hre (iI) Kinder mitbringen, denn auch _ ie (sS) sind jederzeit willkommen.

Regel

Die Anreden **Sie, Ihnen, Ihr** werden immer großgeschrieben.
Die Anreden **du, dein, dir, dich, euch, euer** können in Briefen wahlweise groß- oder kleingeschrieben werden.
(Außerhalb von Briefen nur Kleinschreibung, z. B. in einer Arbeitsanweisung, einer Spielanleitung o. Ä. Beispiele: Danach sollst du dein Werkzeug reinigen. – Ordne deine Karten.)

5.2.5 Brief an eine Behörde

Das Beispiel auf der folgenden Seite ist eine besondere Form des Geschäftsbriefs, weil darin ein persönliches Interesse durchgesetzt werden soll. Solche Briefe können mit wenigen Änderungen auch als **Leserbriefe an Zeitungen** geschickt werden.

1 Nennen Sie einige Anlässe für solche Briefe an Behörden oder Zeitungen.

2 Lesen Sie das Beispiel auf der nächsten Seite und vergleichen Sie den Inhalt mit den Angaben zu 9. in der Übersicht auf S. 104.
Entspricht der Brieftext den sechs Gliederungspunkten? Wo könnten bei der Briefgestaltung noch Abschnitte gemacht werden?

3 Welche Vorteile hätte es, wenn dieser Brief als Leserbrief in einer Zeitung erscheinen würde? Wären für diesen Fall der Inhalt und die Ausdrucksweise wirksam genug? Was würden Sie anders formulieren?

4 Schreiben Sie einen Brief an die Gemeindeverwaltung oder einen Leserbrief an die Zeitung Ihres Wohnorts wegen einer der folgenden Situationen:
a Am Ortsrand haben Sie eine wilde Müllkippe entdeckt.
b Vor der Schule oder an anderer Stelle fehlt ein Fußgängerüberweg.
c In Ihrer Gemeinde fehlt ein Bolzplatz.

Beispiel: Brief an eine Behörde

Monika Lang
Waldstraße 10
59955 Winterberg

15. April 20..

Gemeindeverwaltung
Rathausplatz 2
59956 Winterberg

Skateboardanlage beim Fußballplatz

Sehr geehrte Damen und Herren,

immer wieder heißt es, die Gemeinde wolle etwas für die Jugendlichen am Ort tun. Statt fernsehen sollten Jugendliche besser Sport treiben. Wo sollen wir das tun? In unserer Gemeinde gibt es nur den Fußballplatz, und der ist oft nicht benutzbar. Kein Wunder, dass die Jugendlichen mit ihren Skateboards auf der Straße fahren und auf der Rathaustreppe ihre Kunststücke üben. Das ist für alle Verkehrsteilnehmer gefährlich. Müssen erst Unfälle passieren, bis die Gemeinde sich rührt?
Mit dem Bau einer Skateboardanlage würden Sie uns zeigen, dass Ihnen an der Jugend etwas liegt und dass sie Ihnen wichtig ist. Auf dem Gelände neben dem Fußballplatz könnte schnell eine Anlage gebaut werden. Es würde keine Lärmbelästigung für Anwohner entstehen. Auch mit dem Fahrrad wäre sie gut erreichbar.

Bitte setzen Sie sich bei der nächsten Sitzung des Gemeinderats für den Bau einer Skateboardanlage ein. Wie Sie aus der beiliegenden Unterschriftenliste erkennen können, sind viele meiner Nachbarn und Freunde mit mir einer Meinung.

Mit freundlichen Grüßen

Monika Lang

Anlage:
Unterschriftenliste

Handschriftlicher Brief in Anlehnung an die DIN-Einteilung.

Antwort der Gemeindeverwaltung

Elvira Kurz wird bei der Gemeindeverwaltung in Pfarrkirchen zur Verwaltungsangestellten ausgebildet. Im Zuge ihrer Ausbildung arbeitet sie zurzeit im Vorzimmer des Referenten für Bürgerangelegenheiten, an den der Brief von Frau Lang weitergeleitet wurde. Er informiert Elvira darüber, dass die Gemeinde schon vor drei Jahren den Bau einer Skateboardanlage geprüft hat. Der Umbau der Schulsportanlage sei damals zwar vorgesehen, aber noch nicht geplant gewesen. Jetzt sei ein Architektenwettbewerb für den Umbau der Schulsportanlage ausgeschrieben, dabei sei auch eine Skateboardanlage vorgesehen. Bis zum Abschluss des Wettbewerbes und des Umbaus würden aber noch einmal zwei bis drei Jahre vergehen.
Er bittet Elvira, einen Antwortbrief an Monika Lang zu entwerfen.

1 *Lesen Sie den Entwurf von Elvira: Welche Informationen enthält der Brief? Sind alle für Frau Lang wichtigen Informationen enthalten?*

2 *Diskutieren Sie in der Klasse darüber, welche Informationen entfallen sollten.*

3 *Schreiben Sie den Antwortbrief an Frau Lang, beachten Sie dabei die Vorgaben der DIN 5008 (s. S. 105).*

Sehr geehrte, liebe Frau Lang!
Wir danken Ihnen für Ihre Zuschrift vom 15. April dieses Jahres. Die Gemeindeverwaltung freut sich über jede Stellungnahme und über jeden Vorschlag, den unsere Bürger machen. Aber wir schlafen hier nicht und wir kennen sehr wohl auch die Entwicklungen im Freizeitsport. Schon vor einigen Jahren wurde durch den Jugend-Gemeinderat der Bau einer Skateboardanlage diskutiert und angeregt. Die Gemeindeverwaltung prüfte damals diesen Vorschlag, kam aber zu keinem Ergebnis, da über die Platzfrage keine Einigung erzielt wurde. Wie Sie sicher im Mitteilungsblatt der Gemeinde gelesen haben, wurde vor einigen Wochen ein Architektenwettbewerb für den Umbau der Schulsportanlage ausgelobt. Dabei ist auch vorgesehen, eine Skateboardanlage zu bauen. Wenn dieser Wettbewerb abgeschlossen ist, kann mit dem Bau einer solchen Anlage begonnen werden. Da aber die Vorgänge viel Zeit in Anspruch nehmen, wird es noch einige Jahre dauern, bis die Skateboardanlage eingeweiht werden kann. Bitte haben Sie noch etwas Geduld.

Hochachtungsvoll

Ihre Gemeindeverwaltung

5.2.6 Geschäftsbriefe als Fax oder E-Mail versenden

In vielen Privathaushalten steht ein Faxgerät. Einen privaten Geschäftsbrief können Sie dann als **Fax** versenden, wenn es sich um einen normalen Geschäftsvorgang handelt.
Wenn Sie allerdings damit rechnen müssen, dass es zu Meinungsverschiedenheiten oder gar zu juristischen Auseinandersetzungen kommen könnte, sollten Sie den Postversand „Einschreiben" oder „Einschreiben mit Rückantwort" wählen. Nur so können Sie nachweisen, dass der Brief versandt worden ist. Auch als Fax sollte der Geschäftsbrief in seiner äußeren Gestaltung und im Aufbau den DIN-Vorgaben entsprechen.
Geschäftsbriefe werden meist mit dem Computer geschrieben. Die Datei-Vorlagen der Computerprogramme unterstützen die Verfasserin bzw. den Verfasser dabei und erleichtern die Arbeit.
Ist die E-Mail-Adresse des Empfängers bekannt, kann der Geschäftsbrief auch als E-Mail verschickt werden. Es kann allerdings vorkommen, dass eine E-Mail in einer ganz anderen Formatierung beim Empfänger ankommt als vom Absender vorgesehen.
Das kann man vermeiden, indem man den Geschäftsbrief **als Anhang an eine E-Mail** verschickt. Dann bleibt die ursprüngliche Formatierung erhalten; der Absender ist relativ sicher, dass sein Schreiben in der von ihm verfassten Form ankommt.
Man bittet in dieser E-Mail um eine Bestätigung, dass das Schreiben angekommen ist.

1 Entwerfen Sie eine E-Mail mit der Bestellung einer Ware, die zu einem bestimmten Termin geliefert werden soll.

Überblick 5.2.7 Geschäftsbrief

Lernziele
Sie können
- verschiedene Arten von Geschäftsbriefen unterscheiden,
- einen Geschäftsbrief zielgerecht und adressatengerecht entwerfen,
- einen Geschäftsbrief der DIN entsprechend einteilen und richtig schreiben.

Inhalt
Der Inhalt eines Geschäftsbriefes wird von dem jeweiligen Anlass bestimmt, wie es die Übersicht auf S. 103 f. zeigt.

Aufbau
- klare und folgerichtige Gedankenschritte, um dem Leser eine schnelle Information zu ermöglichen (s. die Gliederungspunkte zu den einzelnen Briefen in der Übersicht, S. 103 f.)
- neuer Absatz, wenn ein neuer Gliederungspunkt kommt

Sprache
- sachliche, zweckdienliche Sprache ohne Ausschmückungen
- knappe, übersichtlich gebaute Sätze
- höfliche Ausdrucksweise, selbst bei berechtigter Verärgerung
- angemessene Anrede und Grußformel

Form
- Blattgröße: DIN A4
- Blattaufteilung: DIN 5008 „Schreib- und Gestaltungsregeln für die Textverarbeitung" (s. S. 105)

Das Textbeispiel auf S. 106 ist nach dieser Norm eingeteilt, die Punkte bedeuten Leerzeilen.

5.3 Sich bewerben

5.3.1 Stellenanzeigen

Die Grafik zeigt Ihnen, dass in Deutschland ein hoher Anteil der Stellenbesetzungen über Stellenanzeigen erfolgt. Wer sich beruflich verändern möchte, für den haben Zeitungsinserate daher eine große Bedeutung.
Auch Stellenangebote im Internet spielen bei der Suche nach Arbeitskräften eine wichtige Rolle.

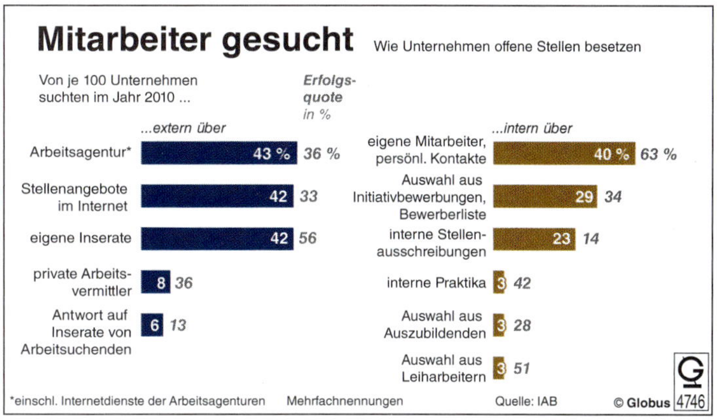

SANDWICH
Eine der größten Systemgastronomieketten der Welt sucht für das neue Sandwich-Restaurant am Flughafen Köln/Bonn

Verkaufsmitarbeiter (M/W)

in Voll-/Teilzeit und auf 400,- Euro-Basis

Sie haben:
- Spaß am Verkauf und am Umgang mit unseren internationalen Gästen
- ein gepflegtes Äußeres und beherrschen die deutsche Sprache in Wort und Schrift

Sie sind:
- bereit im Schichtdienst, auch am Wochenende, zu arbeiten
- teamfähig
- in der Lage, in Stresssituationen einen kühlen Kopf zu behalten

Interessiert?
Dann schicken Sie uns Ihre aussagefähige Bewerbung an:

Köln/Bonn Flughafen
Restaurationsbetriebe Walther GmbH
51144 Köln

www.mustervermittlung.de

Für unsere namhaften Kunden im Großraum **Stuttgart** suchen wir

- **Elektriker** (m/w)

Sie haben eine Ausbildung als Energieanlagenelektroniker oder Starkstromelektriker und schon etwas Berufserfahrung sammeln können? Schichtarbeit und Montageeinsätze sind für Sie kein Fremdwort? Wenn Sie nun auch noch über einen Pkw verfügen, sind Sie genau der richtige Bewerber für unsere Stelle.

- **Heizungs- und Sanitärinstallateur** (m/w)

Ihre Ausbildung haben Sie erfolgreich beendet und schon etwas Berufserfahrung sammeln können, Sie sind belastbar und lernen gerne verschiedene Einsatzorte kennen? Dann freuen wir uns über Ihre Bewerbung.
Bitte senden Sie Ihre kompletten Unterlagen an:

Mustervermittlung GmbH & Co. KG
Herrn Max Mustermann
Am Torbogen 11
70173 Stuttgart
bewerbungen@mustervermittlung.de

1 *Arbeiten Sie den Aufbau und die inhaltliche Gliederung der Stellenanzeigen heraus.*

2 *Vergleichen Sie den Aufbau und den Inhalt der Anzeigen.*

3 *Welche Aussagen sind für Stellensuchende besonders wichtig?*

4 *Welche Kompetenzen werden vom Bewerber bzw. von der Bewerberin verlangt?*

5 *An wen müsste eine Bewerbung jeweils gerichtet sein?*

6 *Suchen Sie in der Zeitung oder im Internet ein Ihnen zusagendes Stellenangebot und bearbeiten Sie es nach den Aufgaben 1, 3, 4 und 5.*

5.3.2 Stellenangebote im Internet

Im Internet sind ebenfalls Stellenangebote zu finden. Die Bundesagentur für Arbeit, viele Unternehmen und Zeitarbeitsfirmen nutzen die Möglichkeit, auf diesem Wege zukünftige Mitarbeiter anzusprechen.

1 *Suchen Sie Stellenangebote im Internet unter folgenden Adressen:*
- *www.arbeitsagentur.de*
- *www.google.de (Suchbegriff: Stellenangebote)*
- *www.jobpilot.de*

2 *Beurteilen Sie das Ergebnis der Internet-Jobsuche für Ihren Beruf.*

Tipp

Viele regionale und überregionale Zeitungen veröffentlichen die Stellenanzeigen auch im Internet. Sie finden diese in der Regel unter „www.Name der Zeitung.de", z. B. www.stuttgarter-zeitung.de. Sie müssen keine Ausgabe der Zeitung am Bahnhofskiosk erwerben, um sich über die Stellenangebote in Ihrer Region oder in einem anderen Teil Deutschlands zu informieren. Dies trifft auch für Stellenangebote in ausländischen Zeitungen zu.

5.3.3 Stellenanfrage (Initiativbewerbung)

Sie können sich bei einer Firma auch bewerben, ohne dass diese eine Stellenanzeige veröffentlicht hat. Solch eine unaufgeforderte Bewerbung nennt man „Initiativbewerbung". Wesentliche Informationen können Sie einem Firmenprospekt oder der Homepage des Betriebs entnehmen. Das Anschreiben entspricht in seiner Gestaltung dem normalen Bewerbungsschreiben. Begründen Sie Ihr Interesse an einem Arbeitsplatz gerade in dieser Firma. Stellen Sie Ihre besonderen beruflichen Fähigkeiten dar und engen Sie Ihre möglichen Einsatzgebiete nicht zu sehr ein.

Schicken Sie nur eine Kopie des letzten Zeugnisses mit und erklären Sie Ihre Bereitschaft, weitere Bewerbungsunterlagen nachzureichen. Erwecken Sie auf keinen Fall den Eindruck einer „Serienbewerbung".

Beispiel: Stellenanfrage

Sehr geehrte Damen und Herren,
zurzeit bin ich bei der Firma Stahl in Essen in der Ausbildung als Technische Zeichnerin. Im Januar 20.. werde ich meine Facharbeiterprüfung ablegen. Im Laufe meiner Ausbildung habe ich mir besondere Kenntnisse im Arbeiten mit CAD erworben.
Nach Abschluss meiner Ausbildung möchte ich aus persönlichen Gründen in den Raum XX umziehen. Aus diesem Grunde frage ich bei Ihnen an, ob Sie nach diesem Zeitpunkt eine Arbeitsstelle zu besetzen haben, in der ich meine beruflichen Kenntnisse einsetzen kann. *[Evtl. Begründung, warum gerade in dieser Firma]*
Ich bin 19 Jahre alt und habe vor meiner Berufsausbildung die Realschule in Essen besucht. *[Evtl. hier weitere Kenntnisse einfügen, z. B. Fremdsprachen usw.]*
Ich bin gerne bereit, Ihnen meine aussagekräftigen Bewerbungsunterlagen zuzusenden. Über eine Einladung zu einem Vorstellungsgespräch würde ich mich sehr freuen.
Mit freundlichen Grüßen

5.3.4 Telefonische Kontaktaufnahme

In Stellenanzeigen wird manchmal angeboten, vor einer Bewerbung telefonisch Kontakt aufzunehmen. Sie haben dadurch die Möglichkeit, weitere Informationen und Auskünfte zu erhalten. Der Arbeitgeber kann mithilfe dieses Telefongesprächs eine Vorauswahl unter den Bewerberinnen und Bewerbern treffen.

> Fr. engag. **ARZTHELFERIN** für Allgemeinarztpraxis in Vollzeit o. Teilzeit zum nächstmöglichen Termin ges. (Köln, Siemensstraße) ☎ 0160/98765432

Bevor Sie mit Ihrem möglichen neuen Arbeitgeber telefonieren, sollten Sie sich Gedanken darüber machen, was Sie gefragt werden könnten und welche Fragen Sie selbst stellen wollen.

1. *Überlegen Sie sich, wie Sie das Telefongespräch beginnen wollen, notieren Sie sich einige Stichworte.*
2. *Schreiben Sie acht bis zehn Fragen auf, die bei einer telefonischen Kontaktaufnahme an Sie gestellt werden könnten.*
3. *Notieren Sie sich Ihre Antworten auf diese Fragen.*
4. *Schreiben Sie die Fragen auf, die Sie Ihrem zukünftigen Arbeitgeber stellen möchten.*
5. *Vergleichen und besprechen Sie Ihre Fragen und Ihre vorgesehenen Antworten mit denen einer Mitschülerin oder eines Mitschülers.*
6. *Führen Sie die telefonische Kontaktaufnahme als Rollenspiel in einer Gruppe durch.*
7. *Geben Sie sich gegenseitig ein Feedback über Ihre Gespräche.*

5.3.5 Mündliche Bewerbung

Der Aufwand für die Bearbeitung von schriftlichen Bewerbungen ist für eine Firma ziemlich hoch. In den meisten Fällen wird dazu noch ein Vorstellungsgespräch geführt.
Kleingewerbetreibende, Handwerker, Ärzte, Einzelhandelsbetriebe verzichten daher immer wieder auf schriftliche Bewerbungen, wenn sie einen neuen Mitarbeiter suchen. Sie fordern einen Arbeitssuchenden statt dessen direkt auf, zu einem bestimmten Termin zu einer mündlichen Bewerbung zu kommen. Bei diesem Gespräch können die Fragen von Arbeitgeber und Arbeitnehmer geklärt werden.
Häufig wird am Schluss einer mündlichen Bewerbung sofort über die Einstellung bzw. Ablehnung entschieden.

> Malerfachgeschäft **KUNTERBUNT** sucht zwei freundliche, einsatzbereite und vielseitige Mitarbeiter/-innen mit abgeschlossener Berufsausbildung. Kreative gestalterische Kundenberatung und sorgfältige handwerkliche Ausführung ermöglichen Ihnen eigenständiges und selbstständiges Arbeiten im Großraum Köln bei flexibler Arbeitszeit. Bitte stellen Sie sich am Samstag in der Zeit von 09:00 bis 13:00 Uhr in unserer Fachwerkstatt in der Saalfelder Straße 422 b vor.

1. *Welche Unterlagen/Nachweise sollte ein Bewerber bei der in der obigen Anzeige ausgeschriebenen Stelle vorlegen können?*
2. *Auf welche Fragen muss sich eine Bewerberin/ein Bewerber einstellen?*
3. *Welche Fragen sollte die Bewerberin/der Bewerber an den zukünftigen Arbeitgeber stellen?*
4. *Was unterscheidet eine solche mündliche Bewerbung von einem Vorstellungsgespräch (s. S. 120 f.)?*

5.3.6 Bewerbungsmappe

Bei einer Bewerbung werden neben dem Bewerbungsschreiben noch weitere Unterlagen vorgelegt:

- Lebenslauf mit Foto
- Abschlusszeugnis der Schule
- Abschlusszeugnis der Berufsschule
- Abschlusszeugnis der Berufsausbildung (Facharbeiterbrief/Gesellenbrief)
- Arbeitszeugnisse der bisherigen Arbeitgeber
- evtl. Bescheinigungen des Arbeitsamtes
- Zeugnisse/Bescheinigungen zusätzlicher Kenntnisse und Fertigkeiten, die im Bewerbungsschreiben erwähnt werden, z. B. VHS-Zertifikate, Fortbildungsdiplome

Diese Unterlagen werden nicht als Originale, sondern als Kopien der Bewerbung beigefügt. Heute erstellt man deshalb eine Bewerbungsmappe. Üblicherweise verwendet man dazu einen Klemmordner in gedeckter Farbe, die erste Seite wird als Deckblatt gestaltet.

Bewerbung als
Außendienstmitarbeiter

von

Robert Wasmer

Anlagen:
Lebenslauf
Lichtbild
Schulzeugnis
Ausbildungsnachweis
Arbeitszeugnis

Siemensallee 17
51147 Köln
Tel/Fax: 0221 92624
r.wasmer@t-online.de

Bewerbung
als
Filialleiterin

bei

Schuhgeschäft
Maier und Hailer
Friedensallee 17
Essen

von
Birgit Milke

1 *Vergleichen und beurteilen Sie die hier abgedruckten Deckblätter.*

2 *Entwerfen Sie ein Deckblatt für eine Bewerbung. Vergleichen Sie Ihren Entwurf mit den Entwürfen Ihrer Mitschülerinnen und Mitschüler.*

3 *Bewerbungsmappen kann man im gut sortierten Schreibwarenhandel erwerben. Gehen Sie in ein Fachgeschäft und lassen Sie sich verschiedene Bewerbungsmappen vorlegen. Vergleichen Sie deren Vor- und Nachteile.*

5.3.7 Beispiel: Bewerbungsschreiben

Absender	Birgit Milke Ruhrstraße 27 45128 Essen B.Milke@gmx.de Essen 22.01.20..
Empfänger	Schuhgeschäft Maier und Hailer Friedensallee 17 45127 Essen
Betreff	Bewerbung als Filialleiterin
Anrede	Sehr geehrte Damen und Herren,
Bewerbungsformel	in Ihrer Anzeige im „Rheinischen Merkur" vom 18. Januar .. suchen Sie eine Filialleiterin. Ich bewerbe mich um diese Stelle, weil ich einen entwicklungsfähigen Aufgabenbereich anstrebe.
Vorstellung der Person	Ich bin 23 Jahre alt, ausgebildete Fachverkäuferin und zurzeit als erste Verkäuferin in der Firma Schuh-Groß in Essen tätig.
Tätigkeitsbereich	Für die Bereiche Warenpräsentation und Verkauf trage ich alleine die Verantwortung. In den Bereichen Marktbeobachtung, Einkauf und Lagerhaltung arbeite ich sehr eng mit der Firmenleitung zusammen. Zu meinen Aufgaben gehört es auch, Auszubildende und junge Verkäuferinnen zu betreuen.
besondere Eignung	Ich bin deshalb mit der Führung von Mitarbeiterinnen und dem Einsatz moderner Datenverarbeitung vertraut.
Begründung	Eine weitere Ausdehnung meines Verantwortungsbereiches ist aber wegen der Firmengröße nicht möglich. Daher bin ich stark an einer Veränderung interessiert.
Referenzadresse	Mein jetziger Arbeitgeber weiß dies und ist bereit, Auskunft über mich zu erteilen.
Einstellungstermin	Da ich in ungekündigter Stellung bin, könnte ich die Stelle frühestens am 1. April 20.. antreten.
Vorstellungsgespräch	Über einen Termin für ein Vorstellungsgespräch würde ich mich sehr freuen.
Grußformel	Mit freundlichen Grüßen
Unterschrift	*Birgit Milke*
Anlagen	Anlagen: 1 Lichtbild 1 Lebenslauf 3 Zeugniskopien

Einteilung nach DIN 5008

1. *Beurteilen Sie diese Bewerbung.*
2. *Welche beruflichen Kenntnisse und Fähigkeiten führt die Bewerberin an, welchen persönlichen Eindruck erweckt sie?*
3. *Welche weiteren Informationen sollten aus den Anlagen zu entnehmen sein?*
4. *Wie beurteilen Sie die Angabe von Referenzen? Warum ist es ratsam, die betreffende Person vorher um Erlaubnis zu bitten?*

5.3.8 Lebenslauf

Neben dem Bewerbungsschreiben und den Zeugnissen ist der Lebenslauf wichtigster Bestandteil der Bewerbung. Vorgelegt wird er in tabellarischer Form, wenn nicht ausdrücklich ein ausführlicher Lebenslauf verlangt wird. Der Lebenslauf sollte lückenlos sein und die berufliche Entwicklung erkennen lassen.

Beispiel für einen tabellarischen Lebenslauf

Birgit Milke
Ruhrstraße 27
45128 Essen

Lebenslauf

Persönliche Daten:	
Geburtsdatum:	15. Juni 1991
Geburtsort:	Essen-Steele
Familienstand:	ledig
*Eltern:	Vater: Franz Milke, Großhandelskaufmann Mutter: Andrea Milke, geb. Koch, Kauffrau
*Religion	römisch-katholisch
*Wehrdienst	keinen freiwilligen Wehrdienst geleistet
Schulbesuche:	
1997 – 2001	Grundschule in Essen – Margarethenhöhe
2001 – 2007	Realschule in Essen Abschluss: Mittlerer Bildungsabschluss
Berufsausbildung:	
2007 – 2010	Ausbildung als Einzelhandelskauffrau bei Schuh-Schmidt in Mülheim
16. Juli 2010	Abschlussprüfung
Berufstätigkeit:	
17.07.2005 – 30.06.2007	Fachverkäuferin bei Schuh-Schmidt
01.07.2007 – heute	Leitung der Damenschuhabteilung bei Firma Schuh-Groß, Essen
Weiterbildung, besondere Kenntnisse:	2010 – 2012 EDV-Kurse bei der IHK Mühlheim 2010 – 2013 Englisch-Zertifikat bei der VHS Essen

Essen, 22. Januar 20..

- Die Zeit der Berufstätigkeit sollte möglichst lückenlos dargestellt sein, auch Ausfallzeiten wie z. B. Arbeitslosigkeit.
- Der tabellarische Lebenslauf sollte das aktuelle Datum tragen und unterschrieben sein.

Tipp

Einige der Angaben im Bewerbungsschreiben und im Lebenslauf können beim Vorstellungsgespräch Anlass sein für Nachfragen. Darauf sollten Sie sich vorbereiten und sich vorab entsprechende Antworten überlegen.

---

* *Diese Angaben können nach Ihrer persönlichen Entscheidung weggelassen werden.*

5.3.9 Bewerbung als E-Mail versenden

Viele Bewerbungen werden mit dem Computer geschrieben. Da ist es naheliegend, die Bewerbung auch als E-Mail zu versenden. Wenn Sie die folgenden Hinweise beachten, werden Sie damit erfolgreich sein:

Absender	Geben Sie Ihre komplette Adresse an: Postadresse, Telefon- und Faxnummer, evtl. auch den Domainnamen Ihrer Homepage.
Ihre E-Mail-Adresse	hasi@hotmail.de ist ungeeignet! Legen Sie sich eine seriöse Adresse zu: vorname.nachname@provider.de.
Empfänger-Adresse	Möglichst nicht an die „poststelle@...", sondern an die zuständige Person senden. Rufen Sie in der Firma an, um deren Namen herauszufinden.
Datum	Die Datumsangaben in der E-Mail, im Bewerbungsschreiben und im Lebenslauf sollten übereinstimmen.
Anschreiben	Das Anschreiben darf nicht den Eindruck einer Serienmail mit einem Standardtext erwecken. Nicht als „formlose" E-Mail schreiben, sondern dem privaten Geschäftsbrief entsprechend (S. 103 ff.). Es sollte einen Hinweis auf die Anlagen und das Angebot enthalten, eine vollständige Bewerbungsmappe oder weitere Zeugniskopien zu schicken.
Anhänge	Maximal drei Anhänge (Anlagen): 1. Bewerbungsschreiben (s. S. 115) 2. Lebenslauf mit integriertem Foto (s. S. 116) 3. wichtigstes Zeugnis Anhänge mit 100 bis 300 KB, möglichst im PDF-Format, damit sich nichts verändert, niemals ZIP-Dateien, keine Makros
„Senden"	Schicken Sie sicherheitshalber als Erstes sich selbst Ihre E-Mail zu und prüfen Sie nochmals alles! Dann können Sie Ihre E-Mail mit gutem Gefühl an den Empfänger schicken. Wenn Sie nach einer Woche keine Antwort erhalten haben, rufen Sie an und vergewissern Sie sich, ob Ihre Mail eingegangen ist.

1 *Diskutieren Sie in der Klasse darüber, warum „hasi@hotmail.de" als E-Mail-Adresse ungeeignet ist.*

2 *Warum ist es wichtig, dass die E-Mail als Anschreiben dem privaten Geschäftsbrief entspricht?*

3 *Entwerfen Sie eine E-Mail als Anschreiben. Wodurch können Sie den Eindruck eines Standardtextes oder einer Serienmail vermeiden?*

4 *Beim Versand der Bewerbung mit E-Mail sollte der Anhang nicht zu umfangreich sein. Sprechen Sie in der Klasse darüber, welche Zeugnisse wichtig sind und ob das Bild im Lebenslauf farbig oder schwarz-weiß sein sollte.*

5.3.10 Sich online bewerben

Circa 80 Prozent der großen Firmen schätzen die Online-Bewerbung. Sie bieten auf ihrer Homepage ein Bewerbungsformular an, das ausgefüllt und „zurückgeschickt" werden soll. Beim Ausfüllen ist äußerste Sorgfalt gefordert! Das Formular ist Ihre Visitenkarte. Wenn Sie nach einer Woche keine Antwort erhalten haben, rufen Sie an und vergewissern Sie sich, ob Ihre Bewerbung eingegangen ist.

1 *Welche Vorteile/welche Nachteile hat eine Online-Bewerbung für die Bewerber und für die Arbeitgeber? Diskutieren Sie in der Klasse darüber.*

2 *Warum ist es vorteilhaft, wenn sich die Bewerberin/der Bewerber das ausgefüllte Bewerbungsformular vor dem „Zurückschicken" als Kopie sichert?*

5.3.11 Bewerbungsportfolio

Portfolio – zeigen Sie sich von Ihrer besten Seite!

Wenn Sie zum Bewerbungsgespräch eingeladen sind, können Sie die Gelegenheit nutzen und Ihr „Portfolio" mitbringen. Sie haben in der Stellenbeschreibung genau analysiert, welche Fähigkeiten und Kenntnisse von dem Bewerber bzw. der Bewerberin erwartet werden. Darüber hinaus haben Sie sich gründlich und sorgfältig darüber informiert, welche besonderen Anforderungen an die Person gestellt werden, mit welcher der Arbeitsplatz besetzt werden soll.

Mithilfe eines Portfolios zeigen Sie sich von Ihrer besten Seite und präsentieren Ihre Lernerfolge, besonderen Leistungen und Fähigkeiten. Sie legen Dokumente vor, aus denen deutlich zu erkennen ist, dass Sie nicht nur behaupten, über die geforderten Eigenschaften zu verfügen. Dazu können Sie Dokumente aus dem schulischen und außerschulischen Bereich verwenden.

Das Bewerbungsportfolio ergänzt und erweitert die mit der Bewerbungsmappe bereits vorgelegten Dokumente und ist eine gute Möglichkeit, sich von anderen Bewerbern abzuheben und Ihre persönlichen Stärken zu zeigen.

Tipp

Gute Beispiele, Hinweise und Übungen zur Online-Bewerbung finden Sie unter www.jova-nova.com/bewerb/formgw10.htm; www.jobware.de; www.stellenratgeber.de

5.3.12 Bewerbung Überblick

Lernziele
Sie können

- eine Stellenanzeige in der Zeitung oder im Internet analysieren,
- feststellen, welche Fähigkeiten und Kenntnisse von der Bewerberin/dem Bewerber erwartet werden,
- beurteilen, ob Sie den Anforderungen entsprechen,
- eine saubere und fehlerfreie Bewerbung erstellen.

So gehen Sie vor:

Vorüberlegungen

- Stellenausschreibung genau analysieren:
  – Was wird von der Bewerberin/vom Bewerber verlangt?
  – Was sind Ihre Stärken, wo haben Sie Schwächen?

Informationen einholen

- Wichtiges über den Betrieb, bei dem Sie sich bewerben wollen.
- An wen ist die Bewerbung zu richten?

Äußere Form

- alle Unterlagen in einer Bewerbungsmappe zusammenfassen
- DIN-A4-Format, weißes Papier
- möglichst mit PC, auf Wunsch in sauberer Handschrift
- Bewerbungsschreiben und Lebenslauf original unterschrieben mit aktuellem Datum
- andere Bewerbungsunterlagen als Kopien (evtl. beglaubigt)
- DIN 5008 beachten

Inhalt

- Auf die in der Stellenausschreibung geforderten (Sprach-)Kenntnisse und Fähigkeiten eingehen und darlegen, wann und wo diese erworben wurden.
- Andere Kenntnisse und Fähigkeiten dann anführen, wenn dadurch die Eignung unterstrichen wird.
- Hobbys nur dann erwähnen, wenn sie die Eignung unterstützen oder eine Besonderheit sind, z. B. Sekretärin ist deutsche Meisterin im Maschinenschreiben oder Bewerber ist Juniorenmeister im Speerwurf.
- In der Bewerbung können wichtige eigene Wünsche geäußert werden, z. B. keine Nachtarbeit, Hilfe bei der Wohnungsbeschaffung.

Sprache

- sachlich und klar
- knapp formulieren
- fehlerfrei

Anlagen

- Anlagen einzeln nennen, nicht: „Anlagen: 3"
- Zeugnisse nie als Originale, sondern immer als Kopien
- Lichtbild mit Name und Adresse auf der Rückseite
- Lebenslauf nur dann ausführlich und handschriftlich, wenn es in der Stellenausschreibung ausdrücklich so verlangt wird; üblich ist die tabellarische Form

Sie finden vier Checklisten zur Bewerbung unter BuchPlusWeb.

Web

5.4 Sich vorstellen

Wenn Sie aufgrund Ihrer Bewerbung eingeladen werden, sich persönlich vorzustellen, dann hat das Bewerbungsschreiben seinen Zweck erfüllt. Der Personalleiter bzw. die -leiterin oder der Chef bzw. die Chefin will sich ein Bild von Ihnen machen und Sie sollten diese Chance nutzen.

Verlauf

Es lässt sich kaum voraussagen, wie ein Vorstellungsgespräch im Einzelnen ablaufen wird, denn der Einstellende kann dabei beliebig vorgehen. Die Angaben in Lebenslauf und Bewerbungsschreiben sind oft Anlass für Fragen, auf die man sich einstellen sollte. Manche der folgenden Fragen werden immer wieder gestellt. Darauf kann man sich vorbereiten:

a Die Bitte, sich selbst kurz vorzustellen

b Fragen zum persönlichen Umfeld:
Geschwister – Eltern – Wohnung – außerberufliches Engagement

c Welche Unterrichtsfächer hatten Sie am liebsten?

d Berichten Sie über Ihre Freizeitgestaltung und Ihre Hobbys!

e Welche beruflichen Tätigkeiten üben Sie an Ihrem derzeitigen Arbeitsplatz aus? Welche Arbeiten liegen Ihnen besonders bzw. gefallen Ihnen nicht?

f Warum haben Sie sich gerade bei unserer Firma beworben?

g Warum halten Sie sich für die ausgeschriebene Stelle für geeignet?

h Was gefällt Ihnen an dieser neuen Aufgabe?

i Warum suchen Sie eine neue Aufgabe?

j Wie ist Ihr Verhältnis zu Ihren derzeitigen Arbeitskollegen und -kolleginnen bzw. zu Ihrem Arbeitgeber?

k Haben Sie für Ihre weitere berufliche Zukunft schon Pläne?

l Welche Gehaltsvorstellung haben Sie?

m Wann können Sie die Stelle antreten?

1 *Welche der oben angeführten Fragen sind Ihrer Meinung nach nicht leicht zu beantworten? Diskutieren Sie in der Klasse über geschickte Antworten.*

2 *Ergänzen Sie die Fragen durch andere, die Ihnen selbst schon einmal in einem Vorstellungsgespräch gestellt worden sind. Wie haben Sie reagiert, wie hätten Sie ggf. vorteilhafter reagieren können?*

3 *Überlegen Sie sich drei Fragen, die Sie selbst während eines Vorstellungsgesprächs auf jeden Fall stellen würden.*

Auftreten und Verhalten

Ein Vorstellungsgespräch ist keine Theatervorstellung, bei der Sie eine bestimmte Rolle spielen sollen, z. B. den siegesbewusst auftretenden Star: „Hoppla, jetzt komm' ich!" Bleiben Sie unverkrampft, natürlich und gelassen. Verwechseln Sie dabei jedoch nicht Gelassenheit mit Lässigkeit. (Siehe dazu auch das Kapitel „Gespräche führen" S. 27 f.)

Nur in seltenen Fällen wird ein Vorstellungsgespräch mit einer verbindlichen Stellenzusage enden. Die Firma hat den verständlichen Wunsch, neben Ihnen noch weitere Bewerber zu prüfen. Wenn Sie dann eine Absage erhalten, war die Mühe doch nicht vergebens:

Tipp

Das beste Training für ein erfolgreiches Vorstellungsgespräch ist die Teilnahme an mehreren Vorstellungsgesprächen!

4 *Formulieren Sie in der Klasse gute Ratschläge für ein Vorstellungsgespräch, z. B. unter der Überschrift „10 Regeln für eine erfolgreiche Vorstellung".*

Üben Sie ein Vorstellungsgespräch (z. B. mit der Bewerbung von Birgit Milke s. S. 115).

Bilden Sie in der Klasse mehrere Gruppen, teilen Sie in den Gruppen die Rollen untereinander auf.

Bereiten Sie sich in ca. zehn Minuten auf die Ihnen zugeteilte Rolle vor (siehe Rollenkarte) und übernehmen Sie diese Rolle im Vorstellungsgespräch.

Während sich der Personalchef und der Bewerber auf ihre Rolle vorbereiten, bauen die Beobachter die Sitzordnung entsprechend des Rollenspiels um.

Anschließend wird das Vorstellungsgespräch durchgeführt, planen Sie dazu ca. 12 bis 15 Minuten ein.

Besprechen Sie danach das Vorstellungsgespräch. Als Erstes sollten sich die Personen in der Rolle des Bewerbers äußern, darauf folgen die Personalchefs und zum Schluss die Beobachter. Die Beobachter sollten zuerst positives Feedback geben (s. S. 67) und anschließend Hinweise zur Verbesserung.

Personalchef

1. Lesen Sie die Bewerbung und den Lebenslauf auf Seite 115 f. durch und machen Sie sich ein paar Stichpunkte, was Sie an diesem Bewerber interessiert/was Sie noch von ihm erfahren möchten.
2. Begrüßen Sie den Bewerber und bitten Sie ihn in Ihr Büro.
3. Stellen Sie Ihre Fragen und führen Sie ein Gespräch mit dem Bewerber.
4. Bedanken Sie sich für das Gespräch.

Bewerber

1. Machen Sie sich einige Notizen, was Sie den Personalchef fragen möchten.
2. Warten Sie vor der Tür, bis Sie vom Personalchef abgeholt werden.
3. Beantworten Sie die Fragen des Personalchefs und stellen Sie Ihre eigenen Fragen.
4. Bedanken Sie sich für das Gespräch.

Beobachter (Eine Hilfe bietet der „Beobachtungsbogen" auf Seite 66.)

1. Wie ist die Körperhaltung/Mimik des Bewerbers und des Personalchefs?
2. Wie beurteilen Sie die Gesprächsatmosphäre?
3. Warum hat Sie der Bewerber überzeugt/nicht überzeugt?

Weitere Hinweise zur Vorbereitung auf ein Vorstellungsgespräch finden Sie unter BuchPlusWeb.

Web

5.5 Schriftlich Stellung nehmen

Wenn Sie im Berufsleben oder im privaten Bereich zu einer Stellungnahme aufgefordert werden, so ist das ein Zeichen dafür, dass man Sie ernst nimmt und dass auf Ihr persönliches Urteil Wert gelegt wird. Deshalb sollten Sie Ihre Meinung mit treffenden Argumenten ausdrücken und Ihren Gesprächspartner nicht mit nichtssagenden Äußerungen enttäuschen.
Umfang und Form einer Stellungnahme sind immer von der Situation abhängig. In bestimmten Fällen kann es genügen, wenn Sie nur mit zwei, drei Sätzen antworten, z. B. bei einer Umfrage.

Es gibt aber auch Situationen, in denen eine umfangreiche Stellungnahme erwartet wird. Stellungnahmen können sowohl in mündlicher als auch in schriftlicher Form erfolgen.

Die Chance, andere mit einer Stellungnahme zu überzeugen, besteht nur dann, wenn man seine Meinung mit guten Argumenten begründet. Auf S. 47–50 wird ausführlich dargelegt, wie man Argumente schrittweise entwickelt. Das Beispiel auf S. 48 zeigt, wie dabei vorzugehen ist. An diesen Argumentationsgang können mit entsprechenden Anknüpfungen weitere Argumentationsschritte angehängt werden. Auf diese Weise entsteht ein Text mit einer linearen Struktur, auch **lineare Erörterung** genannt.

5.5.1 Eine Stellungnahme ausarbeiten

Erster Arbeitsschritt: Vom Problem zur Themenstellung

Immer mehr Frauen üben Sportarten aus, die als Männerdomänen gegolten haben. Diese Entwicklung hat jedoch nicht nur Befürworter/-innen, sondern auch Gegner.
In einer schriftlichen Stellungnahme könnte das Thema der Frauenemanzipation mit unterschiedlichen Themenstellungen bearbeitet werden.

Themenstellungen für Übungen

A Frauen haben viele Sportarten erobert, die lange den Männern vorbehalten waren. Beschreiben Sie diese Entwicklung und nehmen Sie Stellung.

B Frauen haben sich in vielen Lebensbereichen emanzipiert. Wie ist Ihre persönliche Meinung dazu?

C Wie beurteilen Sie das Vordringen von Frauen in Sportarten, die lange als reine Männersportarten gegolten haben?

1 Erklären Sie bei jedem Thema, was bei seiner Bearbeitung verlangt wird. Benennen Sie Unterschiede und Gemeinsamkeiten.

2 Bilden Sie in Ihrer Klasse Gruppen mit fünf bis sieben Mitschülerinnen / Mitschülern. Einigen Sie sich in der Gruppe auf einen Problembereich. Jetzt formuliert jedes Gruppenmitglied ein Thema zu diesem Problembereich, stellt sein Thema in der Gruppe vor und erklärt, was bei der Bearbeitung dieses Themas erwartet wird.

3 Fassen Sie die Ergebnisse der Gruppenarbeit zusammen und stellen Sie diese der Klasse vor.

Zweiter Arbeitsschritt: Stoffsammlung

Fertigen Sie eine Stoffsammlung an, in der Sie zunächst all Ihre Ideen erfassen. Dazu sollten Sie sich genügend Zeit lassen und Ihre Gedanken um das Thema „kreisen lassen“, damit Sie möglichst viele Argumente finden. Die Mindmap (s. S. 12) ist ein dazu sehr geeignetes Instrument.

Thema: Welche Gründe sprechen Ihrer Meinung nach für einen Urlaub im Ausland?

Stoffsammlung für Argumente:
- anderes Klima
- Kostengründe
- landschaftliche Besonderheiten
- Verbesserung der Sprachkenntnisse
- Prestigegründe
- Interesse für fremde Kulturen
- Sport- und Freizeitmöglichkeiten
- andere Sitten und Gebräuche

4 Überprüfen und ergänzen Sie die Stoffsammlung. Legen Sie die Stoffsammlung als Mindmap an, ordnen und ergänzen Sie sie dabei.

5 Ergänzen Sie die in der Stoffsammlung gefundenen Argumente mit Beweisen und Beispielen und evtl. auch mit Folgerungen und Einschränkungen (s. S. 48).

6 Erstellen Sie eine geordnete Stoffsammlung zu einem der folgenden Themen:
a Welche Gründe sprechen für einen Urlaub in Deutschland (s. Schaubild S. 83)?
b Nehmen Sie Stellung zu der Behauptung, das Auto sei das beste Verkehrsmittel, um in den Urlaub zu fahren.

Dritter Arbeitsschritt: Gliederung

Die Gliederung hilft dem Schreibenden, seine Gedanken zu ordnen, und sie hilft dem Leser, die Übersicht zu behalten und dem Gedankengang leicht zu folgen.

Tipp

Es gibt verschiedene Möglichkeiten, Gedankenschritte so zu ordnen, dass eine wirkungsvolle Steigerung entsteht:
- vom weniger Wichtigen zum Wichtigen
- vom Kleinen zum Großen
- vom allgemein Bekannten zum nicht Bekannten
- vom Nahen zum Fernen
- vom Leichteren zum Schwierigeren
- vom Vergangenen zum Aktuellen
- vom Allgemeinen zum Besonderen (oder umgekehrt)

7 Sind Ihrer Meinung nach die Gedanken in der folgenden Gliederung vollständig und sinnvoll geordnet?

Beispiel für die Gliederung einer Stellungnahme

Thema	Bei den Eltern wohnen oder in eine eigene Wohnung ziehen? Welche Lebensweise bevorzugen Sie?
A Einleitung	Der Wunsch vieler Jugendlicher ist die Selbstständigkeit in den eigenen vier Wänden.
B Hauptteil	**These (meine Behauptung): Es ist besser, bei den Eltern zu wohnen.** **Argumente (Gründe) dafür:** 1. geringere finanzielle Belastung 2. weniger Hausarbeit (dadurch mehr Freizeit) 3. kein organisatorischer Aufwand (wie z. B. Ummeldung bei den Behörden o. Ä., Überweisung von Miete und Gebühren, Hausordnung) 4. durch Nähe zu den Eltern Ansprechpartner und Hilfe bei persönlichen Problemen 5. Hilfe bei anfallenden Reparaturen sowie der Anschaffung und Wartung von Haushaltsgeräten
C Schluss	Zusammenfassende Stellungnahme (evtl. mit Mahnung oder Aufforderung, z. B. kein „Hotel Mama“).

Web

Unter BuchPlusWeb können Sie nachlesen, wie ein Schüler zu diesem Thema ausführlich Stellung genommen hat.

Vierter Arbeitsschritt: Einleitung und Schluss

Die **Einleitung** hat mehrere Aufgaben:
- Sie soll das Interesse der Leserin/des Lesers wecken.
- Sie führt zum Thema hin, ohne dabei schon Gedanken des Hauptteils vorwegzunehmen.
- Sie macht bewusst, warum es sinnvoll ist, sich mit dem Problem zu beschäftigen.

8 Warum sollte eine Einleitung nicht zu weit ausholen?

Verschiedene Formen der Einleitung	Nehmen Sie Stellung zu der Behauptung: „Sparen ist wieder zeitgemäß."
1. eine wichtige Tatsache, die mit dem Thema zu tun hat, auch eine Beobachtung in letzter Zeit, statistische Angaben, Zahlen	Zunahme der Sparleistung der Bevölkerung gegenüber dem Vorjahr – Auswirkungen auf die Wirtschaft
2. eine aktuelle Begebenheit, auch eine bestimmte Zeitungsmeldung oder Fernsehsendung	Werbespruch „Wer spart, hat mehr vom Geld!"
3. Klärung (Definition) eines Begriffs des Themas, nur wenn es sinnvoll erscheint	Abgrenzung des Sparens als Geldanlage gegenüber Sparen im Sinne von Einteilen und Haushalten
4. eigenes Erlebnis, wenn es von allgemeinem Interesse ist und direkten Bezug zum Thema hat	Ich habe gespart und konnte mir ein teures Rennrad kaufen.
5. geschichtlicher Rückblick, mit engem Zusammenhang zum Thema, ohne zu weit auszuholen	geschichtliches Ereignis: 1923 Inflation – oder geschichtliche Persönlichkeit: Raiffeisen, ein Pionier des Spargedankens
6. ein treffendes Zitat, die Quelle sollte immer angegeben werden	Der erste Bundespräsident Theodor Heuss sagte: „Sparen ist die richtige Mitte zwischen Geiz und Verschwendung."

*9 Welche der aufgeführten Einleitungsformen finden Sie für das Thema „Sparen" gut geeignet?
Welche sind Ihrer Meinung nach weniger passend? Begründen Sie Ihre Auswahl.*

*10 Die Idee zu einer Einleitung ist nur brauchbar, wenn Ihnen dazu auch genug einfällt.
Schreiben Sie eine Einleitung zu dem Beispiel, das Sie am besten ausgestalten können.*

11 Schreiben Sie eine Einleitung zu einem der beiden folgenden Themen:
a Nehmen Sie Stellung zu der Forderung, die Werbung für Alkohol zu verbieten.
b „Maut auch für Pkw auf deutschen Autobahnen?" Nehmen Sie Stellung.

Auch der **Schluss** hat mehrere Aufgaben:

- Er soll die Stellungnahme abrunden.
- Er kann auf Bereiche hinweisen, die in der Stellungnahme nicht angeführt sind.
- Er soll die Leserin/den Leser zu weiterem Nachdenken anregen.

Verschiedene Formen des Schlusses	Beispiele zum Thema „Sparen“
1. Ausblick in die Zukunft auf die mögliche Entwicklung des Problems	Es besteht die Gefahr, dass in der jüngeren Generation die Bereitschaft zum Sparen nachlässt.
2. Appell in Form einer Hoffnung, einer Mahnung oder einer Aufforderung	Wegen der Bedeutung des Sparens muss der Staat seine Maßnahmen zur Sparförderung noch verstärken.
3. Fortführung eines Gedankens der Einleitung	Zum Heuss-Zitat: Bereits die Kinder müssen zur Sparsamkeit erzogen werden, um die richtige Mitte zwischen Geiz und Verschwendung erkennen zu können.
4. Hinweis auf weiterhin **ungelöste Teile des Problems**	So viele Gründe auch für das Sparen sprechen, es bleibt doch das „Restrisiko“ einer Währungskrise.
5. Zusammenfassung als Gesamtüberblick, ohne dass der Hauptteil wiederholt wird	Sparer haben eindeutige Vorteile. Der zeitweilige Verzicht auf Konsum lohnt sich.
6. abschließende Stellungnahme (Wertung, Urteil)	Sparen als Geldanlage ist sinnvoll, wenn es auf einen bestimmten Zweck ausgerichtet ist. Sparen nur als Selbstzweck kann leicht in Geiz ausarten.

12 Auch die aufgeführten Schlussbeispiele unterscheiden sich in ihrer Qualität. Welche Beispiele sind Ihrer Meinung nach am besten geeignet?

13 Erweitern Sie eines der Beispiele zu einem ansprechenden Schluss zum Thema „Sparen“.

Tipp Einleitung und Schluss sollten zusammen nicht länger als ein Drittel des Hauptteils sein.

Fünfter Arbeitsschritt: Ausarbeitung

Einleitung, Argumentationsgang und Schluss können zu einer schlüssigen Stellungnahme ausgearbeitet werden. Die nachstehenden Satzanfänge können Ihnen dabei eine Hilfe sein:

Überleitungen – Gedanken miteinander verbinden	
aneinanderreihend	**gegensätzlich**
Hinzu kommt, dass ...	Ganz anders ist es bei ...
Weiterhin sind ...	Im Gegensatz/Unterschied dazu ...
Nicht vergessen sollte man, dass ...	Auf der anderen Seite aber ...
Außerdem ist zu bedenken ...	
Darüber hinaus ...	**einschränkend**
Ebenso nachteilig ist ...	Allerdings ...
Besonders wichtig ist ...	Andererseits jedoch ...
Zu beachten ist auch, dass ...	Dabei ist jedoch zu bedenken ...
Dazu kommt noch ...	Es darf dabei nicht vergessen werden, dass ...
Eine weitere Ursache ...	Trotz dieser Nachteile ...
Vor allem aber ...	

5.5.2 Differenzierende Stellungnahme – dialektische Erörterung

Wenn wir nach unserer Meinung zu einem Problem gefragt werden, fallen uns oftmals sowohl Gründe für die eine als auch für die andere Position ein, sowohl Vor- als auch Nachteile; z. B. zu den **Fragen**, ob der private Einsatz des Computers positiv oder negativ zu bewerten ist, ob man die öffentlichen Verkehrsmittel nutzen soll oder besser mit dem PKW fährt, ob man erst eine Ausbildung oder gleich einen höheren Schulabschluss anstreben sollte, ob man ein Jahr Auslandspraktikum plant oder die Ausbildung möglichst schnell zu Ende bringt.

Manchmal benötigen wir viel Zeit, um – nach langem Hin und Her – eine klare Meinung zu entwickeln. Das Abwägen verschiedener, auch gegensätzlicher Argumente ist ein wichtiger Prozess, um eine gute Entscheidung zu treffen. Wenn Sie bei einer Stellungnahme beide Seiten, Pro und Kontra, berücksichtigen, erarbeiten Sie eine differenzierende Stellungnahme bzw. eine **dialektische Erörterung.**

Die Anordnung der Argumente erweist sich häufig als schwierig. Zwei Möglichkeiten der Gliederung werden im Folgenden dargestellt. In der linken Spalte werden die Argumente für die Nutzung des Internets ausgearbeitet, dann die dagegen. In der rechten Spalte werden zu einem Gesichtspunkt sowohl Argumente dafür als auch die dagegen genannt.

Thema: Viele Kinder verfügen über einen PC mit Internetzugang. Erörtern Sie das Für und Wider.	
1 Einleitung 2 Hauptteil 2.1 PRO • trägt zur Bildung bei • schult technische Kompetenzen • ist eine sinnvolle Freizeitbeschäftigung • ermöglicht soziale Kontakte über Netzwerke 2.2 KONTRA • Gefahr der Manipulation durch Werbung und ungewollte Verträge • PC-Kenntnisse beschränken sich oft auf Spiele und Netzwerke • zu wenig Bewegung in der Freizeit, Suchtgefahr • reale soziale Kontakte kommen zu kurz 2.3 SYNTHESE/ENTSCHEIDUNG • Umgang mit PC/Internet muss gelernt werden: Gefahren im Internet, Suchtpotenzial • zeitliche Begrenzungen nötig • Ausgleich durch Freundeskreis und Sport 3 Schluss	1 Einleitung 2 Hauptteil a. Möglichkeiten der Bildung – Gefahr der Manipulation b. Sinnvolle Freizeitbeschäftigung – Suchtpotenzial/ Vernachlässigung anderer Beschäftigungen, z. B. Sport c. Erwerb von moderner Technikkompetenz – Beschränkung der Kenntnisse auf Spiele/ Netzwerke d. Soziale Kommunikation – Störungen der sozialen Kontakte zu realen Freunden 3 Schlussfolgerungen a. Vernunft walten lassen; altersgemäße Regeln b. zeitliche Begrenzungen c. gezielter Einsatz für Informationsgewinnung 4 Schluss

1. *Diskutieren Sie die Unterschiede der beiden Gliederungsmöglichkeiten. Welche halten Sie für die geeignetere? Mit welchen Schwierigkeiten bei der Bearbeitung rechnen Sie?*
2. *Wählen Sie eine der beiden Gliederungen aus und arbeiten Sie auf dieser Grundlage die Erörterung aus.*
3. *Suchen Sie sich aus den Fragen im Text (s. oben) eine aus und schreiben Sie eine dialektische Erörterung.*

Überblick 5.5.3 Schriftlich Stellung nehmen

Lernziele

Sie können
- Argumente zu einer Problemstellung sammeln und gewichten,
- Argumentationsschritte entwickeln,
- Einleitung, Hauptteil und Schluss einer schriftlichen Stellungnahme formulieren.

So gehen Sie vor:

Arbeitsschritte

1. Formulierung einer Themenstellung zu einem Problem
2. Stoffsammlung anlegen: Argumente finden und notieren
3. Gliederung: Argumente sinnvoll gewichten und ordnen
4. Einleitung und Schluss schreiben
5. Ausarbeitung:
   - Thesen ausformulieren
   - Begründungen ausarbeiten
   - Beispiele ergänzen
   - Schlussfolgerungen formulieren
   - Verknüpfung von Gedanken durch Überleitungen

Gliederung

A. Einleitung: Aufhänger, aktueller Bezug, Begriffserklärung, eigenes Erlebnis
B. Hauptteil: These mit Argumenten begründen, dazu passende Beispiele, Folgerungen und Aufforderungen anführen
C. Schluss: Fazit, abschließende Stellungnahme, Ausblick

Form

- Überschrift
- kurze Einleitung, kurzer Schluss
- Hauptteil bildet den Schwerpunkt

Aufgaben für Übungen

A Nach der Ausbildung erst einmal eine „Auszeit" nehmen, das ist für viele junge Erwachsene eine reizvolle Vorstellung. Halten Sie eine „Auszeit" für sinnvoll oder eher für Zeitverschwendung?

B Nach der Aussetzung der Wehrpflicht fehlen den sozialen Einrichtungen und Krankenhäusern die Zivildienstleistenden. Es wird überlegt, ein soziales Jahr verpflichtend für alle einzuführen. Was halten Sie davon?

C Wer sein erstes Geld verdient, möchte meist gerne auf eigenen Füßen stehen. Eine Wohnung mieten oder kaufen, diese Frage stellt sich dann. Nehmen Sie Stellung dazu.

D Manche machen sich einen Spaß daraus, die persönliche Einladung zu einer Party ins Internet zu stellen. Dann strömen die Gäste … Nehmen Sie dazu Stellung.

E Nehmen Sie schriftlich Stellung zum Text „Und sie schaden doch!" auf Seite 149.

5.6 Texte überarbeiten

5.6.1 Sich abwechslungsreich ausdrücken

Wer mündlich oder schriftlich nichtssagende, farblose Wörter benutzt, erweckt schnell den Eindruck, er hätte auch sonst nicht viel zu sagen. Deshalb sollte der persönliche Wortschatz ständig erweitert werden, um sich abwechslungsreich und treffend ausdrücken zu können.

1 *Der folgende Übungstext übertreibt. Er zeigt, wie einfallslos das ausdrucksarme Verb (Zeitwort) „machen" verwendet werden kann. Machen Sie es besser.*
(Sollte natürlich heißen: Setzen Sie bessere Ausdrücke ein!)

Kuno macht alles

Als Kuno die Kellertüre *zumachte*, *machte* er solchen Lärm, dass er den in einer Ecke schlafenden Hund wach *machte*. Dessen lautes Bellen *machte* ihm gar nichts aus, denn das *machte* der immer so, wenn er ein Geräusch vernahm. Als Kuno die Türe zum Verkaufsraum *aufmachte*, *machte* er ein dummes Gesicht, denn die anderen hatten sich schon *davongemacht*. Nur die Chefin *machte* noch die Kasse. Jetzt musste er allein die Plakate an den Fenstern *abmachen* und den Fußboden sauber *machen*. Als die Chefin die Bemerkung *machte*: „*Mach* doch schneller!", dachte er: „Das *mache* ich nicht mehr lange mit!" Verdrossen *machte* er seine Arbeit weiter.

Nachdem er im Lagerraum Ordnung *gemacht* hatte, *machte* er die Ladenbeleuchtung aus, verabschiedete sich und *machte* sich auf den Heimweg. Vor einem Friseur *machte* er Halt, denn er wollte sich Dauerwellen *machen* lassen. Er glaubte, nur so würde er etwas *hermachen* und könne ein Mädchen besser *anmachen*. Leider *machte* die neue Frisur in der Disko auf niemanden einen besonderen Eindruck und er *machte* sich Gedanken, was er noch *machen* könne, um mehr Erfolg zu haben.

Er *machte* große Augen, als ihm ein Freund den Vorschlag *machte*, ab jetzt alles anders zu *machen*. „Nicht die Lockenpracht *macht's*", sagte der, „sondern der Kopf, der darunter steckt!"

5.6.2 Satzanfänge abwechslungsreich formulieren

Extreme Rekorde im Tierreich

Das Tierreich bietet sehr interessante Rekorde. Das Mammut zum Beispiel lebte vor über 10000 Jahren. Das Mammut erreichte eine Höhe von über vier Metern. Die Stoßzähne waren ebenfalls über vier Meter lang. Der Größenunterschied zwischen männlichen und weiblichen Tieren kann manchmal extrem sein. Die Männchen einer bestimmten Krakenart erreichen bloß eine Größe von 1,5 Zentimetern. Die Weibchen dieser Krakenart hingegen kommen auf gute 20 Zentimeter. Der Spinnenläufer ist eine besondere Art des Hundertfüßlers. Das Rekordverdächtige an ihm ist seine große Laufgeschwindigkeit. Der Spinnenläufer schafft 50 Zentimeter in der Sekunde. Die Geschwindigkeit des Geparden ist da wesentlich höher. Die jagende Raubkatze erreicht auf kurzen Strecken 110 km/h. Die leichteste Fledermaus kommt aus Thailand. Das Gewicht dieses Tieres liegt bei knapp zwei Gramm. Das Nashorn dagegen kommt auf über zwei Tonnen Gewicht. Der Elefant wiegt allerdings bis zu sechs Tonnen. Das bedeutet, dass er das schwerste Säugetier an Land ist. Die auf den Galapagos-Inseln lebende Riesenschildkröte kann über 150 Jahre alt werden. Die Eintagsfliege lebt nur ein bis vier Tage.

1 *Finden Sie Kriterien für die inhaltliche Gliederung des obigen Textes. Aus welchen Bereichen stammen die angeführten Rekorde?*

2 *Schreiben Sie den Text über die Tierrekorde neu und formulieren Sie dabei die Satzanfänge abwechslungsreicher (vgl. Tipp unten).*

3 *Gestalten Sie Ihren Text übersichtlicher, indem Sie Abschnitte bilden. Vergleichen Sie Ihre Lösung mit den Texten Ihrer Mitschülerinnen und Mitschüler.*

Tipp

Vermeiden Sie bei Satzanfängen eine Wiederholung von Artikeln bzw. Substantiven. Leiten Sie Sätze besser mit Konjunktionen (z. B. weil, denn, als, aber, nachdem, obwohl, damit, dass) ein oder formulieren Sie Sätze um.
Beispiel: „Der Schiedsrichter pfiff die zweite Halbzeit des Spiels an. Der heftige Regen setzte ausgerechnet sieben Minuten später ein" kann zu „Nachdem der Schiedsrichter die zweite Halbzeit des Spiels angepfiffen hatte, setzte ausgerechnet sieben Minuten später heftiger Regen ein" umformuliert werden.

5.6.3 Texte verständlicher machen

Die Führungskräfte von Großbetrieben wunderten sich lange Zeit, wie wenig Informationen die Mitarbeiterinnen und Mitarbeiter wirklich erreichen. Sie beauftragten das Institut für Kommunikation in Hamburg damit, nach Erklärungen dafür zu suchen. Friedemann Schulz von Thun und seine Mitarbeiter fanden heraus, dass vier **Verständlichmacher** für Verstehen und Behalten besonders wichtig sind:

Die vier Verständlichmacher	
Einfachheit, d. h.: • geläufige Wörter • Fremdwörter werden übersetzt • Fachausdrücke werden erklärt • klare, kurze Sätze	**Gliederung und Ordnung,** d. h.: • im Satz kommt Wichtiges zuerst • der rote Faden ist deutlich • übersichtliche Gestaltung (Absätze, Überschriften) • Wichtiges wird hervorgehoben (durch Schriftart, Schriftmerkmale, Betonung)
Kürze und Prägnanz, d. h.: • präzise Ausdrucksweise • so ausführlich wie nötig • so kurz wie möglich	**Anschaulichkeit,** d. h.: • den Leser/Zuhörer direkt ansprechen • an bekannte Erfahrungen anknüpfen • durch Beispiele, Vergleiche und Metaphern verbildlichen • durch Fragen zum Nachdenken anregen

Um die Verständlichkeit von Texten zu bewerten, werden hier folgende Zeichen verwendet:
++ für „sehr gut"; + für „gut"; – für „weniger gut"; – – für „nicht gut".

1 *Der folgende Text erhielt die unten stehende Bewertung. Begründen Sie die Bewertung im Einzelnen.*
„Ein außergewöhnlicher Härtefall liegt vor, wenn der Bewerber nicht ausgewählt worden ist und die Nichtaufnahme für ihn mit Nachteilen verbunden wäre, die bei Anlegen eines strengen Maßstabes über das Maß der mit der Nichtaufnahme üblicherweise verbundenen Nachteile erheblich hinausgehen." (Aus: Verordnung über die Fachschule für Technik)

Einfachheit	Gliederung und Ordnung	Kürze und Prägnanz	Anschaulichkeit
– –	–	+	– –

2 *Welche Merkmale hat ein Text, der folgendermaßen bewertet wurde?*

Einfachheit	Gliederung und Ordnung	Kürze und Prägnanz	Anschaulichkeit
+ +	–	– –	+

Sie wissen nun, wie Verständlichkeit erreicht wird. Das folgende Beispiel zeigt, wie ein komplizierter Text in einen verständlichen umformuliert werden kann.

Beispiele für Vereinfachung

In Anbetracht Ihres Schreibens mit der Aussage, dass Sie mit der letzten Aufsatzzensur, die ich Ihrem Sohn gegeben habe, nicht einverstanden sind, möchte ich Ihnen folgenden Vorschlag unterbreiten: Um eine befriedigende Klärung dieser Angelegenheit zu erreichen, würde ich es begrüßen, wenn wir uns zu einem persönlichen oder telefonischen Gespräch zusammenfinden könnten.	Sie haben mir geschrieben, dass Sie mit der letzten Aufsatzzensur Ihres Sohnes nicht einverstanden sind. Ich würde gerne mit Ihnen persönlich darüber sprechen.

3 *Bewerten Sie die Verständlichkeit des folgenden Textes aus dem Beschluss eines Gerichtes so, wie es in den Beispielen auf S. 131 gezeigt wurde. Vergleichen Sie Ihre Bewertung mit denen Ihrer Mitschülerinnen und Mitschüler.*

Leitsatz aus dem Beschluss des Oberverwaltungsgerichts Lüneburg vom 26.01.2010 zur Ordnungsstrafe wegen einer scherzhaften Amokdrohung:
„Es ist im Rahmen des der Schule einzuräumenden pädagogischen Ermessens nicht zu beanstanden, wenn sie einen Schüler an eine andere Schule derselben Schulform überweist, der für die – von ihm nur scherzhaft gemeinte – Einstellung einer Amoklauf-Ankündigung im Chatbereich StudiVZ/Buschfunk mitverantwortlich ist; denn es ist anderen Schülern deutlich vor Augen zu führen, dass selbst eine nur scherzhaft gemeinte Ankündigung eines Amoklaufes nicht ohne gravierende ordnungsrechtliche Maßnahmen bleiben wird, da eine Ankündigung eines Amoklaufs selbst als Scherz nicht hinnehmbar ist.“

Oberverwaltungsgericht (OVG) Lüneburg

4 *Fassen Sie die Kerninformationen des Textes in eigene Worte. Formulieren Sie dazu einfache Sätze. Bringen Sie die Sätze in eine sinnvolle Reihenfolge. Überarbeiten Sie Ihren Text nun stilistisch.*

5 *Tauschen Sie nun Ihren Text mit dem eines Mitschülers. Bewerten Sie gegenseitig die Verständlichkeit nach den auf S. 131 dargestellten Kriterien.*

6 *Verfassen Sie eine Bedienungsanleitung für einen Bedienungsvorgang am PC oder einem Handy oder einem anderen elektronischen Gerät. Tauschen Sie Ihren Text mit dem Text einer Mitschülerin oder eines Mitschülers und nehmen Sie gegenseitig eine Bewertung der Verständlichkeit vor. Begründen Sie anschließend gegenüber Ihrer Partnerin/Ihrem Partner Ihre Bewertung. Lesen Sie gut bewertete Textbeispiele in der Klasse vor.*

5.6.4 Mit der Textlupe arbeiten

Ob Erzählung, Inhaltsangabe oder Geschäftsbrief: Kein Text ist nach der ersten Niederschrift bereits perfekt. Es bedeutet mühevolle Arbeit, den Entwurf inhaltlich und sprachlich zu verbessern. Die Methode „Textlupe" bietet Ihnen die Möglichkeit, sich mit Mitschülerinnen und Mitschülern über Ihre Textentwürfe auszutauschen und dadurch Anregungen, Tipps, aber auch Kritik einzuholen. Dadurch helfen Sie sich gegenseitig bei der Überarbeitung, können Ihre Stärken einbringen und sich bei Ihren Schwächen helfen lassen. Trotz der Hilfe anderer schreiben Sie aber mit dieser Methode Ihren eigenen Text.

Vorgehensweise

1. Bildung von Kleingruppen (maximal vier Schülerinnen und Schüler)
2. Lesezeit vereinbaren (je nach Textlänge zwischen fünf und 15 Minuten)
3. Jeder gibt seinen Textentwurf im Uhrzeigersinn an ein Mitglied der Gruppe.
4. Lesen der Textentwürfe
5. Machen Sie auf einem Rückmeldeblatt (der Textlupe) positive Anmerkungen sowie Verbesserungsvorschläge, z. B. zu Aufbau, Sprache, Schreibstil, Inhalt des Textentwurfes. Kurze Kommentare zu Rechtschreib-, Zeichensetzungs- und Grammatikfehlern sind genauso wichtig, aber bitte stets nur auf der Textlupe.
6. Nach Ende der vereinbarten Lesezeit wird der Textentwurf an das nächste Gruppenmitglied weitergereicht. Die Textlupe wird an den jeweiligen Verfasser des Textes gegeben. Niemand darf seinen eigenen Textentwurf kommentieren.
7. Nach einem kompletten Durchgang lesen alle die Textlupen, die sie zu ihrem Entwurf bekommen haben, und überarbeiten den eigenen Textentwurf. Es bleibt jedem selbst überlassen, welche Anmerkungen und Vorschläge er aufgreift.

Beispiel für eine Textlupe

Textlupe zum Text:

____

Verfasser des Textes:

____

Gelungen finde ich:

Nicht verstanden habe ich:

Verändert werden könnte:

Textlupe von (Name):

____

1 Bearbeiten Sie einen Textentwurf (z. B. eine Inhaltsangabe, s. S. 78–81) mithilfe der obigen Textlupe.

2 Diskutieren Sie anschließend in Ihrer Kleingruppe Vor- und Nachteile dieser Methode.

3 Entwickeln Sie selbst Textlupen, mit denen man im Beruf häufig vorkommende Textarten (z. B. Geschäftsbrief, Arbeitsanleitung) untersuchen kann. Überlegen Sie sich geeignete Untersuchungskriterien.

Vorschläge für Textlupen (Erzählung, Geschäftsbrief) können Sie unter BuchPlusWeb herunterladen.

Web

5.6.5 Schreibkonferenz

Im Unterschied zur Textlupe (s. vorige Seite) steht bei einer Schreibkonferenz das gemeinsame Gespräch über einen Textentwurf im Vordergrund. Ziel ist es, sich mit Mitschülerinnen und Mitschülern über Aufbau, Inhalt und Sprache eines noch nicht überarbeiteten Textes auszutauschen und Ratschläge aufzugreifen.

Vorgehensweise

1. **Konferenzbildung:**
   Der Verfasser eines Textentwurfes wählt drei bis vier Schülerinnen und Schüler als „Konferenzmitglieder" aus. Von diesen übernimmt eine/-r die Rolle als moderierender „Konferenzleiter"; dies darf nicht der Verfasser sein. Die Konferenzmitglieder legen die Dauer der Konferenz fest, der Konferenzleiter achtet auf die Einhaltung der Zeit.
2. **Lesephase:**
   Der Verfasser liest seinen Textentwurf vor, die Konferenzmitglieder hören aufmerksam zu.
3. **Besprechungsphase:**
   - Jedes Konferenzmitglied kommentiert den Textentwurf.
   - Der Entwurf wird als Kopie (wenden Sie sich bitte an Ihre Lehrerin/Ihren Lehrer) an jedes Konferenzmitglied ausgeteilt.
   - Alle lesen den Text und machen sich Notizen.
   - Der Entwurf wird systematisch besprochen, z. B. zuerst der Inhalt, danach der Schreibstil, dann Rechtschreibung, Zeichensetzung und Grammatik.
   - Der Verfasser notiert fortlaufend Anmerkungen sowie Verbesserungsvorschläge.
4. **Überarbeitungsphase:**
   Der Textentwurf wird vom Verfasser überarbeitet. Es bleibt ihm überlassen, welche Anmerkungen und Vorschläge er aufgreift.
5. **Präsentationsphase:**
   Der überarbeitete Textentwurf wird der Schreibkonferenz/Klasse vorgelesen.

1 Führen Sie eine Schreibkonferenz durch und besprechen Sie einen Textentwurf (z. B. einen Geschäftsbrief, s. S. 103 ff., eine Mängelrüge, s. S. 106 oder die Fortsetzung einer Geschichte.

2 „Textlupe" (s. vorige Seite) oder „Schreibkonferenz"? Begründen Sie, welche Methode Ihnen besser gefällt.

Tipp

Wenn Sie in Ihrer Klasse zum ersten Mal eine Schreibkonferenz einüben, dann beschränken Sie sich auf kurze Textentwürfe. Diese sollten handschriftlich nicht länger als eine Seite sein.

5.6.6 Wortfeld „gehen"

Ein Besuch im Kaufhaus

Es war mitten im Hochsommer. Meine Freundin Elke und ich kamen pünktlich aus dem Geschäft und so gingen (1) wir noch ein wenig durch die Hauptgeschäftsstraße in unserer Stadt. Wir gingen (2) eine Weile so dahin und standen plötzlich vor dem Eingang unseres größten Kaufhauses.

„Wir wollen hineingehen (3)", sagte Elke zu mir, „ich soll meiner Schwester noch ein Heft mit Strickmustern mitbringen." Wir gingen (4) in das Kaufhaus. Viele Menschen drängten sich an den Tischen und betrachteten die angebotenen Waren, andere gingen (5) durch die Gänge zwischen den Verkaufsständen, um schneller zu ihrem Ziel zu kommen. Wir gingen (6) nun zu einer Auskunftstafel, um uns zu orientieren. Aber einen Hinweis, wo es Strickmuster zu kaufen gäbe, fanden wir nicht. Deshalb gingen (7) wir zum Informationsstand und fragten die dort tätige Dame, wo wir Strickmusterhefte finden könnten. Sie sagte uns, wir sollten zur Schreibwarenabteilung im vierten Stock gehen (8). So gingen (9) wir durch eine Menschentraube, die um einen Sondertisch drängte, zur Rolltreppe. Während ich auf die Rolltreppe zuging (10), ging (11) Elke schon ein paar Stufen hoch.

Im ersten Stock war die Sportabteilung und wir gingen (12) daher zu den beiden ausgestellten Surfbrettern, um sie zu betrachten; ich wollte im kommenden Urlaub in eine Surfschule gehen (13), um erste Schritte in diesem interessanten Sport zu gehen (14). Als wir auf die nächste Rolltreppe zugingen (15), ging (16) ein junger Verkäufer, der es wohl sehr eilig hatte, so knapp an uns vorbei, dass er um ein Haar mit mir zusammengestoßen wäre. Ich ging (17) ein paar Schritte rückwärts, dabei hätte ich beinahe eine alte Frau zu Fall gebracht, die zögernd und langsam an den Verkaufstischen entlangging (18). Als wir im vierten Stock angekommen waren, gingen (19) wir zur Schreibwarenabteilung. Aber Strickmusterhefte gab es dort nicht und der Verkäufer sagte uns, wir sollten zur Handarbeitsabteilung im Erdgeschoss gehen (20). Wir ärgerten uns ein wenig und gingen (21) dann zum Fahrstuhl, um uns ins Erdgeschoss zurückbringen zu lassen. Dort gingen (22) wir dann zur Handarbeitsabteilung und Elke kaufte ein schönes Heft mit Strickmustern.

Der Gong des Warenhauses hatte den Verkaufsschluss angekündigt und so gingen (23) mit uns noch viele Menschen zum Ausgang. Als wir auf die Straße gingen (24), sahen wir eine Eisdiele und gingen (25) schnell über die Straße und gingen (26) dann in die Eisdiele, um uns ein erfrischendes Eis zu kaufen.

1 *Das Wort „gehen" kommt in diesem Text 26-mal vor. Ersetzen Sie es durch treffende Verben (Zeitwörter). Bitte achten Sie darauf, dass Sie jedes Wort möglichst nur einmal verwenden.*

2 *Vergleichen und besprechen Sie Ihre Lösungen. Warum weichen Sie an einigen Stellen recht weit voneinander ab, während Sie an anderen Stellen vielleicht fast alle dieselben Wörter eingesetzt haben?*

3 *Legen Sie eine Tabelle an, in die Sie alle Lösungen eintragen: langsames Gehen, normales Gehen, schnelles Gehen, Sonderformen. Welche Schwierigkeiten ergeben sich dabei?*

5.6.7 Thesaurus

Wenn Sie beim Schreiben eines Geschäftsbriefes nach einem passenden Ausdruck suchen, helfen Ihnen Synonymwörterbücher. Auch Textverarbeitungsprogramme bieten Hilfe an: den Thesaurus. Darunter versteht man eine Sammlung sinnverwandter Wörter (Synonyme). Im Internet finden Sie ebenfalls Thesauren, die Sie kostenlos nutzen können.

So wenden Sie den Thesaurus im Textverarbeitungsprogramm Word an:

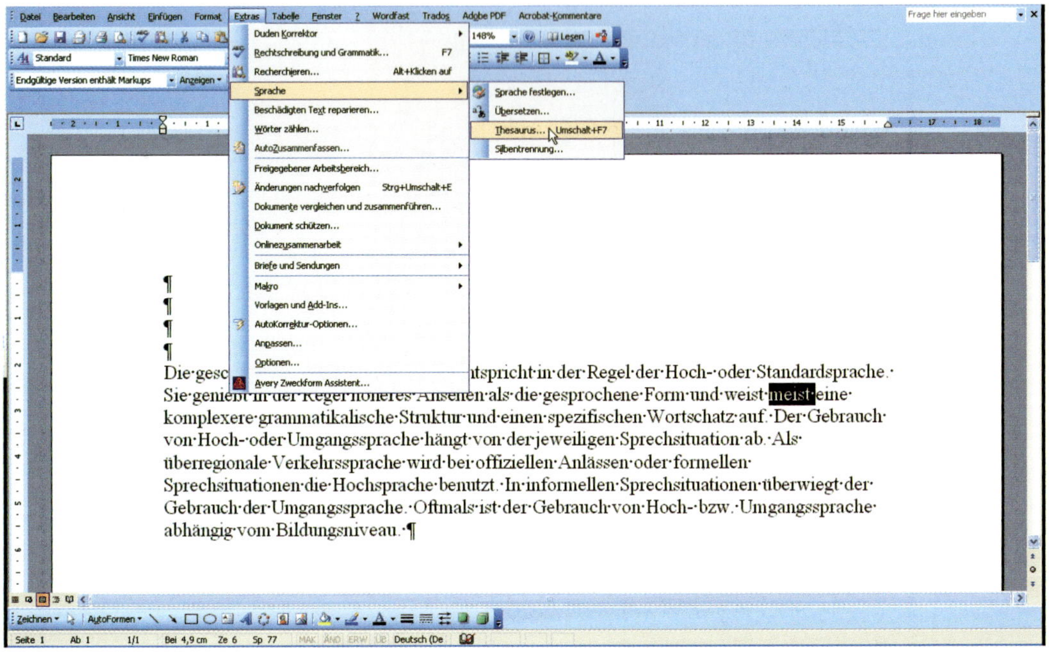

1. Markieren Sie das zu ersetzende Wort im Text mit dem Cursor.
2. Rufen Sie in der Menüleiste des Textverarbeitungsprogramms den Menüpunkt „Extra" auf.[1]
3. Wählen Sie den Unterpunkt „Sprache" und öffnen Sie dann „Thesaurus".
4. Wählen Sie aus den vorgeschlagenen Synonymen den Ausdruck, der im jeweiligen Zusammenhang am besten passt.

   Für den Begriff „Beruf" schlägt der Thesaurus folgende Synonyme vor:

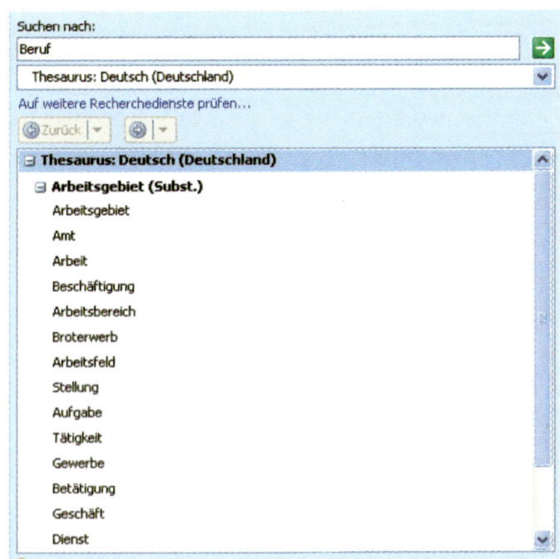

1 Erklären Sie die Bedeutungsunterschiede zwischen dem Suchwort „Beruf" und zwei Synonymen Ihrer Wahl.

2 Überprüfen Sie einen längeren Text, den Sie verfasst haben (z. B. eine Erzählung, einen Geschäftsbrief, eine Stellungnahme). Achten Sie auf Wörter, die sich wiederholen bzw. häufen. Verbessern Sie diese Ausdrücke mithilfe des Thesaurus.

---

[1] *alternative Vorgehensweise: Klicken Sie auf die rechte Maustaste und gehen Sie im Kontextmenü auf den Begriff „Synonyme".*

5.6.8 Fremdwörter gebrauchen

Der Gebrauch von Fremdwörtern in der deutschen Sprache wird kontrovers diskutiert. Viele befürchten, dass die Sprache dadurch überfremdet werden und verarmen könnte. In Frankreich wacht eine vom Staat eingesetzte Kommission darüber, dass so wenig Wörter wie möglich aus fremden Sprachen ins Französische übernommen werden.
In anderen europäischen Ländern beobachtet man die Entwicklung gelassener, z.B. in den Niederlanden oder in der Schweiz.

1 *Warum werden in unserer Sprache immer mehr Fremdwörter verwendet? Suchen Sie Gründe und Beispiele dafür.*

2 *Wie beurteilen Sie das Problem der „Überfremdung der Sprache"?*

3 *In einem Prospekt für Modewaren, der an Haushalte verteilt wurde, wurden folgende Fremdwörter verwendet:*
Winter-Sale, Premium-Squalls, Therma-Check-Fleece-Futter, Special Offers, Fieldweste, Sneakers, Shopper, ein Must-have.
Übersetzen Sie diese Anglizismen.

4 *Wie beurteilen Sie die Verwendung von Anglizismen in der Werbung?*

Gründe für den Gebrauch von Fremdwörtern

Fremdwörter werden sinnvoll gebraucht,
- wenn sie in Fachsprachen zur zweifelsfreien Verständigung erforderlich sind, z.B. in der Computertechnik, Medizin, Technik, Forschung;
- wenn durch sie ein Sachverhalt eindeutiger bezeichnet werden kann als mit einem deutschen Begriff, z.B. Amateur, Fairness, Ingenieur;
- wenn sie im allgemeinen Sprachgebrauch eingebürgert sind, z.B. „frankieren" statt „freimachen", „Liga" statt „Wettkampfklasse".

Gründe gegen den Gebrauch von Fremdwörtern

Oft werden Fremdwörter verwendet, um einem Gesprächspartner zu imponieren, um anzugeben, um überlegen zu wirken oder um einen Sachverhalt bewusst zu verschleiern. Lassen Sie sich davon nicht beeindrucken. Bitten Sie um eine Übersetzung oder eine Erklärung.

5 *Die folgenden Wörter gehören zum alltäglichen Sprachgebrauch. Suchen Sie die entsprechenden deutschen Wörter dafür:*
Temperament, Comeback, Event, Happening, Leasing, Zirkulation, Devisen, Devise, universal, denunzieren, downloaden, standardisieren, massakrieren, progressiv, Reparatur, Maschine

Für die Aufgaben 3 und 5 finden Sie eine Lösungshilfe unter BuchPlusWeb.

Web

6 *Recherchieren Sie im Internet die Bedeutungen der einzelnen Fremdwörter und legen Sie eine Liste an. Entscheiden Sie, welches Fremdwort im jeweiligen Zusammenhang passt.*
a *Am Ende der Stunde teilte der Lehrer seinen Schülern eine Synostose/Synopse aus.*
b *Der Chef monierte/monetisierte jeden Fehler des Lehrlings.*
c *Jan kann den Moderator Stefan Raab gut parodieren/parieren.*
d *Brigitte ergriff schnell die Initiation/Initiative und bewarb sich auf die Stellenanzeige.*
e *Beim Autofahren ist absolute Konzentration/Konzeption erforderlich.*
f *Viele chemische Prozesse sind irrevisibel/irreversibel.*

Wortbestandteile von Fremdwörtern

Viele Fremdwörter wurden aus anderen Sprachen übernommen. Gegenwärtig fließen viele englisch-amerikanische Begriffe (z. B. Chat) in die deutsche Sprache ein. Die ältesten Fremdwörter stammen aus dem Griechischen und Lateinischen (z. B. Kommunion). Derzeit liegt der Anteil der Fremdwörter am deutschen Sprachschatz (ca. 400 000 Wörter) bei rund 130 000 Wörtern; täglich kommen neue hinzu.

Sie erkennen Fremdwörter daran, dass sie häufig eine vom Deutschen abweichende Aussprache (z. B. Countdown, Niveau) haben. Ein typisches Merkmal von Fremdwörtern sind auch fremd klingende Anfangs- oder Endsilben (Hyper-, Para-, -ion, -ismus).

Fremdwörter setzen sich aus Wortbestandteilen zusammen:

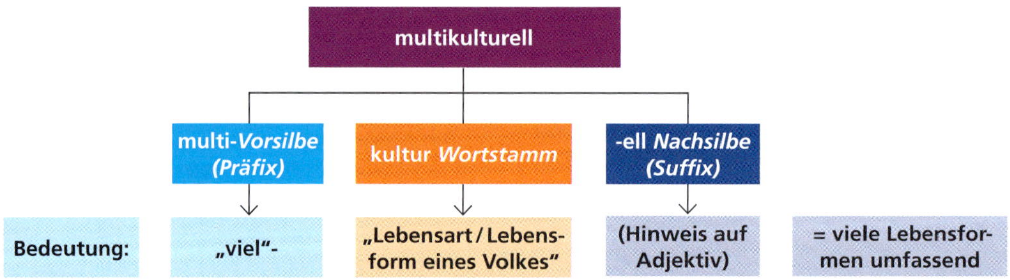

7 *Erklären Sie die Bedeutung der folgenden Fremdwörter mithilfe der Wortbestandteile unten.*
a *Chronograph,* **b** *Makrokosmos,* **c** *Geomorphologie,* **d** *Bibliothek,* **e** *Psychopath,* **f** *Theologie,* **g** *Orthographie,* **h** *Geographie,* **i** *synchron,* **j** *Polytheismus*

- „theo" = Gott
- „kosmo" = Welt
- „geo" = Erde
- „biblio" = Buch
- „ismus" = Lehre
- „graph" = schreiben
- „poly" = viel
- „syn" = gleich
- „morph" = Form
- „psych" = Seele
- „theka" = Behältnis, Hülle
- „path" = Krankheit
- „makro" = groß
- „chrono" = Zeit
- „loge/logie" = Lehre, Wissenschaft
- „ortho" = richtig

8 *Welche anderen Fremdwörter lassen sich mithilfe dieser Wortbestandteile bilden? Erläutern Sie deren Bedeutung.*

Web

Für die Aufgaben 6 und 7 finden Sie eine Lösungshilfe unter BuchPlusWeb.

6 Texte und Medien verstehen und beurteilen

6.1 Arbeitszeugnisse

gesetzl. Anspruch:
§ 630 BGB, § 113 GewO
§ 73 HGB, § 8 BBiG

Das Arbeitszeugnis

Berichtigung des Inhalts vor dem Arbeitsgericht einklagbar

einfaches Arbeitszeugnis

- enthält nur **Personalien** und **Angaben über Art und Dauer** der beruflichen Tätigkeit und der Aufgabengebiete bzw. Sonderaufgaben (auch **„Arbeitsbescheinigung"** genannt)
- genügt nur als Arbeitsnachweis für Behörden, bei Hilfsarbeitern oder wenn mit einem schlechten Arbeitszeugnis zu rechnen ist

qualifiziertes Arbeitszeugnis

- enthält zusätzlich **Beurteilungen** und **Wertungen**, vor allem über: Arbeitsgüte – Arbeitsbereitschaft – Belastbarkeit – Fachkenntnisse – Selbstständigkeit – Verantwortungsbereitschaft – Verhalten gegenüber Vorgesetzten und Mitarbeitern – Umgang mit Kunden – Führung von Mitarbeitern u. a.

Problem

Es gibt für die Beurteilung von Verhaltensweisen **keine objektiven und allgemein anerkannten Maßstäbe**. Sympathie oder Antipathie der beurteilenden Person sind ebenso wenig auszuschließen wie deren Unwissenheit über den Bewertungscode.

Beispiele

- Eine sehr gute Arbeitskraft will den Betrieb verlassen und verärgert dadurch den oder die Betriebsleiter/-in. Das Arbeitszeugnis fällt zwar nicht schlecht aus, doch wird die Arbeitskraft nicht so positiv beurteilt, wie sie es eigentlich verdient hätte.
- Im umgekehrten Fall könnte eine schlechte Arbeitskraft ein durchaus gutes Zeugnis erhalten, weil der Betrieb froh ist, wenn sie endlich geht. Sie wird, wie man sagt, „hinausgelobt".
- In einem Kleinbetrieb ist der Arbeitgeber dem Arbeitnehmer oder der Arbeitnehmerin wohlgesonnen und meint, ein gutes Zeugnis ausgestellt zu haben. Da er schon lange kein Zeugnis mehr erteilt hat, schreibt er unwissentlich Formulierungen, die in der Zeugnissprache als schlechte Beurteilungen gelten.

Lösung

Aus den genannten Gründen erheben immer wieder Arbeitnehmer Klage vor dem Arbeitsgericht wegen eines nach ihrer Meinung ungerechten Arbeitszeugnisses.
Im Laufe der Jahre haben sich bei der **Rechtsprechung** Grundsätze ergeben, die den Arbeitnehmer vor willkürlich und ungerecht formulierten Zeugnissen schützen sollen: **die drei „W" des Arbeitszeugnisses.**

Grundsätze des Arbeitszeugnisses

- **W**ahrheitsgrundsatz
- **W**ohlwollen für den Arbeitnehmer soll bestimmend sein.
- **W**eiterkommen im Beruf darf nicht unnötig erschwert werden.
  (Deshalb werden im Arbeitszeugnis eindeutig negative Aussagen vermieden und solche Beurteilungen verschlüsselt formuliert.)

6.1.1 Arbeitszeugnisse analysieren

Wer sein eigenes Arbeitszeugnis (oder sein Ausbildungszeugnis) erhält, muss es richtig deuten können, d.h., er muss gelernt haben, die verschlüsselten Informationen des Textes korrekt zu entschlüsseln. Dazu muss man wissen, dass es in einem Arbeitszeugnis **zwei Arten von verschlüsselten Informationen** geben kann. Die erste Art ist in jedem Arbeitszeugnis durch sorgfältige Analyse zu finden. Die zweite Art von versteckten Informationen ist eine eigene „Geheimsprache", die Sie auf Seite 143 kennenlernen werden.

1 Untersuchen Sie das Arbeitszeugnis auf der folgenden Seite mithilfe der unten stehenden sieben Analysepunkte. (Diese Untersuchung gelingt Ihnen, wenn Sie im Buch – oder bei geliehenen Büchern auf einer Kopie – Ihre Feststellungen mit den angegebenen Buchstaben und Ziffern markieren und mit unterschiedlichen Linien unterstreichen.)

2 Fassen Sie das Ergebnis Ihrer Analyse in einer geschätzten Gesamtnote für das ganze Zeugnis zusammen und vergleichen Sie diese mit den Ergebnissen Ihrer Mitschülerinnen und Mitschüler. Welche Erkenntnis lässt sich aus den unterschiedlichen Bewertungen ableiten?

Analysepunkte

1. Eine besonders genaue und vollständige Beschreibung der **Tätigkeiten und Funktionen** (a, b, c, ...) im Betrieb ist bereits eine positive Aussage.
2. Auch die zu beurteilenden **Fähigkeiten und Eigenschaften** (1, 2, 3, ...) sollten vollständig sein.
3. Besondere, für einen speziellen Beruf wesentliche Eigenschaften, die im Arbeitszeugnis nicht erwähnt werden, gelten als mit „ungenügend" benotet **(= „beredtes Schweigen")**.
4. Worte wie „im Allgemeinen", „in der Regel", „im Wesentlichen" setzen ein nachfolgendes Urteil oder eine Bewertung stark herab.
5. Eine gewisse Geheimsprache besteht darin, dass es eine Notenskala in verschlüsselter Form gibt.
   1 = Er/sie hat **stets** zu unserer **vollsten** Zufriedenheit ...
   2 = Er/sie hat **stets** zu unserer **vollen** Zufriedenheit ...
   3 = Er/sie hat zu unserer **vollen** Zufriedenheit ...
   4 = Er/sie hat zu unserer Zufriedenheit ...
   5 = Er/sie hat im Wesentlichen (im Großen und Ganzen) ...
   6 = Er/sie hat sich bemüht ...
   Erst die **sprachliche Höchststufe** (!) ist die Bestnote.

6. Auch die **Schlussformel** hat bewertenden Charakter. Fehlen hier die guten Wünsche für die weitere berufliche Zukunft, so ist das negativ und kann als Hinweis gelten, dass man im Streit auseinandergegangen ist.
7. Der **Grund für die Beendigung** des Arbeitsverhältnisses muss nicht angegeben werden. Als **positiv** gilt: „Herr/Frau X verlässt unser Unternehmen auf eigenen Wunsch." **Negativ** ist die Schlussbemerkung: „Wir haben uns im gegenseitigen Einvernehmen getrennt." (= ... „gefeuert") (Zum **Kündigungsschreiben**, s. S. 104/8.)

Beispiel: Arbeitszeugnis

Im Originalzeugnis:
BRIEFKOPF DER FIRMA

20..–01–31

ZEUGNIS

Herr Lars Thomas, geb. am 1. Januar 19..,
wohnhaft in Neustadt,
war vom 22. Oktober 19.. bis 31. Januar 20..
in unserer Abteilung Vorserienbau
als Karosseriebauer tätig.

Zu seinem Aufgabengebiet gehörten das selbstständige Anfertigen von Blechteilen aus Stahl und Aluminium, das Erstellen von Schablonen und das Anpassen der gefertigten Teile an die Karosserien. Herr Thomas hat Schweißarbeiten mit Schutzgasschweißgeräten an den Karosserien und Teilen ausgeführt. Die von ihm durchgeführten Arbeiten hat er zu unserer vollsten Zufriedenheit ausgeführt. Durch seine schnelle Auffassungsgabe, seine Pünktlichkeit und Zuverlässigkeit konnte Herr Thomas als verantwortlicher Arbeitsgruppenleiter eingesetzt werden. Diese Aufgabe hat er mit großem Interesse und Einsatz bestens gemeistert.

Sein Verhalten gegenüber der Geschäftsleitung war stets tadellos und einwandfrei. Bei seinen Kollegen war er als ruhiger, besonnener Fachmann geschätzt.

Herr Thomas verlässt uns auf eigenen Wunsch, um sich beruflich weiterzubilden. Wir wünschen Herrn Thomas für seinen weiteren beruflichen und privaten Lebensweg alles Gute.

Unterschrift

Ein Arbeitszeugnis muss sauber und ordentlich geschrieben sein, darf keine Flecken, Radierungen und nachträglichen Änderungen enthalten und muss vom Arbeitgeber auf einem Firmenbogen ausgestellt werden.
Entscheidung des Bundesarbeitsgerichts (AZ: 5 AZR 182/92).

Beispiel: Ausbildungszeugnis

Im Originalzeugnis:
BRIEFKOPF DER FIRMA

ZEUGNIS

über die Berufsausbildung

Frau Sabine Meister, geb. am 16. März 19.., wurde in unserem Hause in der Zeit vom 1. August 20.. bis 14. Juni 20.. zur Bankkauffrau ausgebildet.

Die in der Verordnung über die Berufsausbildung zum Bankkaufmann/zur Bankkauffrau geforderten Kenntnisse und Fertigkeiten wurden in verschiedenen Abteilungen und Geschäftsstellen sowie in praxisbegleitenden Seminaren und in der Berufsschule vermittelt.
Frau Meister hat sich die zur Erreichung des Ausbildungsziels erforderlichen Fachkenntnisse angeeignet.

Außerdem verfügt sie über die im Ausbildungsrahmenplan aufgeführten Fertigkeiten und hat diese bei der Bearbeitung von Geschäftsvorfällen nach Anweisung überwiegend selbstständig angewandt. Bei neuen Aufgaben und Situationen erkannte sie das Wesentliche und gab Sachverhalte ansprechend und verständlich wieder.

Ihr Verhalten war jederzeit einwandfrei.
Sie war aufgeschlossen, kontaktfreudig und trat sicher und höflich auf.
Frau Meister zeigte reges Interesse für neue Ausbildungsinhalte und Bereitschaft, sich diese anzueignen.
Sie erledigte die ihr übertragenen Aufgaben zu unserer vollen Zufriedenheit.

Nach Abschluss der Ausbildung haben wir Frau Meister gerne in das Angestelltenverhältnis übernommen.

20. Juni 20..   Unterschrift

6.1.2 „Geheimsprache" in Arbeitszeugnissen

Eine besondere Art der verschlüsselten Informationen in Arbeitszeugnissen ist die sogenannte „Geheimsprache". Sie spielt im beruflichen Alltag kaum eine Rolle, ist aber viel bekannter als die auf Seite 140 dargestellten Analysepunkte. Das liegt daran, dass über diese „Geheimsprache" in den Medien immer wieder berichtet wird. Nach einem aktuellen Urteil eines Landesarbeitsgerichts sind doppelbödige Formulierungen unzulässig.

Verschlüsselung	Bedeutung
Er hat alle Arbeiten ordnungsgemäß erledigt.	Er ist ein Bürokrat, der keine Initiative entwickelt.
Mit seinen Vorgesetzten ist er gut zurechtgekommen.	Er ist ein Mitläufer, der sich gut anpasst.
Sie war sehr tüchtig und wusste sich gut zu verkaufen.	Sie ist eine unangenehme Mitarbeiterin.
Wegen seiner Pünktlichkeit war er stets ein gutes Vorbild.	Er war in jeder Hinsicht eine Niete.
Wir haben uns im gegenseitigen Einvernehmen getrennt.	Wir haben ihm gekündigt.
Sie bemühte sich, den Anforderungen gerecht zu werden.	Sie hat versagt.
Sie hat sich im Rahmen ihrer Fähigkeiten eingesetzt.	Sie hat getan, was sie konnte, aber das war nicht viel.
Alle Arbeiten erledigte er mit Interesse.	Er war eifrig, aber nicht besonders tüchtig.
Er zeigte für seine Arbeit Verständnis.	Er war faul und hat nichts geleistet.
Wir lernten sie als umgängliche Kollegin kennen.	Viele Mitarbeiter sahen sie lieber von hinten als von vorn.
Sie ist eine durchaus zuverlässige (gewissenhafte) Mitarbeiterin.	Sie ist zur Stelle, wenn man sie braucht, allerdings ist sie nicht immer brauchbar.
Durch seine Geselligkeit trug er zur Verbesserung des Betriebsklimas bei.	Er neigt zu übertriebenem Alkoholgenuss.
Er war immer mit Interesse bei der Sache.	Er hat sich angestrengt, aber nichts geleistet. Man kann ihm nichts vorwerfen, aber man kann auch nichts von ihm erwarten.
Er bewies für die Belange der Belegschaft stets Einfühlungsvermögen.	Er sucht Sexkontakte bei Betriebsangehörigen.

§ 16 – Zeugnis (BBiG – Berufsbildungsgesetz)
(1) Ausbildende haben den Auszubildenden bei Beendigung des Berufsausbildungsverhältnisses ein schriftliches Zeugnis auszustellen. Die elektronische Form ist ausgeschlossen. Haben Ausbildende die Berufsausbildung nicht selbst durchgeführt, so soll auch der Ausbilder oder die Ausbilderin das Zeugnis unterschreiben.
(2) Das Zeugnis muss Angaben enthalten über Art, Dauer und Ziel der Berufsausbildung sowie über die erworbenen beruflichen Fertigkeiten, Kenntnisse und Fähigkeiten der Auszubildenden. Auf Verlangen Auszubildender sind auch Angaben über Verhalten und Leistung aufzunehmen.

1 *Analysieren Sie das Ausbildungszeugnis auf der vorhergehenden Seite.*

2 *Stellen Sie einer Mitschülerin bzw. einem Mitschüler ein Zeugnis aus.*

6.2 Medien reflektiert nutzen

6.2.1 Medienbeschäftigung in der Freizeit

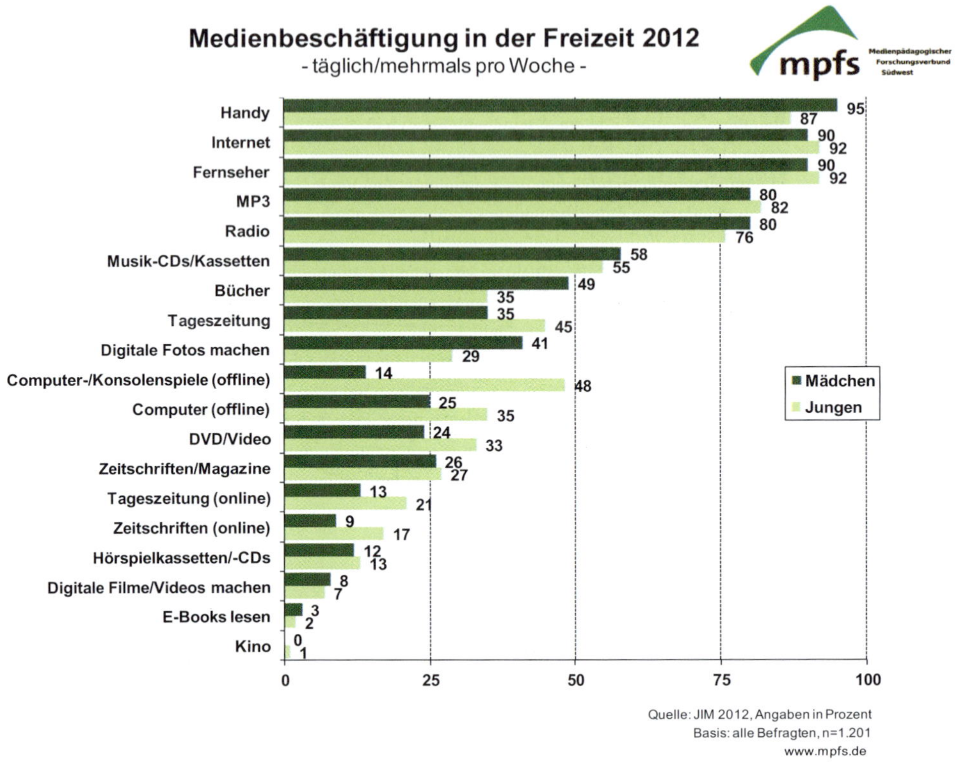

Die JIM-Studie, eine Studie zum Umgang mit Medien, zeigt, wie die 12- bis 19-Jährigen Medien in ihrer Freizeit nutzen.

1 *Im Schaubild sind die für junge Menschen wichtigsten Medien aufgeführt. Wie lassen sich die Unterschiede in der Nutzung von Medien zwischen Mädchen und Jungen erklären?*

2 *Welche Medien sind in Ihrem beruflichen und privaten Alltag von Bedeutung?*
- *Entwickeln Sie eine Übersicht (z. B. Tabelle oder Mindmap) an der Tafel.*
- *Führen Sie die Abfrage „Welche dieser Medien nutzen Sie täglich oder mehrmals in der Woche?" in der Klasse durch („Einpunktfrage", s. S. 57).*

3 ***Selbstbeobachtung:*** *Welche Medien nutzen Sie?*
- **a** *Vereinbaren Sie in der Klasse einen Zeitraum (z. B. ein bis zwei Wochen), in dem Sie ein „Tagebuch meiner Mediennutzung" führen. Legen Sie dazu eine Tabelle an. Aus Ihren Eintragungen sollte hervorgehen, zu welcher Tageszeit Sie z. B. fernsehen, wie lange Sie sich mit dem Medium beschäftigen und warum Sie das Gerät einschalten (z. B. zur Information, Unterhaltung).*
- **b** *Tauschen Sie sich in einer Kleingruppe über Ihre Gewohnheiten aus. Formulieren Sie Ihre Erkenntnisse und überlegen Sie sich, ob Sie an Ihren Gewohnheiten etwas ändern wollen und wie Sie das machen könnten.*
- **c** *Vergleichen Sie Ihre Selbstbeobachtung mit den Ergebnissen der JIM-Studie. Wo sehen Sie Gemeinsamkeiten, wo Unterschiede? Wie lassen sich die Unterschiede erklären?*

Web

Als Lösungshilfe zu Aufgabe 2 finden Sie je eine Mindmap-Vorlage für die berufliche und die private Mediennutzung unter BuchPlusWeb.

6.2.2 Mediensucht

Zocker auf Entzug – Im Heim für medienabhängige Kinder

Bis zu sechs Stunden sitzt Lukas jeden Tag vor der Glotze oder surft im Internet. Am liebsten guckt er Zeichentrickfilme auf RTL2 oder spielt am Computer „Kommissar Kugelblitz“. Für Hausaufgaben, Hobbys oder Treffen mit Freunden hat er schon lange keine Zeit und Lust mehr. Lukas ist medienabhängig. So lautet zumindest die Diagnose von Diplom-Psychologin Simone Trautsch, die den zwölfjährigen Jungen im Wichernhaus im Ostseeheilbad Boltenhagen therapeutisch behandelt.
[...]
„Wenn ein Kind mehr als vier Stunden täglich vor dem Flimmerkasten sitzt oder Computer spielt, dann zeigt es bestimmte Symptome wie Konzentrationsschwäche, Gereiztheit oder Schlafstörungen“, sagt Simone Trautsch. Wann genau es dann als medienabhängig diagnostiziert werden könne, müsse jedoch in jedem Fall individuell entschieden werden.

Die Bundeszentrale für gesundheitliche Aufklärung empfiehlt, dass Kinder zwischen zehn und 13 Jahren nicht mehr als 90 Minuten täglich fernsehen sollten, und weist gleichzeitig darauf hin, dass der durchschnittliche Fernsehkonsum bei Kindern dieser Altersgruppe bei täglich 108 Minuten liegt. In den USA wird sogar noch mehr geglotzt und im Internet gesurft. Dort gucken 26 Prozent der Kinder mindestens vier Stunden täglich Fernsehen, 67 Prozent der Kinder sitzen mindestens zwei Stunden pro Tag vor dem TV.

Anders als bei Alkoholabhängigkeit oder Drogensucht kann man die abhängigen Kinder nicht auf Cold Turkey setzen, sprich: ihnen ihre Suchtstoffe für immer verbieten. Das Problem des völligen Kontrollverlusts im Umgang mit den elektronischen Medien kann nicht durch Entzug geheilt werden, weil Medien in unserer heutigen Welt viel zu wichtig und allgegenwärtig sind.
„Der Fall liegt ähnlich wie bei der Magersucht“, erklärt Simone Trautsch, „aufs Essen kann man auch nicht vollständig verzichten. Wir müssen den Patienten daher einen verantwortungsvollen Umgang mit den Suchtstoffen beibringen, was natürlich viel schwieriger als totaler Entzug ist.“

Wenn die Eltern schlechte Gewohnheiten vorleben, ist es erst recht schwierig, den Kindern langfristig ein gesünderes Verhalten im Umgang mit den Medien anzugewöhnen.

Seit Sommer 2003 bietet das Kinderkurheim Wichernhaus die nach eigenen Angaben weltweit erste Therapie gegen Medienabhängigkeit und Spielsucht von Kindern an. Die Nachfrage ist groß, besonders in den Schulferien gibt es wochenlange Wartezeiten. Für die Kinder heißt das zunächst, dass sie ihre Gameboys zu Hause lassen sollten, wenn sie zu der vierwöchigen Therapie anreisen. Auch gibt es in dem Heim nur einen einzigen Computer, den die Kinder nicht länger als eine halbe Stunde pro Tag benutzen dürfen und auch dann nur zum E-Mailen – nach Spielen suchen sie hier vergeblich. Der Fernseher bleibt ebenfalls ausgeschaltet.

Kirsten Grieshaber

Grieshaber: Fluter

1 *Lesen Sie den Text aufmerksam durch.*

2 *Schreiben Sie die Ihnen unbekannten Wörter heraus. Klären Sie deren Bedeutung mithilfe eines Lexikons oder im Internet.*

3 *Beantworten Sie die folgenden Fragen zum Text in Stichworten:*
- **a** *Welche Anzeichen sprechen dafür, dass jemand medienabhängig ist?*
- **b** *Warum ist bei Medienabhängigkeit ein „Cold Turkey" keine Lösung?*
- **c** *Vergleichen Sie den Medienkonsum von Kindern in Deutschland mit dem von Kindern in den USA.*
- **d** *Welche Empfehlung gibt die Bundeszentrale für gesundheitliche Aufklärung für den Fernsehkonsum von Kindern?*
- **e** *Welche Maßnahmen werden in der Therapie ergriffen, um von der Medienabhängigkeit loszukommen?*

4 *Wählen Sie eines der nachstehenden Themen aus und bereiten Sie eine mündliche Stellungnahme (s. S. 50 ff.) vor. Notieren Sie sich die entsprechenden Stichworte auf einem Blatt:*
- **a** *Welcher Medienkonsum sollte Kindern von zehn bis 14 Jahren Ihrer Meinung nach erlaubt sein?*
- **b** *Was verstehen Sie unter einem verantwortlichen Umgang mit Medien bei Jugendlichen von 14 bis 18 Jahren?*
- **c** *Nehmen Sie Stellung zu den Maßnahmen, die zum Medienentzug ergriffen werden.*

Bilden Sie Kleingruppen, losen Sie die Reihenfolge aus und tragen Sie Ihre Stellungnahme vor. Geben Sie einander anschließend ein Feedback (s. S. 67).

6.2.3 Fragen zur eigenen Mediennutzung

Neue Untersuchungen stellen fest, dass Kinder und Jugendliche, die sehr viel am Computer spielen, schwache Leistungen in der Schule bringen und in gewissem Sinne zu verblöden drohen. Vormittags erlernte Inhalte der Schule werden nachmittags durch den Computer regelrecht gelöscht. Wie bei anderen Suchtmitteln auch, führt der Weg über die Gewohnheit hin zur zwanghaften Abhängigkeit.

1 *Prüfen Sie sich:*
- *Hat sich Ihr Freizeitverhalten verändert?*
- *Richtet sich Ihr Tagesablauf nach dem Fernseher oder dem PC?*
- *Ist Ihnen Fernsehen oder Spielen am PC oft wichtiger als Verabredungen mit Freunden oder die Gemeinschaft in der Familie?*
- *Haben Sie Auseinandersetzungen mit Ihren Eltern, Geschwistern oder Freunden wegen Ihres Medienkonsums?*
- *Werden Sie unruhig, wenn Ihr Medium für Sie nicht zugänglich ist?*
- *Haben Sie gesundheitliche Beschwerden (z. B. Augenschmerzen, Kopfweh) im Zusammenhang mit Ihrem Mediengebrauch?*

2 *Vergleichen Sie Ihre Antworten mit den Ergebnissen der JIM-Studie zur Medienbeschäftigung (s. S. 144).*

3 *Sprechen Sie mit einer Mitschülerin/einem Mitschüler über die Ergebnisse Ihrer Selbstprüfung.*

6.2.4 Persönliche Daten im Internet

„Du stehst auf blonde Frauen, oder?"

Ein französisches Magazin googelt sich Porträts zusammen und veröffentlicht sie.

Der Artikel fängt nett an. „Herzlichen Glückwunsch zum Geburtstag", wünschte der Verfasser, aber schon dann wird es gruselig: „Wir dürfen doch du sagen, Michel, nicht wahr? Gewiss, du kennst uns nicht. Aber wir wissen sehr viel über dich. Du bist heterosexuell und Single. Im Frühjahr hattest du eine Geschichte mit Claudia, charmant, kleine Brüste, kurzes Haar, schöne Beine." Dazu druckte das Magazin Bilder: Eine Umarmung am 31. Mai, Händchenhalten am 22. Juni.

Als der 29-jährige Michel aus Mérignac seine Geschichte in „Le Tigre" gelesen hatte, konnte er mehrere Nächte nicht schlafen. Danach entschloss er sich, gegen das Medium, das so ungeniert aus seiner Privatsphäre geplaudert hatte, zu klagen. Doch die Anwälte machten ihm wenig Hoffnung: Denn alles, was Le Tigre verbreitet hatte, war zuvor von Michel selbst ins Netz gestellt worden; auf Seiten wie Youtube, Facebook und Flickr. Aber erst der gedruckte Artikel hatte ihm vor Augen geführt, wie viel er von sich schon preisgegeben hatte.

Freiwillig löschte Le Tigre auf seinen Wunsch zumindest in der Online-Ausgabe die persönlichsten Dinge und anonymisierte die Handynummer. Für Michel sei es ein heilsamer Schock gewesen, sagt ein Redakteur des Magazins. „Die Naivität und der Exhibitionismus vieler Menschen sind grenzenlos."

Wißmann: Fluter, S. 14, gekürzt

1. *Klären Sie die Begriffe „Naivität" und „Exhibitionismus" und erläutern Sie, was der Redakteur mit dem letzten Satz sagen will.*
2. *Diskutieren Sie in Kleingruppen, was Menschen dazu bewegt, persönliche Informationen ins Netz zu stellen.*
3. *Sammeln Sie auf einer Metaplantafel die Gründe, die dafür (pro) und die dagegen sprechen (kontra), in sozialen Netzwerken wie „Schüler VZ", „Facebook" oder „Flickr" auch persönliche Daten und Erlebnisse bekannt zu machen.*
4. *Welche Risiken sind mit der Bekanntgabe persönlicher Daten verbunden?*
5. *Wie kann man sich vor dem Missbrauch persönlicher Daten schützen? Tragen Sie Informationen zusammen (s. Tipp) und bitten Sie eine Fachlehrerin oder einen Fachlehrer Ihrer Schule um Rat bezüglich des persönlichen Datenschutzes.*
6. *Gestalten Sie mit Ihren Erkenntnissen ein Plakat: „Persönliche Daten im WWW".*
7. *Sie stellen fest, dass die Firma We-Will-WEB Ihre persönlichen Daten oder Bilder verwendet, ohne dass Sie das erlaubt hatten. Verfassen Sie einen Brief an die Firma.*

Tipp

Weitere Informationen finden Sie unter: Verbraucherzentrale Nordrhein-Westfalen, in der Rubrik „Medien und Telefon", insbesondere unter „Datenschutz".

6.2.5 Gewalt in den Medien

Gewalt im Fernsehen

Auf allen Kanälen des öffentlich-rechtlichen und privaten Fernsehens nehmen Gewaltdarstellungen einen großen Raum ein. Etwa 70 Prozent der im Fernsehen gezeigten Todesfälle sind eine Folge von Gewalteinwirkung. Amokläufe Jugendlicher lösen immer wieder Diskussionen darüber aus, ob Kinder und Jugendliche durch Gewaltdarstellungen in den Medien zur Nachahmung angeregt werden.

Unter „Gewalt" wird jede absichtliche Handlung verstanden, die darauf abzielt, einen anderen körperlich oder seelisch zu verletzen.

1 *Bilden Sie Dreiergruppen. Reflektieren Sie gemeinsam die letzten drei bis vier Fernsehsendungen, die Sie gesehen haben.*
Tragen Sie Beispiele für Gewaltdarstellungen in eine Tabelle nach folgendem Muster ein:

Physische Gewalt	Psychische Gewalt	Verbale Gewalt

2 *Suchen Sie nach Erklärungen, warum die Darstellung von Konflikten in den Medien interessant ist.*

3 *Warum kann die Konfliktlösung durch Gewalt für den Zuschauer faszinierend sein?*

„Killerspiele"

In vielen Spielen für PC und Spielkonsolen geht es ausschließlich um gewalttätige Auseinandersetzungen: Es werden häufig Fantasiewesen gejagt und zur Strecke gebracht.

In sogenannten Ego-Shooter-Spielen sieht sich der Spieler als Verlängerung seiner Waffe. Er nimmt ein Ziel ins Visier und löst den „Schuss" aus. Für unter 16-Jährige sind diese Spiele von der USK (Unterhaltungssoftware Selbstkontrolle – eine freiwillige Selbstkontrolle der Medien/Produzenten) verboten. Aber fast 90 Prozent der 12-Jährigen haben solche Spiele schon selbst gespielt.

4 *Bilden Sie Kleingruppen zu je drei oder vier Schülerinnen und Schülern.*
- *Formulieren Sie in der Gruppe so viele Argumente für und gegen Ego-Shooter-Spiele, wie die Gruppe Mitglieder hat.*
- *Schreiben Sie jedes Argument in großer Schrift auf ein DIN-A4-Blatt.*
- *Legen Sie alle Blätter mit der Schrift nach unten in die Mitte Ihres Klassenzimmers.*
- *Dann zieht jede Schülerin/jeder Schüler ein Blatt.*
- *Lesen Sie einem Partner das Argument vor, das Sie gezogen haben, und bitten Sie ihn um eine kurze Stellungnahme hierzu. Dann nehmen Sie zu dem Argument Stellung, das Ihre Partnerin/Ihr Partner gezogen hat.*
- *Wechseln Sie nach circa drei Minuten den Partner und wiederholen Sie den Vorgang.*
- *Pinnen Sie alle Argumente an eine Metaplantafel.*
- *Ergänzen Sie die Sammlung um die Gesichtspunkte, die bei Ihren Gesprächen neu aufgetaucht sind.*

Sie haben nun eine gute Grundlage für eine mündliche oder schriftliche Stellungnahme.

6.2.6 Auswirkungen von Gewaltspielen

Und sie schaden doch!

Langzeitstudien: Gewaltspiele und Horrorfilme machen aggressiv

„Wie erdrossle ich meinen Gegner?" „Was weißt du über dich, wenn du noch nie geprügelt hast?" – So werben Computerspiele.

Worauf die Gehirnforschung schon seit Jahren hinweist, beweisen nun auch internationale Langzeitstudien der Medienforschung. Gewaltspiele und Horrorfilme machen aggressiv. Spiele- und Videoindustrie boomen. Kinder verwahrlosen, nicht nur sozial, sondern auch medial. Medien sind Vorbilder. Was dort gezeigt wird, machen Kinder und Jugendliche im positiven wie negativen Sinne nach. 30 Prozent der Fünftklässler spielen bereits Computerspiele, die erst für die 16- bis 18-Jährigen erlaubt sind.

Gewalttätiges Verhalten hakt sich im Hirn ein und wird zur Handlungsmaxime in Konfliktsituationen. Statt einzulenken, wird geboxt, getreten, der „Gegner" fertiggemacht. Handlungsmotor werden Hass und Rache. Die Studien der Universitäten Iowa/USA, Potsdam, Berlin zeigen einen direkten Zusammenhang zwischen Medienkonsum, aggressiven Verhaltensweisen, Verlust von Einfühlungsvermögen und Hilfsbereitschaft, zunehmender Isolation und Entfremdung von der Realität, aber auch schlechten Noten und höherer Lärmtoleranz. Noch mehr als Armut, soziales Milieu, Eltern-Kind-Beziehung beeinflussen aggressive Medien das Verhalten der Kinder. Nur die Mitgliedschaft in einer Gang hat noch fatalere Auswirkungen.

Trainingsstudien in Potsdamer Schulen zeigen, wie in siebten und achten Klassen nach regelmäßigem Konsum von Gewaltspielen die Fähigkeit zu Mitleidsfähigkeit und Hilfsbereitschaft deutlich abnimmt. Die Mädchen kommen bei den Untersuchungen besser weg, weil sie weniger Interesse an Spielen haben. Doch wenn sie spielen, verändert sich ihr Verhalten u. U. genauso ins Aggressive wie das der Jungen. Sie werden desensibilisiert[1] und verlieren ihre moralischen Wertvorstellungen.

Bisherige Maßnahmen sind fragwürdig. [...]

Altersbegrenzungen und Indizierung[2] greifen nicht, zumal die Unterhaltungsselbstkontrolle (USK) mit den Verbänden der Unterhaltungsindustrie zusammenarbeitet. Kriegsverherrlichende Spiele werden häufig als Strategiespiele auf den Markt gebracht. Altersbeschränkte Spiele können nicht mehr indiziert[3] werden. So wird das Jugendschutzgesetz elegant umgangen und das Geschäft mit den Gewaltspielen boomt weiter.

[...] Dr. Hopf, Schulberater in Oberbayern, fordert deshalb ein rigoroses Verbot von Gewaltspielen und eine unabhängige Instanz mit klaren Kriterien für die Indizierung. Medienerziehung funktioniert in erster Linie über das Elternhaus. Kinder sollen mit Kindern spielen und dabei die Wirklichkeit kennenlernen und nicht in virtuelle Welten abtauchen.

Michaela Schabel, Landshut

Michaela Schabel, Wirtschaftsspiegel, S. 5, leicht gekürzt

1 *Welche Auswirkungen haben Gewaltspiele auf Kinder und Jugendliche, die diese Spiele über einen längeren Zeitraum spielen?*

2 *Wie können Hersteller von Computerspielen das Jugendschutzgesetz umgehen?*

3 *Warum ist es schwierig, das Spielen von Gewalt- und Horrorspielen auf eine bestimmte Altersgruppe einzuschränken?*

4 *Worauf sollten Eltern achten, wenn ihre Kinder am Computer spielen?*

---

[1] *abgestumpft, die Empfindlichkeit herabgesetzt*

[2] *Verbot der Spiele*

[3] *auf die Liste der verbotenen Spiele gesetzt*

6.2.7 Nachrichten aus dem Fernsehen vergleichen

In einem Unterrichtsprojekt sollen die Informationen der Nachrichtensendungen „Tagesschau", „Heute", „RTL aktuell" und „SAT.1 Nachrichten" miteinander verglichen werden.

Dabei soll untersucht werden:

- **Die Informationsbreite:**
  - Über wie viele Ereignisse wird berichtet?
  - Welche Bereiche (z. B. Weltpolitik, Europa, nationale Politik, Wirtschaft, Verkehr, Kultur, Sport) werden berücksichtigt?
- **Die Informationstiefe:**
  - Wie viel Sendezeit hat der einzelne Informationsblock?
  - Wie ausführlich und detailliert wird berichtet?
  - Wie kurz bzw. wie lang sind die Beiträge?
  - Werden Standbilder oder Filmbeiträge verwendet?
  - Wird Werbung dazwischengeschaltet?
- **Die Informationsschwerpunkte:**
  - Welche Informationen werden besonders herausgestellt?
  - Welche Informationen werden durch einen Kommentar besonders gewichtet?
  - Über welche Ereignisse wird nicht berichtet?

Durchführung des Projekts:

1. Schritt: Entwickeln Sie in der Klasse einen Beobachtungsbogen für die Nachrichtensendungen. Beachten Sie dabei, dass die Zeit für Notizen sehr knapp ist.

2. Schritt: Teilen Sie die Beobachtung der Nachrichten in der Klasse auf, nach Möglichkeit sollten drei bis vier Schülerinnen oder Schüler einen Sender getrennt beobachten.

3. Schritt: Die Beobachtungen eines Senders werden miteinander verglichen und Beobachtungsfehler verbessert.
Die Ergebnisse werden in einer Übersicht zusammengefasst.
Daran anschließend stellt die Gruppe das Ergebnis der Klasse vor.

4. Schritt: Die Ergebnisse aller Beobachtungen werden in einer Gesamtübersicht zusammengefasst.

5. Schritt: In einer abschließenden Diskussion werden die Ergebnisse der Beobachtung bewertet und beurteilt. Welche Konsequenzen ergeben sich aus den Erkenntnissen für den persönlichen Umgang mit Informationen?

Tipp

Sie können das Projekt auch verändern und Ihren persönlichen Wünschen anpassen:
Übertragen Sie es auf überregionale Tageszeitungen und auf Zeitungen aus der Region. Oder vergleichen Sie die Informationen von Fernsehen, Rundfunk, Tageszeitung und Internet an einem bestimmten Tag.

6.3 Menschen durch Sprache beeinflussen

6.3.1 Werbung analysieren

1 *Wie gefällt Ihnen diese Werbung?*

2 *Recherchieren Sie online die Unterschiede zwischen einem klassischen Skateboard und einem Waveboard.*

3 *Untersuchen Sie diese Werbung mithilfe der Fragen 1 bis 10 auf Seite 152.*

4 *Analysieren Sie die in dieser Werbung verwendeten sprachlichen Mittel (s. dazu Frage 11 auf S. 152).*

5 *Kopieren Sie aus einer Zeitung oder einer Zeitschrift eine Werbeanzeige, die Ihnen besonders aufgefallen ist. Untersuchen Sie diese anhand der dazu passenden Fragen auf S. 152.*

---

[1] *Rädern*

Erschließungsfragen zur Analyse von Werbung

1. Was ist das Werbeobjekt (Produkt/Hersteller/Dienstleistung)?
2. Was ist auf dem Bild zu sehen (Bilddetails)?
3. Tauchen die folgenden **Hauptziele der Werbung („AIDA")** auf? Wie werden sie verfolgt?
   I. A(ttention): Aufmerksamkeit
   II. I(nterest): Interesse am Werbeobjekt wecken
   III. D(esire): Wunsch, das Werbeobjekt zu besitzen/in Anspruch zu nehmen
   IV. A(ctivation): Handlung, die zum Kauf führt
4. Welche Haupt- und Nebeninformationen enthält die Werbung?
5. Welche versteckten Werbebotschaften werden vermittelt?
6. Wie ist die Werbung aufgebaut? Welche Textelemente enthält sie (Headline, Haupttext, Slogan)?
7. Mit welchen Argumenten wird geworben?
8. Wer fühlt sich von dieser Werbung angesprochen (Adressaten/Zielgruppe)?
9. Welche **psychologischen Mittel** werden eingesetzt? Werden z. B.
   - Wunschvorstellungen/Schuldgefühle geweckt?
   - menschliche Triebe angesprochen (Selbstverwirklichungstrieb, Nahrungstrieb, Sexualtrieb, Geselligkeitstrieb, Freiheitstrieb, Geltungstrieb, Machttrieb, Spieltrieb etc.)?
10. Welche **Mittel zur Manipulation** des Betrachters/Lesers werden eingesetzt?
    - einseitige Informationen durch Weglassungen
    - Verharmlosung eines Problems
    - Verschleierung eines Sachverhalts
    - bewusste Verfälschung einer Information
11. Welche **sprachlichen Mittel** werden in den Textelementen der Werbung verwendet?

Wortwahl:
- Welche Sprachebene (Standard-, Umgangs-, Fach-, Gruppensprache) wird verwendet?
- In welcher Weise werden Verben, Adjektive und Substantive eingesetzt?

Satzbau: Welche der folgenden Auffälligkeiten zeigen sich beim Satzbau?
- **Ellipsen** (unvollständige Sätze), z. B. „Heute ein König"
- **Inversion** (ein Wort, das betont werden soll, steht am Satzanfang), z. B. „Mit uns gelingt die Zukunft!"

Satzarten: Welche Satzarten liegen vor?
- kurze Aussagesätze
- Imperative (Aufforderungssätze), z. B. „Komm, mach mit!"
- Fragesätze mit Antworten
- **Rhetorische Fragen**, auf die keine Antworten erwartet werden

Sprachliche Besonderheiten: Welche der folgenden Stilmittel werden eingesetzt?
- **Attribute** (Beifügungen) zur Aufwertung eines Begriffes, z. B. „das neue Persil"
- **Metaphern** (bildhafte Vergleiche), z. B. „die Stadt der Liebe"
- **Anglizismen** (englischsprachige Wörter oder Sätze)
- **Neologismen** (Wortneuschöpfungen), die Aufmerksamkeit erregen
- **Antithesen** (inhaltliche Gegensätze), z. B. „Aus dem Alten wird Neues."
- **Hyperbel** (Übertreibung), z. B. „Unsere Pkws halten tausend Jahre."
- stereotype Wortwiederholung, um eine Bezeichnung einzuhämmern
- Wort- oder Sinnspiele, z. B. doppeldeutige Wörter oder Sätze
- Anspielungen, z. B. auf eine Redensart
- Produktaufwertung durch Verbindung mit Begriffen aus Sport, Medizin, Technik etc.
- Reimformen, z. B. **Alliteration**/Stabreim (gleiche Anlaute) oder Endreim
- direkte Anrede des Lesers

6 *Nehmen Sie einen Fernseh-Werbespot auf und analysieren Sie diesen.*

Web

Einen Analysebogen für die Untersuchung von Werbespots und für Werbeslogans finden Sie unter BuchPlusWeb.

6.3.2 Manipulation erkennen

Sprache beeinflusst unser Denken und Handeln – auch ohne dass wir es merken. Wenn man Sprache gezielt einsetzt oder verändert, um bestimmte Zwecke zu erreichen, spricht man von Manipulation durch Sprache.
Wer nicht Opfer einer Sprachmanipulation werden will, sollte die Taktiken kennen, die dabei angewendet werden. Wir begegnen ihnen im privaten wie im öffentlichen Leben.
Diktaturen beispielsweise bedienen sich der Sprache, um ihre Weltanschauung (Ideologie) zu verbreiten und ihre Herrschaft zu festigen: In Schwarz-Weiß-Malerei wird der politische Gegner als Verbrecher beschimpft oder die Schuld an Missständen wird ganz pauschal dem politischen Gegner zugewiesen mit Behauptungen ohne Beweise.
Manipulation durch Sprache liegt aber auch dann vor, wenn negative Dinge sprachlich beschönigt ausgedrückt werden. In solchen Fällen spricht man von einem **Euphemismus** (Plural: Euphemismen).

Beispiele für Euphemismen

- In der Zeit des NS-Regimes verschleierten verharmlosende Wörter wie „Endlösung" (statt „Ermordung"), „Lebensraumerweiterung" (statt „Eroberungskrieg") oder „Endsieg" (statt „ausweglose Lage") die schlimme Realität.
- In der Wirtschaft werden Misserfolge oft positiv umschrieben: „Null-Wachstum" klingt besser als „Stillstand", die Formulierung „Umstrukturierungen im personellen Bereich" stellt eine Verharmlosung des Begriffs „Entlassungen" dar.
- Seit 1991 können die Bürger Vorschläge für das „Unwort des Jahres" einreichen. Gesucht werden dabei Wörter und Formulierungen aus dem öffentlichen Sprachgebrauch, die sachlich grob unangemessen sind und möglicherweise sogar die Menschenwürde verletzen. Eine unabhängige vierköpfige Jury der Universität Frankfurt am Main wählt aus allen Einsendungen schließlich das treffendste „Unwort des Jahres" aus. Parallel zur Aktion „Unwort des Jahres" gibt es auch die Suche nach dem „Wort des Jahres", die bereits seit 1977 läuft und charakteristische Worte auswählt, die ein Jahr im positiven Sinne geprägt haben.

Jahr	Unwort
1998	Sozialverträgliches Frühableben
1999	Kollateralschaden
2000	National befreite Zone
2001	Gotteskrieger
2002	Ich-AG
2003	Tätervolk
2004	Humankapital
2005	Entlassungsproduktivität
2006	Freiwillige Ausreise

Jahr	Unwort
2007	Herdprämie
2008	Notleidende Banken
2009	Betriebsratsverseucht
2010	alternativlos
2011	Dönermorde
2012	Opfer-Abo
2013	Sozialtourismus
2014	Lügenpresse
2015	Gutmensch

1 *Diskutieren Sie die folgenden Aussagen:*
„Manipulation ist normal, das macht doch jeder!"
„Wir haben nur die gute Sache im Blick, wenn wir die Menschen beeinflussen!"

2 *Begründen Sie, inwiefern die jeweiligen „Unwörter des Jahres" Sachverhalte beschönigen. Recherchieren Sie dazu im Internet unter www.unwortdesjahres.org die Hintergründe zu den einzelnen „Unwörtern".*

3 *Erkundigen Sie sich nach den jeweiligen „Wörtern des Jahres". Weitere Informationen finden Sie unter www.gfds.de.*

4 *Suchen Sie in Zeitungen, Zeitschriften und Fernsehen (z. B. Talkshows) nach weiteren Euphemismen und klären Sie deren Bedeutung.*

6.3.3 Angebliche Gewinnmitteilungen

Ein anderes Beispiel für alltägliche sprachliche Manipulationen sind angebliche Gewinnmitteilungen. Unbekannte (meist ausländische Briefkastenfirmen) versenden E-Mails oder Briefe, in denen dem Adressaten Gewinne versprochen werden. Generell sind diese Gewinne jedoch an bestimmte Bedingungen geknüpft und nicht garantiert. So sollten Gewinn-Versprechungen, die z. B. an den Kauf bestimmter Produkte gekoppelt sind, misstrauisch machen. Rechtlich gesehen sind Gewinnversprechen verpflichtend. Wer Verbraucher mit falschen Gewinnmitteilungen täuscht, kann strafrechtlich zur Verantwortung gezogen werden. Dennoch lohnt eine Klage in den wenigsten Fällen: Zum einen muss der Kläger die Prozesskosten vorfinanzieren, zum anderen bedeutet ein juristischer Sieg nicht unbedingt, dass man den Gewinn tatsächlich bekommt.

Betreff: Ihr Gewinn: 10 000 EUR in bar!
Von: annette.alphabet@abzj-gmbh.de
An: max.mustermannNG@net.de
Datum: 20.01.20.. (08:25 Uhr)

Sehr geehrter Herr Mustermann,

ich möchte Ihnen zu Ihrem Gewinn in Höhe von **10 000 EUR in bar** gratulieren.

Sie haben richtig gelesen: **10 000 EUR in bar!**

Nehmen Sie mich beim Wort und holen Sie sich Ihren Gewinn direkt bei uns ab.

Um die Feier auch richtig planen zu können, sind aber noch einige Informationen nötig: Teilen Sie mir bitte mit, wie Sie am liebsten anreisen wollen und ob Sie auch gerne vor Ort übernachten wollen. Am einfachsten rufen Sie mich unter folgender Telefon-Nummer an: 0190-01020304* und teilen mir Ihre Absichten mit.

Erfüllen Sie sich endlich Ihre Wünsche! Mit **10 000 EUR in bar!**

Es gratuliert Ihnen herzlichst

Ihre *Annette Alphabet* vom ABZJ-Team

Eine Anfahrtsskizze zur ABZJ GmbH finden Sie im Internet unter: www.abzj.de/anfahrtsskizze
* 24 Stunden erreichbar. Telefongebühren nur 2,86 EUR pro Minute aus dem deutschen Festnetz.

1 *Welche Informationen werden dem Empfänger der E-Mail gegeben? Welchen Eindruck vermitteln diese Informationen?*

2 *Mit welchen sprachlichen (Anrede, Wortwahl etc.) und formalen Mitteln (äußere Aufmachung) wird in der oben stehenden E-Mail versucht, den Adressaten zu manipulieren?*

3 *Welche Appelle sind in der E-Mail erkennbar und welche Wirkung wird damit beabsichtigt?*

6.4 Journalistische Texte

6.4.1 Die Zeitung

Ohne Zeitung
wären Sie nicht Ihr eigener Programm-direktor

Ohne Zeitung
wüssten Sie mehr vom britischen Unterhaus als von Ihrem Gemeinderat

Ohne Zeitung
wären Sie um ein Grundrecht ärmer

Ohne Zeitung
bekämen Sie nicht jede Woche so viele Filmangebote

Ohne Zeitung
hätte Ihre Meinung weniger Argumente

Ohne Zeitung
wäre das Naturschutz-gebiet nicht geschützt

In einer Werbekampagne deutscher Zeitungen wurden Argumente für die Zeitung als großformatige Anzeigen gedruckt. Hauptgrund für diese Anzeigenserie war die sich verschärfende Konkurrenzsituation auf dem Medienmarkt.

1 *Auf welche Aufgaben der Tageszeitung wird in den Anzeigentexten hingewiesen, die oben verkleinert wiedergegeben sind?*

2 *Worin sehen Sie Vorteile der Tageszeitung gegenüber dem Fernsehen?*

3 *Welche Unterschiede gibt es zwischen einer Abonnentenzeitung und einer Boulevardzeitung (Straßenverkaufszeitung)?*

4 *Welchen Zeitungstyp lesen Sie lieber? Welche Gründe spielen bei Ihrer persönlichen Wahl eine Rolle?*

6.4.2 Die Nachricht

Die anschaulichste Definition des Begriffs „Nachrichten" ist über 100 Jahre alt und wird John B. Bogart, dem Lokalredakteur der amerikanischen Zeitung „Sun", zugeschrieben. 1880 soll er über das Wesen von Nachrichten (engl. news) gesagt haben:

„When a dog bites a man, that's not news, but when a man bites a dog, that's news."

Dieser Grundsatz gilt für Journalisten bis zum heutigen Tage. Eine Nachricht muss die Aufmerksamkeit des Lesers erregen und ihm Neuigkeiten mitteilen.

Eine nicht so anschauliche, aber dafür genauere Definition von „Nachricht" lautet:

Eine Nachricht ist
1 eine sachliche Mitteilung
2 eines aktuellen Ereignisses
3 in einem bestimmten Aufbau.

1 Die Sachlichkeit verlangt die strenge Trennung von Nachricht und Meinung. Allerdings kann es kaum eine absolut objektive Nachricht geben, weil sich bei ihrer Entstehung subjektive Einflüsse nicht ausschalten lassen: Eine Nachricht wird übermittelt, ausgewählt, bearbeitet, gekürzt, umformuliert, hervorgehoben usw. In jedem Falle muss eine Nachricht dem Grundsatz der Wahrheit entsprechen.

2 Das Ereignis muss aktuell sein und allgemein interessieren. Es sollte so wiedergegeben werden, dass dem Leser alle **6 W-Fragen** beantwortet werden:
Was? Wer? Wann? Wo? Wie? Warum?
Zusätzlich wird die **Quelle** angegeben: der Name des Verfassers oder der Presseagentur.

3 Der äußere Aufbau einer Nachricht kann aus folgenden Elementen bestehen:
Schlagzeile – Untertitel – Vorspann (Lead) mit Kurzfassung – Einzelheiten.

Nach dem **inneren Aufbau** eines Nachrichtentextes unterscheiden Journalisten zwei Arten von Nachrichten:

1. **Harte Nachrichten** – Sie haben einen streng gegliederten Textaufbau. Das Wichtigste (die Hauptinformation) steht am Textbeginn, danach folgen die Zusatzinformationen, nach abnehmender Bedeutung geordnet. In solchen Nachrichten geht es um rein sachliche Ereignisse aus den Bereichen Politik, Wirtschaft, Kultur, Sport (Beispiel S. 157).
2. **Weiche Nachrichten** – Ihr Textaufbau ist frei gestaltet. Dabei können wichtige Informationen über den ganzen Text verteilt werden. Dadurch soll der Leser neugierig werden und den Nachrichtentext bis zum Ende lesen. Themen von weichen Nachrichten sind vor allem Ereignisse aus dem alltäglichen menschlichen Leben (Beispiele S. 93).

Beispiel: Nachricht

Rauschtrinken im Schullandheim

Sechs Schüler liegen in italienischem Krankenhaus

Lucca/Italien (ak) Bei einem Aufenthalt im Schullandheim in Lucca in Norditalien ist es zu Alkoholexzessen gekommen. Ein 15-jähriger Schüler wurde ohnmächtig auf der Toilette gefunden, fünf weitere, darunter zwei Mädchen, erlitten schwere Vergiftungen und werden ebenfalls im Krankenhaus in Lucca behandelt. Die anderen Jugendlichen kamen bereits wohlbehalten in Münster an. Noch bevor sie ihre Kinder zur Begrüßung umarmen konnten, bekamen die Eltern von den Lehrern volle Bierdosen und Whisky-Flaschen überreicht. Trotz Verbot hatten die Jugendlichen Alkoholika gebunkert. Sechs von 24 Schülerinnen und Schülern müssen noch eine Nacht im Krankenhaus verbringen und können dann von ihren Eltern in Italien abgeholt werden. Es wird geprüft, ob die beiden Lehrer ihre Aufsichtspflicht verletzt haben.

(Münsteraner Tagesblatt)

1 *Lesen Sie die Nachricht und fassen Sie kurz das Wichtigste zusammen.*

2 *Zeigen Sie an diesem Text den äußeren Aufbau einer Nachricht (s. S. 156).*

3 *Wie ist der innere Aufbau gestaltet?*

4 *Untersuchen Sie diese Nachricht:*
- *Ist der Sachverhalt vollständig dargestellt (sechs W-Fragen, Quelle)?*
- *Inwiefern ist die Objektivität gegeben?*

5 *Weil der Platz auf einer Zeitungsseite begrenzt ist, muss eine Nachricht manchmal gekürzt werden. Welche Stellen des Textes würden Sie in einem solchen Fall weglassen?*

6 *Wandeln Sie diese Nachricht in eine Kurznachricht um.*

7 *Verfassen Sie eine Nachricht zum Alkoholkonsum von 12- bis 17-jährigen Jugendlichen.*

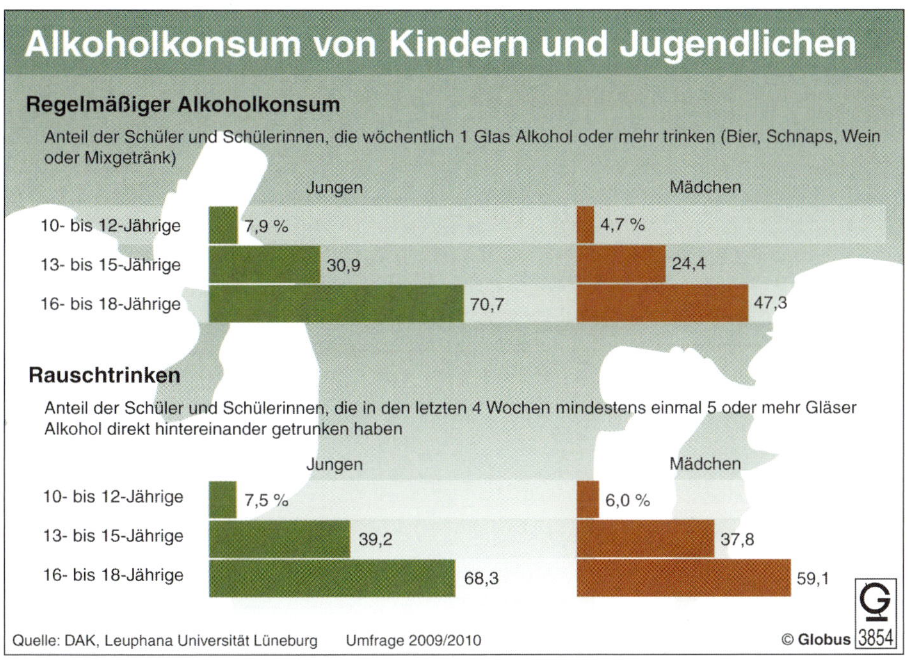

6.4.3 Der Kommentar

Die Trennung von Nachricht und Kommentar ist ein Grundsatz, den seriöse Tageszeitungen streng beachten. Wenn das Fernsehen Kommentare in Nachrichtensendungen einbettet, wird diese Trennung durch besondere Hinweise vollzogen. Die Absicht eines Kommentars ist es, den Leserinnen und Lesern bei der Bildung einer eigenen Meinung über einen Sachverhalt zu helfen. Zu diesem Zweck enthält der Kommentar die eigene Meinung des Verfassers und darüber hinaus die für das Verständnis der Zusammenhänge erforderlichen Informationen.

1 *Auf welche Weise wird in einer Nachrichtensendung des Fernsehens ein eingefügter Kommentar deutlich abgetrennt?*
Warum werden Nachricht und Kommentar klar voneinander getrennt?

2 *Wie lassen sich in einer Tageszeitung Nachricht und Kommentar unterscheiden?*

3 *Erläutern Sie anhand der folgenden Übersicht, warum der Kommentar eine Textsorte ist, in der sich Information, Meinung und Appell verbinden.*
Welches ist dabei das überwiegende Element?

Strukturbild eines Kommentars

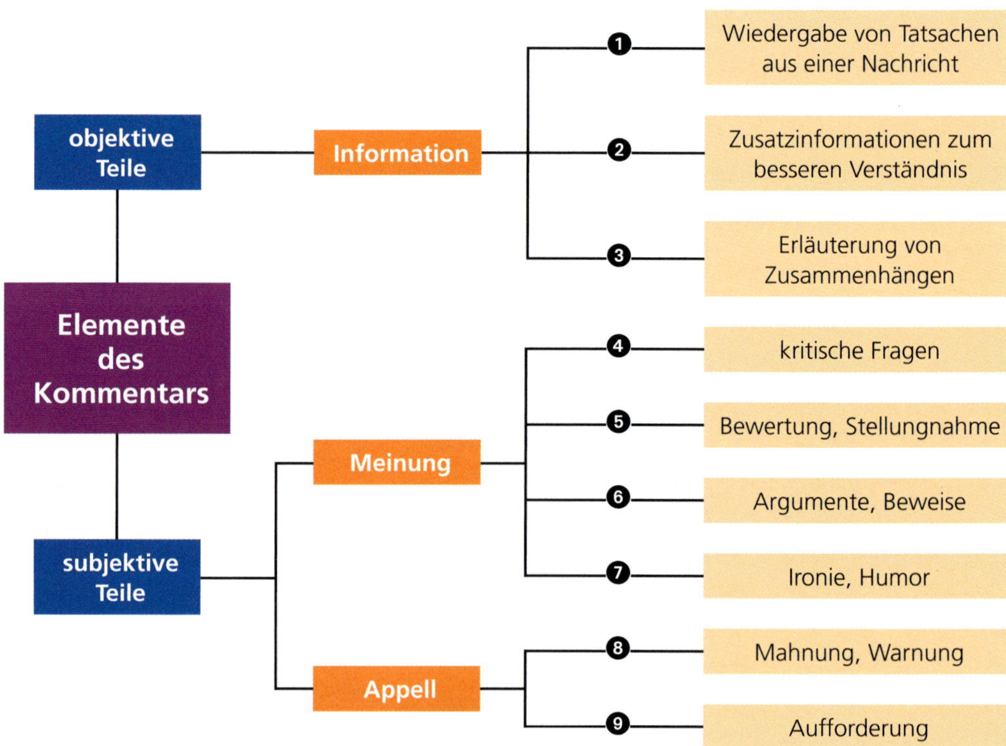

Beispiel: Kommentar

Nur Bock auf Bier?

A. Koch

Es sollte ein unvergessliches Erlebnis werden. Die Klassengemeinschaft sollte gestärkt, die kulturelle Bildung gefördert und die internationalen Erfahrungen sollten erweitert werden. Gemeinsam hatten Lehrer und Schüler die Fahrt ins Schullandheim vorbereitet. Doch alles kommt anders: Statt Stadtrundfahrt gibt´s Besuche in den regionalen Kneipen, statt Bootsfahrt nach Portovenere und Naturerlebnis am Mittelmeer Saufen bis zum Abwinken. Statt im Museum landeten sechs Schüler im Krankenhaus. Nur Bock auf Bier? Endet unsere Jugend im Suff?

20 Prozent unserer Jugendlichen trinken regelmäßig Alkohol und über 9 Prozent der Jungen und 8 Prozent der Mädchen sind akut suchtgefährdet.

Schullandheimaufenthalte gehörten schon immer zu den unvergesslichen Erlebnissen im Leben, auch getrunken wurde immer schon. Doch sich bis zum totalen Blackout zu betrinken, sich um seinen Verstand zu bringen, das war eher uncool, das galt als schwach. Sich um die Wette ins Koma saufen, das ist neu. Schlimm auch, dass Mädchen inzwischen gleichauf ziehen.

Haben die Eltern versagt? Wo waren die Lehrer, die diese Schullandheimfahrt begleiteten? Saßen sie gemütlich bei ligurischem Wein?

Wissen die Jugendlichen nicht, wie dramatisch die Folgen von Rauschtrinken sind? Leistungsabfall, Schädigungen des zentralen Nervensystems, Depressionen und Wahnvorstellungen, sexuelle Störungen und allen voran aggressives Verhalten sind die Folgen. Bei jeder zweiten Gewalttat, die von Jugendlichen begangen wurde, war Alkohol im Spiel.

Mit Aufklärungsbroschüren ist es offensichtlich nicht getan. Was wird den Jugendlichen vorgelebt? Eltern, die ihr regelmäßiges Quantum vor den Augen der Kinder konsumieren; Lehrer, die morgens mit Fahne kommen; der Bürgermeister beim großartig ritualisierten Fassanstich zur Eröffnung von Festen; Alkoholwerbung, die beim Sofa-TV-Sport zum Biertrinken animiert; Politiker und eine Bischöfin, die mit Alkohol im Blut erwischt werden.

Wie kann man dem „Bock auf Bier“ entgegenwirken? Hohe Preise und strenge Kontrollen beim Verkauf von Alkohol, massive und kontinuierliche Aufklärung von Eltern und Schülern in den Schulen, null Prozent Toleranz beim Motorrad- und Autofahren, Sport als fester Bestandteil des Schulalltags, systematische Aufklärung in den Schulen. Nichts geht jedoch über das Vorbild der Eltern, Lehrer, Vereinskameraden und insbesondere das von bekannten Persönlichkeiten aus Politik, Kultur und Sport.

Dann würde ein Schullandaufenthalt seinen Sinn erfüllen: Gemeinschaft erleben, Menschen und ihre Kultur kennenlernen.

Aus: Münsteraner Tagesblatt

1 *Lesen Sie den Kommentar und vergleichen Sie ihn mit der Nachricht auf S. 157.*

2 *Welche Einstellung hat der Kommentator zu dem Problem?*

3 *Nennen Sie die Textstellen, in denen der Kommentator seine Meinung äußert.*

4 *Welche Elemente eines Kommentars können Sie erkennen?*
Beschreiben Sie seinen Aufbau mithilfe des Strukturbildes auf S. 158.

5 *Schreiben Sie einen Leserbrief an das Münsteraner Tagesblatt, in dem Sie Ihre Meinung zu den Vorschlägen von A. Koch deutlich zum Ausdruck bringen. Lesen Sie Ihren Brief der Klasse vor und diskutieren Sie, ob er für eine Veröffentlichung geeignet wäre.*

6 *Suchen Sie in einer Zeitung eine Nachricht und verfassen Sie einen Kommentar dazu.*

6.5 Literarische Texte erschließen

6.5.1 Inhaltsangabe von literarischen Texten

Tobias und sein Freund Klaus haben beide den Thriller „Sakrileg" des amerikanischen Bestseller-Autors Dan Brown gelesen. Sabine hat noch nie von dem Roman gehört und möchte gerne wissen, worum es darin geht.

Klaus beginnt:

„Was, du kennst Dan Browns ‚Sakrileg' nicht? Der Roman wurde doch auch verfilmt! Schon 'ne Weile her, dass ich den Roman gelesen habe, aber ich bekomme den Inhalt noch zusammen. Also, da gibt es viele Verfolgungsjagden durch ein Pariser Museum, wo ja auch das berühmte Bild der Mona Lisa von Leonardo da Vinci hängt, neben vielen anderen Bildern. Dort ist der Museumsdirektor von einem Mönch ermordet worden. Um seinen Freunden zu helfen, hat der Museumsdirektor viele Hinweise versteckt, so etwa eine Geheimschrift auf der Mona Lisa. Jedenfalls versucht die Kirche, das zu verhindern und die beiden müssen ständig fliehen. Dann gehen sie in eine Bank, wo sie ein Kästchen bekommen ..."

Tobias fällt Klaus ungeduldig ins Wort:

„‚Sakrileg' handelt von der Jagd nach dem Heiligen Gral. Die Hauptperson des Thrillers, Robert Langdon, ist ein Wissenschaftler, der sich beruflich mit Verschwörungen und der Bedeutung von Symbolen beschäftigt. Eines Abends wird er in den berühmten Louvre von Paris gerufen, wo man den Museumsdirektor ermordet aufgefunden hat. Gemeinsam mit der französischen Polizistin Sophie versucht er, die Hintergründe dieses Mordes aufzudecken. Schon bald entdecken sie, dass sie sich auf der Spur des legendären Heiligen Grals befinden. Doch sie sehen sich auch Gegnern aus den Reihen der katholischen Kirche ausgesetzt, welche mit aller Macht versuchen, das Geheimnis um den Gral zu bewahren ... Wie der Roman ausgeht, das verrate ich dir nicht. Lies ihn selber!"

1 *Aus welchen Gründen unterbricht Tobias seinen Freund Klaus?*

2 *Vergleichen Sie die beiden Schüler-Beispiele. Wo erfahren Sie mehr über den Roman?*

3 *Unten ist der Text von der Rückseite des Romans abgedruckt. Was erfährt man darin über den Inhalt? Welche Absicht verfolgt der Verlag mit diesem Text? Was fällt Ihnen sprachlich auf?*

Eine entstellte Leiche im Louvre ...
Rätselhafte Zeichen in den Werken Leonardo da Vincis ...
Eine mächtige Geheimgesellschaft ...
Ein Mythos, der die Grundfesten der Kirche erschüttert ...
Der Roman über die größte Verschwörung der letzten 2000 Jahre

aus: Brown: Sakrileg, Klappentext

6.5.2 Beispiel einer Inhaltsangabe (Schülerarbeit)

Die folgende Inhaltsangabe der Kurzgeschichte „Geier“ (s. S. 163) stammt von einem Schüler. Er hat in einer Klassenarbeit beim Abschreiben des Konzeptes die inhaltliche Reihenfolge durcheinandergebracht.

1 Lesen Sie die Kurzgeschichte auf S. 163 und ordnen Sie die folgenden Textabschnitte der inhaltlichen Abfolge nach.

Schließlich treten bei ihm starke Schmerzen auf. Geschwächt verteidigt Harold seine Stellung trotz der Ratschläge seiner Kollegen, einen Arzt aufzusuchen. Ihm ist bewusst, dass andere Mitarbeiter auf seinen Posten aus sind. Nach einem Zusammenbruch am Wochenende wird Harold in ein Krankenhaus eingeliefert, wo er verstirbt. Die Arbeitskollegen erfahren davon erst, als sie zu Wochenbeginn wieder zur Arbeit gehen.

In einem Büro wird Harold, der zuvor zum Prokuristen befördert worden ist, von seinen Arbeitskollegen (als Wir-Erzähler der Kurzgeschichte) beobachtet. Dabei vergleichen sich seine Kollegen mit Geiern, die auf ihr Opfer lauern. Nicht Neid auf Harold sei es, weshalb sie ihn beobachten würden, sondern ausschließlich das Interesse, wie dieser mit seiner neuen beruflichen Situation fertigwerde.

Theo Schmich, 1935 in Essen geboren, arbeitete nach dem Studium als Chemie-Ingenieur. Viele seiner Erzählungen behandeln Probleme aus der Arbeitswelt. In der Kurzgeschichte „Geier“ (1974) geht es um den beruflichen Aufstieg und das Scheitern einer Führungsperson.

Sie sind sich einig, dass er es nicht schaffe, seiner Prokuristenstelle mit dem stets gleichen Elan[1] nachzukommen. Als Harolds Leistungen nachlassen und er starke körperliche Veränderungen zeigt, schlägt einer der Kollegen vor, dass er Urlaub machen solle. Harold ignoriert diese Empfehlung, um seine Stelle vor seinen Kollegen weiter zu behaupten.

Mit dieser Kurzgeschichte möchte der Autor darauf aufmerksam machen, dass beruflicher Aufstieg auch seinen Preis haben kann. Ich finde die Kurzgeschichte vor allem wegen des Vergleichs mit Geiern gut, gerade weil in unserer heutigen Zeit Mobbing oft eine Rolle am Arbeitsplatz spielt.

Unter den Kollegen macht sich Skepsis breit, ob Harold den neuen beruflichen Anforderungen gewachsen sei. Es dauert nicht lange, da zeigt sich Harold nicht mehr locker und freundlich, sondern zunehmend gereizt. Als Folge seines veränderten Verhaltens zuckt sein rechtes Augenlid. Jeglicher Wandel von Harolds Verhalten und Äußerem wird von seinen Kollegen registriert.

2 Lesen Sie die Anmerkungen zu Inhalt und Aufbau einer Inhaltsangabe im Überblick auf S. 162. Ordnen Sie zu: Einleitung – Hauptteil – Schluss.

3 Schreiben Sie eine Inhaltsangabe zu dem Text „Nora hat Hunger“ auf S. 168.

4 Verschaffen Sie sich mithilfe des Internets einen Überblick über aktuell erschienene Romane verschiedener Genres (Gattungen) wie Thriller, Fantasy, Science-Fiction, historische Romane etc. Wählen Sie ein Werk aus und stellen Sie es Ihren Mitschülerinnen und Mitschülern vor. Geben Sie den Inhalt wieder und begründen Sie, warum Sie die Lektüre empfehlen würden.

5 Schreiben Sie die Inhaltsangabe zu einem Kinofilm, der Ihnen besonders gefallen hat.

[1] *Schwung*

Überblick 6.5.3 Inhaltsangabe von literarischen Texten

Lernziele

Sie können
- Ihr Textverständnis ausdrücken, indem Sie Inhalt und Aussage von literarischen Texten schriftlich zusammenfassen,
- andere über den Inhalt literarischer Texte informieren,
- in einem Text Wichtiges von Unwichtigem unterscheiden.

So gehen Sie vor:

Arbeitsschritte

1. Text aufmerksam lesen und Sinnabschnitte markieren[1]
2. wichtige Stellen unterstreichen[1]
3. Kurzsätze bilden (z. B. als Randnotiz)[1]
4. Inhaltsangabe (Hauptteil) formulieren
5. Einleitung und Schluss ausformulieren

Dabei sollten Sie beachten:

Inhalt und Aufbau

Einleitung
Verfasser, Titel, literarische Form und Herkunft des Textes, Veröffentlichungsdatum, Inhaltskern in einem Satz als Vorinformation

Hauptteil
Informationen über
- die wesentlichen Gedanken des Textes
- äußere Merkmale (formaler Aufbau)
- den inhaltlichen Aufbau des Textes (Textstruktur)

Schluss
Bedeutung des Textes und Beurteilung der Wirkung auf den Leser

Sprache
Wiedergabe in eigenen Worten, wobei aber zentrale Begriffe des Vorlagetextes übernommen werden dürfen:
- klare, leicht verständliche Sätze, sachlicher Stil
- direkte Rede in indirekte Rede umwandeln
- Zeitform Präsens (Gegenwart)

1 Vergleichen Sie die Arbeitsschritte mit denen im „Überblick: Inhaltsangabe von Sachtexten“ auf S. 81. Wodurch unterscheidet sich die Inhaltsangabe literarischer Texte von der Inhaltsangabe von Sachtexten?

[1] *Bei geliehenen Büchern eine Kopie oder einen Notizzettel verwenden.*

6.6 Literarische Texte

Geier

Theo Schmich

Geier waren wir. Unser Opfer war Harold. Manchmal kommt mir alles im Traume wieder.

Wir hocken auf dem Rande unserer Büroschränke. Mit kahlen, hässlichen, lauernden Geierköpfen. Unter uns, an seinem Schreibtisch, Harold.

Mit seiner Beförderung zum Prokuristen[1] hatte Harolds Ende begonnen. Er strahlte an diesem Tage, schritt energiegeladen durch die Flure. Siegessicher. Er hatte es geschafft, er würde es weiterhin schaffen.

Wir, seine Kollegen, waren jenseits allen Neides. Längst schon hatte er uns überrundet, hatte seine Beförderung sich abgezeichnet. Unseren Neid hatten wir hinter uns gebracht, zu einem früheren Zeitpunkt. Und resigniert angesichts Harolds Energie. Jetzt standen wir auf. Nicht gegen Harold, sondern um aus sicherem Abstande seinen Kampf zu beobachten.

„Ob er es schafft?"

„Kaum. Zu viel Arbeit. Und es wird noch mehr, verlasst euch darauf!"

„Abwarten. Harold ist zäh."

Die Geier bezogen ihre Posten.

Schon bald nach seiner Beförderung erschien Harold verändert. Betont freundlich war er bisher gewesen, frei von Launen. Nun wurde er gereizt, fuhr seine Untergebenen an. Meist zwar fand er hinterher eine Entschuldigung. Doch war dies nur ein Beweis dafür, wie schwer ihm bereits die Kontrolle über sich selber fiel.

„Was habe ich gesagt? Es wird zu viel für ihn." Vielsagend zwinkerten wir uns zu.

Harolds rechtes Augenlid begann zu zucken. Es war nicht zu übersehen, dies ständig zuckende Augenlid. Bemerkte Harold es nicht? Jedenfalls sah er uns beim Gespräch unbefangen an, während wir Mühe hatten, ihm nicht ins Gesicht zu lachen. Es war zu komisch, dies zuckende Augenlid!

Dann wurde Harold wieder stiller. Nicht eigentlich, dass er seine Gereiztheit überwand. Nur ihre „Wogen" schlugen weniger hoch. Harold verlor an Energie.

„Er schafft es nicht", urteilten wir einmütig und wiegten dabei unsere Köpfe. Keine schadenfrohe Feststellung! Ein leidenschaftsloses Urteil.

Harold hetzte von einer Aufgabe zur anderen, konnte aber nie etwas vollständig erledigen, da sich hinter jeder dringenden Arbeit eine noch dringendere versteckte. Seine Gesichtszüge wurden schlaffer. Die Mundpartie bekam etwas Raubtierhaftes. Der Glanz seiner Augen wurde matter. Doch gleichzeitig verengten sie sich zu lauernden Spalten.

„Urlaub!", sagte einer von uns.

Mit geringschätzigem Staunen sahen wir ihn an. Erkannte er die Situation nicht? Einen Urlaub konnte Harold sich nicht leisten. Zwar, seinen Posten erobern, hätte keiner von uns vermocht. Aber wir hätten seine Stellung erschüttert während seiner Abwesenheit, ihm Befugnisse entrissen, uns Entscheidungen angemaßt. Geier, die auf eine Schwäche ihres Opfers warteten.

„Mein Arm schmerzt, meine Schulter", klagte Harold. Für einen Augenblick empfanden wir Mitleid. Ein klagender Harold, das war neu, das war ungewohnt. Alarmierend! Schmerzen im Arm, in der Schulter. Herz.

„Zum Arzt", sagten wir.

Harold sah uns an, durch uns hindurch. Nickte schließlich langsam, als hätte er begriffen, und ging müde zurück an seinen Schreibtisch. Und er hatte begriffen!

„Ruhe!", würde der Arzt anordnen. Teure Medikamente, jedes Medikament hätte Harold sich leisten können. Aber keine Ruhe. Eines nur gab es: durchhalten. Die Stellung festigen, ausbauen. Dann vielleicht: Ruhe. Andere drängten nach. Auch wir. Eine Schwäche von ihm hätte uns gestärkt. Harold wusste das.

An einem Freitag sahen wir ihn zum letzten Male. Samstags war er zusammengebrochen. Er hatte noch gelebt, als man ihn ins Krankenhaus schaffte. So jedenfalls hörten wir, als wir montags darauf zur gewohnten Arbeit erschienen.

aus: Karst (Hrsg.), Texte aus der Arbeitswelt, S. 81

Theo Schmich (*1935)
Geboren in Essen. Nach Schule und Studium wurde er Chemie-Ingenieur. Seine Kurzgeschichten haben vor allem die Arbeitswelt zum Thema.

[1] *Prokurist = Angestellter, dem Handlungsvollmacht (Prokura) übertragen wurde.*

Mobbing (engl. to mob = über jemanden herfallen): wiederholte böswillige Handlungen gegen eine Person am Arbeitsplatz. Die Person wird schikaniert, isoliert (Kontaktverweigerung) und denunziert (üble Nachrede).

1 *Warum wurde Harolds beruflicher Aufstieg auch sein Untergang?*

2 *Welche Gründe können dazu führen, dass sich Arbeitskollegen so verhalten?*

3 *Wie hätte Harold verhindern können, dass er nach seinem Aufstieg scheitert?*

4 *„Mobbing" nennt man das Verhalten von Kolleginnen und Kollegen, die gemeinsam ein einzelnes Mitglied der Belegschaft „fertigmachen" wollen. Stellt das Verhalten von Harolds Kollegen bereits eine solche Form von „Mobbing" dar?*

KREATIV schreiben

- Erzählen Sie die Vorgänge aus der Perspektive von Harold (Ich-Form).
- Unterbrechen Sie den Handlungsablauf an einer von Ihnen gewählten Stelle und erzählen Sie, wie das Leben Harolds eine Wende zum Positiven nimmt, z.B. durch Kooperation.
- Führen Sie mit Harold ein Interview.

Eine Maschine

Thomas Bernhard

Eine Maschine, die wie eine Guillotine ist, schneidet von einer sich langsam fortbewegenden Gummimasse große Stücke ab und läßt sie auf ein Fließband fallen, das sich einen Stock tiefer fortbewegt und an welchem Hilfsarbeiterinnen sitzen, die die abgeschnittenen Stücke zu kontrollieren und schließlich in große Kartons zu verpacken haben. Die Maschine ist erst neun Wochen in Betrieb, und den Tag, an welchem sie der Fabrikleitung übergeben wurde, wird niemand, der bei dieser Feierlichkeit anwesend war, vergessen. Sie war auf einem eigens für sie konstruierten Eisenbahnwaggon in die Fabrik geschafft worden, und die Festredner betonten, daß diese Maschine eine der größten Errungenschaften der Technik darstelle. Sie wurde bei ihrem Eintreffen in der Fabrik von einer Musikkapelle begrüßt, und die Arbeiter und die Ingenieure empfingen sie mit abgenommenen Hüten. Ihre Montage dauerte vierzehn Tage, und die Besitzer konnten sich von ihrer Arbeitsleistung und Zuverlässigkeit überzeugen. Sie muß nur regelmäßig, und zwar alle vierzehn Tage, mit besonderen Ölen geschmiert werden. Zu diesem Zweck muß eine Arbeiterin eine Stahlwendeltreppe erklettern und das Öl durch ein Ventil langsam einfließen lassen. Der Arbeiterin wird alles bis ins kleinste erklärt. Trotzdem rutscht das Mädchen so unglücklich aus, daß es geköpft wird. Sein Kopf platzt wie die Gummistücke hinunter. Die Arbeiterinnen, die am Fließband sitzen, sind so entsetzt, daß keine von ihnen schreien kann. Sie behandeln den Mädchenkopf gewohnheitsmäßig wie die Gummistücke. Die letzte nimmt den Kopf und verpackt ihn in einen Karton.

Bernhard, Thomas: Ereignisse, Berlin 1969, S. 23

Der Text folgt aus urheberrechtlichen Gründen der alten Rechtschreibung.

1. *Geben Sie den Inhalt der Erzählung in eigenen Worten wieder.*
2. *Wie verhalten sich die Arbeiterinnen vor bzw. nach dem Unfall?*
3. *Welche sprachlichen Besonderheiten (Satzbau, Wortarten etc.) fallen Ihnen auf? Stellen Sie einen Bezug zwischen Inhalt und Sprache her.*
4. *Setzen Sie den Text in einem szenischen Spiel um.*
5. *Nehmen Sie Stellung: Maschinen – Fluch oder Segen?*

Szenisches Gestalten: Das szenische Spiel

Beim „Szenischen Spiel" wird die Handlung eines literarischen Textes mittels **Pantomime**[1] und **Choreografie**[2] nachgespielt. Statt wörtlicher Rede können zum Text passende selbst erzeugte Geräusche oder Alltagsgegenstände wie Bleistift-Mäppchen eingesetzt werden.
Es empfiehlt sich, die Klasse in Kleingruppen (vier bis maximal sechs Spieler) einzuteilen, wobei jede Gruppe eigenverantwortlich die Rollen bzw. Aufgaben verteilt. Keine lange Vorbereitung, sondern **Improvisation**[3]! In der spontanen Vorführung liegt ein Reiz des szenischen Spiels.

Thomas Bernhard (1931–1989)
In Heerlen (Holland) geboren, war einer der bekanntesten österreichischen Schriftsteller nach 1945. Verfasser von Prosa (u.a. „Das Kalkwerk", 1970) und Dramen (u.a. „Heldenplatz",1988).

KREATIV schreiben

- Erzählen Sie die Geschichte ab Zeile 30 mit einem lustigen Ausgang neu. Versuchen Sie, den Schreibstil von Bernhard nachzuahmen.

[1] *Darstellung nur durch Gesichtsausdruck und Körpersprache*
[2] *gezielte Anordnung und Bewegung von Personen auf der Bühne*
[3] *etwas ohne lange Vorbereitung tun*

Dirk Kurbjuweit (*1962)
Geboren in Wiesbaden, war 1990 bis 1999 Redakteur der „Zeit", seit 1999 ist er Reporter beim „Spiegel". Er ist verheiratet, Vater von zwei Kindern und lebt in Berlin.
1998 und 2002 erhielt er den Egon-Erwin-Kisch-Preis für die beste Reportage.

Zweier ohne
(Textauszug)
Dirk Kurbjuweit

In der Novelle „Zweier ohne" wird die Geschichte von Johann, dem Ich-Erzähler, und Ludwig erzählt, deren Freundschaft über sieben Jahre lang wächst. Sie sind begeisterte Ruderer und Hoffnungsträger in ihrem kleinen Ruderverein. Doch dann treffen sie auf Zwillinge aus Potsdam und verlieren zwei Rennen nacheinander. Da entwickelt Ludwig einen Plan.

Ich sah ihn erst am Montag wieder, als wir zusammen trainierten. Wir fuhren Zweier ohne. Ich muss dazu vielleicht ein paar Dinge erklären. Der Zweier ohne ist ein besonderes Boot. Es gibt keinen Steuermann, deshalb Zweier ohne. Jeder hat einen Riemen, Ludwig zieht Backbord, ich ziehe Steuerbord. Weil jeder auf einer Seite zieht, müssen wir gleich stark sein, damit sich das Boot nicht im Kreis dreht. Zwar gibt es eine kleine Steueranlage, die der Schlagmann mit den Füßen bedient, aber je mehr er steuern, je mehr er Ungleichheiten austarieren muss, desto unruhiger läuft das Boot. Wir hatten gute Voraussetzungen für den Zweier ohne, wir waren gleich groß, gleich schwer, gleich kräftig, technisch gleich begabt, und wir waren Freunde, wir dachten gleich. In unserer ersten Saison im Zweier ohne gewannen wir jedes Rennen in der Leichtgewichtsklasse.

In unserer zweiten Saison bekamen wir neue Gegner, Zwillingsbrüder aus Potsdam. Zwillinge, besonders eineiige, sind für den Zweier ohne naturgemäß besonders geeignet. Wir verloren das erste Rennen, wir verloren das zweite. Am Abend danach, als wir bei Ludwig zu Abend gegessen hatten, sagte er, komm, wir gehen auf die Brücke. Wir hatten das lange nicht mehr gemacht, die Zeit der Spiele war längst vorbei. Ich folgte ihm hinauf, und wir gingen bis zur Mitte. Das Tal war dunkel, wir sahen die Lichter der Gehöfte und des Städtchens. Es herrschte wenig Verkehr. Ludwig zog sich den Zaun hinauf, bis er mit seinem Unterleib gegen die Kante des Zaunes drückte. So hielt er sich, es sah aus, als könne er beim nächsten Windzug eines Lasters nach vorne kippen. Wenn ich jetzt springen würde, sagte er, würdest du dann auch springen? Ich war genauso verzweifelt wie er, wir waren es nicht gewöhnt zu verlieren, aber das war kein Grund, sich umzubringen. Komm runter! sagte ich. Das ist gefährlich. Sag schon, sagte er, würdest du auch springen? Er drückte seine Arme ganz durch und presste nun die Oberschenkel gegen den Zaun. Ich hörte einen Laster in der Ferne. Lass das!, schrie ich. Er kam herunter, er packte mich an den Schultern. Du wärst nicht gesprungen, sagte er. Ein paar verlorene Rennen sind auch kein Grund, sich umzubringen. Aber diese verdammten Burschen sind Zwillinge, verstehst du, und wenn wir sie schlagen wollen, müssen wir auch Zwillinge sein. Wir können nicht zurück in ein gemeinsames Ei kriechen, aber wir können auf unsere Art gleich werden, mehr als bisher. Wir müssen immer das Gleiche tun, wir müssen immer das Gleiche wollen, wir müssen immer das Gleiche denken. Er schrie. Und wenn einer von uns einen Grund hat, von dieser Brücke zu springen, dann muss das auch ein Grund für den anderen sein, von dieser Brücke zu springen, verstehst du? Willst du das? Ich wollte. Ich war sehr glücklich an diesem Abend. Wir waren Freunde und jetzt würden wir Zwillinge werden.

Ich hoffe jedem ist klar, was es heißt, ein solches Angebot zu bekommen. Wir waren sechzehn, als er das sagte, wir fanden uns hässlich, wir fanden uns unerträglich, und wir hofften so, dass es Menschen gibt, die das anders sehen. Nie hat man größere Zweifel und nie größere Hoffnungen, in derart raschem Wechsel. Es ist kaum zu ertragen. Und dann kommt jemand und sagt: Ich will genauso sein wie du. Wie fantastisch das ist. Wie sicher einen das macht. Denn weil wir uns so unsicher waren, stellte jeder andere eine Bedrohung dar. Jede neue Jacke, die ein anderer trug, warf die Frage auf, ob damit nicht alle Jacken, die man selbst hatte, erledigt waren, ob man nicht sofort auch diese Jacke haben müsse. Wir lauschten jedem Wort nach, jeder Betonung, um herauszufinden, ob das nun das neue Wort, die neue Betonung werden könnte. Wir mussten schnell sein, wir waren sehr nervös. Einen Zwilling zu haben konnte einen von vielem befreien. Ein Zwilling, so verstand ich Ludwig, ist einer, der einen nie erschüttert, weil das, was er tut und sagt und trägt, immer auch das Eigene ist.

KREATIV schreiben

- „Wir verloren das erste Rennen, wir verloren das zweite." (Zeile 25 f.) Erzählen Sie ab dieser Stelle aus der Perspektive Ludwigs weiter.

Ich war von da an nur noch zum Schlafen zu Hause und auch das nicht immer. Fast jede wache Minute verbrachten wir miteinander, sahen fern, spielten dieselben Computerspiele, lasen Bücher gemeinsam, aßen gleich viel von denselben Gerichten, erzählten uns jeden Gedanken, damit er auch zum Gedanken des anderen werden konnte. Wir verloren noch zwei Rennen, der Rest der Saison ging an uns. Das war in dem Jahr, bevor wir mit Josefine schliefen.

Unser Bootshaus war klein und eng. Es gab nicht einmal Umkleideräume. Wir zogen uns in der Werkstatt um, wo es nach Schweiß und Dollenfett roch. Hier war auch unser Kraftraum, wir hatten nur eine Bierzeltbank und eine Hantel, deren Gewichte rosteten.

An der Decke hing ein Holzbrett, das wir bei Strecksprüngen berühren mussten. In der Bootshalle lagen ein Dutzend Boote, meist alte Kähne in Klinkerbauweise, zwei, drei Rennskiffs aus Kunststoff und unser Zweier ohne, das einzige neue Boot. Der Verein hatte es für uns gekauft, weil wir die Hoffnung des Vereins waren. Auf einem Hänger lag ein kleines Motorboot für den Trainer, aber wir fuhren meist ohne Trainer raus und arbeiteten nach eigenem Plan ...

aus: Kurbjuweit, Zweier ohne, S. 46–50

Als Johann später mit Ludwigs Schwester Vera schläft, versucht er das geheim zu halten. Ludwig scheint nichts zu merken, wird aber immer seltsamer. Statt zu fasten, um die notwendigen 62,5 Kilo für den Wettkampf zu halten, beginnt er maßlos zu fressen. Immer häufiger klettert er hinauf zur Autobahnbrücke. Von dort stürzen sich manchmal nachts die Selbstmörder und landen im Garten seiner Eltern. Schließlich wird Johann klar, dass Ludwig ihr Zwillingsgelübde bis über alle Grenzen hinaus austesten will.

1 *Wie unterscheiden sich die beiden Jungen in der Geschichte? Wer ist nach Ihrer Einschätzung der Willensstärkere von beiden?*

2 *Was verbindet die beiden Freunde?*

3 *Die beiden Jungen sind sehr vertraut miteinander. Suchen Sie die Textstellen heraus, an denen dies deutlich wird.*

4 *In Zeile 44 stellt sich dem Leser eine spannende Frage: Wie wird sich die Freundschaft zwischen den beiden Jungen entwickeln?*

5 *„Ich will genauso sein wie du“, sagt Ludwig zu Johann (Z. 77). Gibt es einen Menschen, dem Sie selbst ähnlich werden wollen, der für Sie ein Vorbild sein könnte?*

6 *Gestalten Sie eine **Collage** mit den Fotos von Personen, die für Sie als Vorbilder gelten. Schreiben Sie unter jedes Bild den Namen der Person und eine kurze Begründung, warum sie ein Vorbild ist. – Als Projektarbeit können Sie auch zusammen mit Ihren Mitschülerinnen und Mitschülern eine **Wandzeitung** gestalten, auf der die Vorbilder der ganzen Klasse eingefügt werden.*

KREATIV schreiben

- Schreiben Sie einen Tagebucheintrag, in dem einer der beiden Jungen auf die Schwierigkeiten der Freundschaft zurückblickt.

Sibylle Berg (*1962)
Geboren in Weimar, jobbte in verschiedenen Berufen, bis sie nach eigener Aussage das Gefühl hatte, alt genug zu sein, um Schriftstellerin zu werden. Heute lebt sie verheiratet in Zürich und schreibt Romane und Erzählungen, die in der Gegenwart spielen.

Nora hat Hunger

Sibylle Berg

Ich wiege mich jeden Morgen. Morgens ist es immer ein bisschen weniger. Seit einem halben Jahr esse ich nur noch Gurken, Äpfel und Salat. Alles ohne Zusätze, versteht sich. Zuerst war mir übel.
Ich hatte Bauchkrämpfe. Aber jetzt geht alles einfach. Wenn ich Essen rieche, habe ich keinen Hunger mehr. Mir wird direkt schlecht, wenn ich Essen rieche. Gestern waren es 40 Kilo. Ich bin 1,75 groß. Vielleicht wachse ich noch. Dünner werde ich auf jeden Fall. Ich habe es mir geschworen. Seit ich nicht mehr esse, brauche ich niemanden mehr. Meine Eltern sind fremde Personen geworden. Es ist mir egal, ob sie mich beachten oder nicht. Ich bin sehr stark. Meine Mutter hat geweint, neulich. Ich habe zugesehen, wie das Wasser ihr Make-up verschmiert hat. Ich bin rausgegangen. Es sah hässlich aus. Ich habe auch gesehen, wie dick sie ist. Sie sollte etwas dagegen tun. Ich verstecke mich in der Schule nicht mehr. Als ich noch dick war, bin ich in der Pause immer aufs Klo gegangen, damit sie mich nicht ignorieren können. Jetzt stehe ich offen da und denke mal, dass sie mich beneiden. Ich sehe noch immer nicht ganz schön aus. Ich bin noch zu dick. Die Arme sind gut, da ist kaum noch Fleisch dran. Ich finde Fleisch hässlich. Und die Rippen sieht man auch schon gut. Aber die Beine sind zu dick. Als ich noch richtig dick war, hatte ich irgendwie keine Persönlichkeit. Jetzt ist das anders. Ich bin innen so wie außen. Ganz fest. Mit einem Ziel ist keiner alleine, weil ja dann neben dem Menschen immer noch das Ziel ist. Ich kann mich noch erinnern, wie es war, dick zu sein. Mal ging es mir gut und im nächsten Moment musste ich heulen und wusste nicht, warum. Ich meine, das kam mir alles so sinnlos vor. Dass ich bald mit der Schule fertig bin und dann irgendeinen Beruf lernen muss. Und dann würde ich heiraten und würde in einer kleinen Wohnung wohnen und so. Das ist doch zum Kotzen. Mit so einer kleinen Wohnung, meine ich. Das kann doch nicht Leben sein. Aber eben, wie das Leben sein soll, das weiß ich nicht. Ich denke mir, dass ich das weiß, wenn ich schön bin. Ich werde so schön wie Kate Moss[1] oder so jemand. Vielleicht werde ich Model. Meine Mutter war mit mir bei einem Psychologen. Ein dicker, alter Mann. Mutter ließ uns allein, und er versuchte mich zu verarschen. Mich verarscht keiner so leicht. Ich hab so einiges gelesen, ich meine, ich kenne ihre blöden Tricks. Und der Typ war mal speziell blöd. „Bedrückt dich was?", hat er gefragt. Und so ein Scheiß halt, und ich habe ihn die ganze Zeit nur angesehen. Der Mann war echt fett und unter seinem Hemd waren so Schwitzränder. Ich habe nicht über seine Fragen nachgedacht. Ich meine, was soll ich einem fremden dicken Mann irgendwas erzählen. Einem Mann, der sich selbst nicht unter Kontrolle hat. Der frisst. Ich bin weggegangen und habe den Psychologen sofort vergessen. Ich habe ein Ziel. Ich habe vor nichts mehr Angst. Ich denke nicht mehr nach.
Das ist das Beste.

aus: Berg: Ein paar Leute suchen das Glück und lachen sich tot, S. 9–10

[1] **Kate Moss:** britisches Supermodel (*1974), das das „Dürrsein" zur Mode machte

1 *Welcher Problemkreis wird in diesem Text angesprochen?*

2 *Welches Ziel hat Nora? Was tut sie, um dieses Ziel zu erreichen?*

3 *Stellen Sie in zwei verschiedenen Standbildern dar, wie sich Nora vor ihrer Abnahme in der Schule gefühlt hat und wie sie sich jetzt fühlt.*
Diskutieren Sie die Ergebnisse der Standbilder.

4 *Beschreiben Sie die Beziehungen zwischen Nora und den Erwachsenen.*

KREATIV schreiben

- Stellen Sie sich vor, Nora wäre in Ihrer Klasse. Schreiben Sie einen Brief an Nora, in dem Sie ihr erklären, was Sie denken und fühlen, wenn Sie Nora sehen.
- Schreiben Sie auf, welche Gedanken Nora am Ende einer Woche ihrem Tagebuch anvertrauen könnte.

Methode Standbild

In einem Standbild versuchen Sie Typisches über (literarische) Personen allein über Ihre Gestik und Mimik auszudrücken. In einer Gruppe müssen dazu mindestens zwei Personen sein: ein Regisseur, der das Standbild entwirft, und eine Person, die sich „formen" lässt.

Kaffee verkehrt[1]

Eine zu wahre Geschichte

Irmtraud Morgner

Als neulich unsere Frauenbrigade[2] im Espresso am Alex Kapuziner trank, betrat ein Mann das Etablissement, der meinen Augen wohl tat. Ich pfiff also eine Tonleiter rauf und runter und sah mir den Herrn an, auch rauf und runter. Als er an unserem Tisch vorbeiging, sagte ich „Donnerwetter". Dann unterhielt sich unsere Brigade über seine Füße, denen Socken fehlten, den Taillenumfang schätzten wir auf siebzig, Alter auf zweiunddreißig. Das Exquisithemd zeichnete die Schulterblätter ab, was auf Hagerkeit schließen ließ. Schmale Schädelform mit rausragenden Ohren, stumpfes Haar, das irgendein hinterweltlerischer Friseur im Nacken rasiert hatte, wodurch die Perücke nicht bis zum Hemdkragen reichte, was meine Spezialität ist. Wegen schlechter Haltung der schönen Schultern riet ich zu Rudersport. Da der Herr in der Ecke des Lokals Platz genommen hatte, mussten wir sehr laut sprechen. Ich ließ ihm und mir einen doppelten Wodka servieren und prostete ihm zu, als er der Bedienung ein Versehen anlasten wollte. Später ging ich zu seinem Tisch, entschuldigte mich, sagte, dass wir uns von irgendwoher kennen müssten und besetzte den nächsten Stuhl. Ich nötigte dem Herrn die Getränkekarte auf und fragte nach seinen Wünschen. Da er keine hatte, drückte ich meine Knie gegen seine, bestellte drei Lagen Sliwowitz und drohte mit Vergeltung für den Beleidigungsfall, der einträte, wenn er nicht tränke. Obgleich der Herr weder dankbar noch kurzweilig war, sondern wortlos, bezahlte ich alles und begleitete ihn aus dem Lokal. In der Tür ließ ich meine Hand wie zufällig über eine Hinterbacke gleiten, um zu prüfen, ob die Gewebestruktur in Ordnung war. Da ich keine Mängel feststellen konnte, fragte ich den Herrn, ob er heute Abend etwas vorhätte, und lud ihn ein ins Kino „International". Eine innere Anstrengung, die zunehmend sein hübsches Gesicht zeichnete, verzerrte es jetzt grimassenhaft, konnte die Verblüffung aber doch endlich lösen und die Zunge, also dass der Herr sprach: „Hören Sie mal, Sie haben ja unerhörte Umgangsformen." – „Gewöhnliche", entgegnete ich, „Sie sind nur nichts Gutes gewöhnt, weil Sie keine Dame sind."

Irmtraud Morgner, Leben und Abenteuer der Trobadora Beatriz nach Zeugnissen ihrer Spielfrau Laura, dtv-Taschenbuch, München 1994

Irmtraud Morgner (1933–1990)
Wurde in Chemnitz geboren. Nach dem Germanistikstudium in Leipzig arbeitete sie in der ehemaligen DDR als Redakteurin und wurde danach freie Schriftstellerin.

[1] Kaffee, der mit mehr Milch als Kaffee serviert wird.

[2] kleine Arbeitsgruppe in einem Betrieb in der ehemaligen DDR

1 *Warum erzielt dieser Text bei Leserinnen oft eine andere Wirkung als bei Lesern? Wie wirkt er auf Sie?*

2 *Auf welches Problem will der Text aufmerksam machen?*
Welche Mittel setzt die Autorin ein, um das Problem bewusst zu machen?

3 *Wie der erste Satz erkennen lässt, entstand der Text in der Zeit der ehemaligen DDR. Hat er heute an Aussagekraft verloren?*

4 *Suchen Sie in diesem Text Merkmale der Satire.*

KREATIV *schreiben*

- Welche Wirkung hätte ein Wechsel der Männerrolle und der Frauenrolle in diesem Text? Erzählen Sie die Geschichte in dieser Weise um.

Die **Satire** greift Ideen, Vorstellungen, Denk- und Verhaltensweisen an, die aus der Sicht des Dichters verantwortlich sind für Missstände oder Ungerechtigkeiten. Das Gemeinte wird nicht direkt gesagt, sondern oft genau das Gegenteil. Der Satiriker verwendet Übertreibungen, macht lächerlich, was er kritisiert, und will erreichen, dass der Leser aufmerksam wird und nachdenkt. Satire kann in allen literarischen Textsorten vorkommen.

Federica de Cesco (*1938)
In Italien geboren, lebte als Kind in mehreren Ländern, seit 1962 in der Schweiz. Sie schreibt meist in französischer Sprache, die Völkerverständigung ist ihr ein großes Anliegen.

Spaghetti für zwei

Federica de Cesco

Heinz war bald vierzehn und fühlte sich sehr cool. In der Klasse und auf dem Fußballplatz hatte er das Sagen. Aber richtig schön würde das Leben erst werden, wenn er im nächsten Jahr seinen Töff bekam und den Mädchen zeigen konnte, was für ein Kerl er war. Er mochte Monika, die Blonde mit den langen Haaren aus der Parallelklasse, und ärgerte sich über seine entzündeten Pickel, die er mit schmutzigen Nägeln ausdrückte. Im Unterricht machte er gerne auf Verweigerung. Die Lehrer sollten bloß nicht auf den Gedanken kommen, dass er sich anstrengte.

Mittags konnte er nicht nach Hause, weil der eine Bus zu früh, der andere zu spät abfuhr. So aß er im Selbstbedienungsrestaurant, gleich gegenüber der Schule. Aber an manchen Tagen sparte er lieber das Geld und verschlang einen Hamburger an der Stehbar. Samstags leistete er sich dann eine neue Kassette, was die Mutter natürlich nicht wissen durfte. Doch manchmal – so wie heute – hing ihm der Big Mac zum Hals heraus. Er hatte Lust auf ein richtiges Essen. Einen Kaugummi im Mund, stapfte er mit seinen Cowboy-Stiefeln die Treppe zum Restaurant hinauf. Die Reißverschlüsse seiner Lederjacke klimperten bei jedem Schritt. Im Restaurant trafen sich Arbeiter aus der nahen Möbelfabrik, Schüler und Hausfrauen mit Einkaufstaschen und kleinen Kindern, die Unmengen Cola tranken, Pommes frites verzehrten und fettige Fingerabdrücke auf den Tischen hinterließen.

Viel Geld wollte Heinz nicht ausgeben; er sparte es lieber für die nächste Kassette. „Italienische Gemüsesuppe“ stand im Menü. Warum nicht? Immer noch seinen Kaugummi mahlend, nahm Heinz ein Tablett und stellte sich an. Ein schwitzendes Fräulein schöpfte die Suppe aus einem dampfenden Topf. Heinz nickte zufrieden. Der Teller war ganz ordentlich voll. Eine Schnitte Brot dazu, und er würde bestimmt satt.

Er setzte sich an einen freien Tisch, nahm den Kaugummi aus dem Mund und klebte ihn unter den Stuhl. Da merkte er, dass er den Löffel vergessen hatte. Heinz stand auf und holte sich einen. Als er zu seinem Tisch zurückstapfte, traute er seinen Augen nicht: Ein Schwarzer saß an seinem Platz und aß seelenruhig seine Gemüsesuppe! Heinz stand mit seinem Löffel fassungslos da, bis ihn die Wut packte. Zum Teufel mit diesen Asylbewerbern! Der kam irgendwo aus Uagadugu, wollte sich in der Schweiz breitmachen, und jetzt fiel ihm nichts Besseres ein, als ausgerechnet seine Gemüsesuppe zu verzehren! Schon möglich, dass so was den afrikanischen Sitten entsprach, aber hierzulande war das eine bodenlose Unverschämtheit! Heinz öffnete den Mund, um dem Menschen lautstark seine Meinung zu sagen, als ihm auffiel, dass die Leute ihn komisch ansahen. Heinz wurde rot. Er wollte nicht als Rassist gelten. Aber was nun?

Plötzlich fasste er einen Entschluss. Er räusperte sich vernehmlich, zog einen Stuhl zurück und setzte sich dem Schwarzen gegenüber. Dieser hob den Kopf, blickte ihn kurz an und schlürfte ungestört die Suppe weiter. Heinz presste die Zähne zusammen, dass seine Kinnbacken schmerzten. Dann packte er energisch den Löffel, beugte sich über den Tisch und tauchte ihn in die Suppe. Der Schwarze hob abermals den Kopf. Sekundenlang starrten sie sich an. Heinz bemühte sich, die Augen nicht zu senken. Er führte mit leicht zitternder Hand den Löffel zum Mund und tauchte ihn zum zweiten Mal in die Suppe. Seinen vollen Löffel in der Hand, fuhr der Schwarze fort, ihn stumm zu betrachten. Dann senkte er die Augen auf seinen Teller und aß weiter. Eine Weile verging. Beide teilten sich die Suppe, ohne dass ein Wort fiel. Heinz versuchte nachzudenken. „Vielleicht hat der Mensch kein Geld, muss schon tagelang hungern. Dann sah er die Suppe da stehen und bediente sich einfach. Schon möglich, wer weiß? Vielleicht würde ich mit leerem Magen ähnlich reagieren? Und Deutsch kann er anscheinend auch nicht, sonst würde er da nicht sitzen wie ein Klotz. Ist doch peinlich. Ich an seiner Stelle würde mich schämen. Ob Schwarze wohl rot werden können?“

Das leichte Klirren des Löffels, den der Afrikaner in den leeren Teller legte, ließ Heinz die Augen heben. Der Schwarze hatte sich zurückgelehnt und sah ihn an. Heinz konnte seinen Blick nicht deuten. In seiner Verwirrung lehnte er sich ebenfalls zurück. Schweißtropfen perlten auf seiner Oberlippe, sein Pulli juckte, und die Lederjacke war verdammt heiß! Er versuchte, den Schwarzen abzuschätzen. „Junger Kerl. Etwas älter als ich. Vielleicht sechzehn oder sogar schon achtzehn. Normal angezogen: Jeans, Pulli, Windjacke. Sieht eigentlich nicht wie ein Obdachloser aus. Immerhin, der hat meine halbe Suppe aufgegessen und sagt nicht einmal danke! Verdammt, ich habe noch Hunger!“

Der Schwarze stand auf. Heinz blieb der Mund offen. „Haut der tatsächlich ab? Jetzt ist aber das Maß voll! So eine Frechheit! Der soll mir wenigstens die halbe Gemüsesuppe bezahlen!“ Er wollte

Rechtschreibung:
Spaghetti, auch: Spagetti

aufspringen und Krach schlagen. Da sah er, wie sich der Schwarze mit einem Tablett in der Hand wieder anstellte. Heinz fiel unsanft auf seinen Stuhl zurück und saß da wie ein Ölgötze. „Also doch: Der Mensch hat Geld! Aber bildet der sich vielleicht ein, dass ich ihm den zweiten Gang bezahle?“

Heinz griff hastig nach seiner Schulmappe. „Bloß weg von hier, bevor er mich zur Kasse bittet! Aber nein, sicherlich nicht. Oder doch?“

Heinz ließ die Mappe los und kratzte nervös an einem Pickel. Irgendwie wollte er wissen, wie es weiterging.

Der Schwarze hatte einen Tagesteller bestellt. Jetzt stand er vor der Kasse und – wahrhaftig – er bezahlte! Heinz schniefte. „Verrückt!“, dachte er. „Total gesponnen!“

Da kam der Schwarze zurück. Er trug das Tablett, auf dem ein großer Teller Spaghetti stand, mit Tomatensauce, vier Fleischbällchen und zwei Gabeln. Immer noch stumm, setzte er sich Heinz gegenüber, schob den Teller in die Mitte des Tisches, nahm eine Gabel und begann zu essen, wobei er Heinz ausdruckslos in die Augen schaute. Heinz’ Wimpern flatterten. Heiliger Strohsack! Dieser Typ forderte ihn tatsächlich auf, die Spaghetti mit ihm zu teilen. Heinz brach der Schweiß aus. Was nun? Sollte er essen? Nicht essen? Seine Gedanken überstürzten sich. Wenn der Mensch doch wenigstens reden würde! „Na gut. Er aß die Hälfte meiner Suppe, jetzt esse ich die Hälfte seiner Spaghetti, dann sind wir quitt!“

Wütend und beschämt griff Heinz nach der Gabel, rollte die Spaghetti auf und steckte sie in den Mund. Schweigen. Beide verschlangen die Spaghetti. „Eigentlich nett von ihm, dass er mir eine Gabel brachte“, dachte Heinz. „Da komme ich noch zu einem guten Spaghetti-Essen, das ich mir heute nicht geleistet hätte.

Aber was soll ich jetzt sagen? Danke? Saublöde! Einen Vorwurf machen kann ich ihm auch nicht mehr. Vielleicht hat er gar nicht gemerkt, dass er meine Suppe aß. Oder vielleicht ist es üblich in Afrika, sich das Essen zu teilen? Schmecken gut, die Spaghetti. Das Fleisch auch. Wenn ich nur nicht so schwitzen würde!“ Die Portion war sehr reichlich. Bald hatte Heinz keinen Hunger mehr. Dem Schwarzen ging es ebenso. Er legte die Gabel aufs Tablett und putzte sich mit der Papierserviette den Mund ab. Heinz räusperte sich und scharrte mit den Füßen. Der Schwarze lehnte sich zurück, schob die Daumen in die Jeanstaschen und sah ihn an. Undurchdringlich. Heinz kratzte sich unter dem Rollkragen, bis ihm die Haut schmerzte. „Heiliger Bimbam! Wenn ich nur wüsste, was er denkt!“ Verwirrt, schwitzend und erbost ließ er seine Blicke umherwandern. Plötzlich spürte er ein Kribbeln im Nacken. Ein Schauer jagte ihm über die Wirbelsäule von den Ohren bis ans Gesäß. Auf dem Nebentisch, an den sich bisher niemand gesetzt hatte, stand – einsam auf dem Tablett – ein Teller Gemüsesuppe. Heinz erlebte den peinlichsten Augenblick seines Lebens. Am liebsten hätte er sich in ein Mauseloch verkrochen. Es vergingen zehn volle Sekunden, bis er es endlich wagte, dem Schwarzen ins Gesicht zu sehen. Der saß da, völlig entspannt und cooler, als Heinz es je sein würde, und wippte leicht mit dem Stuhl hin und her.

„Äh …“, stammelte Heinz, feuerrot im Gesicht. „Entschuldigen Sie bitte. Ich …“

Er sah die Pupillen des Schwarzen aufblitzen, sah den Schalk in seinen Augen schimmern. Auf einmal warf er den Kopf zurück, brach in dröhnendes Gelächter aus. Zuerst brachte Heinz nur ein verschämtes Glucksen zustande, bis endlich der Bann gebrochen war und er aus vollem Halse in das Gelächter des Afrikaners einstimmte. Eine Weile saßen sie da, von Lachen geschüttelt. Dann stand der Schwarze auf, schlug Heinz auf die Schulter.

„Ich heiße Marcel“, sagte er in bestem Deutsch. „Ich esse jeden Tag hier. Sehe ich dich morgen wieder? Um die gleiche Zeit?“

Heinz’ Augen tränten, sein Zwerchfell glühte und er schnappte nach Luft.

„In Ordnung!“, keuchte er. „Aber dann spendiere ich die Spaghetti!“

aus: de Cesco, Freundschaft hat viele Gesichter, S. 79

1 *Ist nach Ihrer Lebenserfahrung der Ausgang dieser Geschichte eher die Regel oder die Ausnahme?*

2 *Es wird an vielen Stellen erzählt, welche Gedanken Heinz durch den Kopf gehen. Suchen Sie diese Gedanken aus dem Text heraus.*

3 *„Aber was soll ich jetzt sagen?“, fragt sich Heinz (Zeile 146). Was hätte Ihrer Meinung nach Heinz in dieser Situation sagen können? Wie hätte er Kontakt aufnehmen können?*

KREATIV schreiben

- Formulieren Sie, was sich der Schwarze im Verlauf des Geschehens gedacht haben könnte. (Schreiben Sie seinen inneren Monolog auf.)
- Erzählen Sie die Geschichte ab Zeile 58 mit einem anderen (lustigen oder auch ernsten) Ausgang.
- Schreiben Sie aus der Sicht des Schwarzen einen Brief an seinen Bruder (oder seine Schwester), in dem er sein Erlebnis schildert. Schreiben Sie in Ichform.

7 Rechtschreibung/Zeichensetzung

7.1 Groß- und Kleinschreibung (Grundlagen)

Regel

Substantive (Hauptwörter) werden großgeschrieben: *Der Wald, die Farbe, das Klima, ein Dach, eine Frage, über Nacht, Rad (fahren), Angst (haben)*
An ihren **Endungen** erkennt man viele Wörter bereits als Substantive: *Frei**heit**, Heiter**keit**, Herr**schaft**, Verhäng**nis**, Hoffn**ung**, Reich**tum***

Fünf **Ausnahmen** bestätigen die Regel:
Zusammen- und Kleinschreibung, weil ohne substantivischen Sinn: *leidtun, eislaufen, kopfstehen, wundernehmen, standhalten*.
Dagegen mit substantivischem Sinn: *jemandem ein Leid zufügen, Ski laufen, auf dem Kopf stehen, Wunder wirken, einen schweren Stand haben*

Bei vielen Wörtern hat man die **Wahl zwischen Groß- und Kleinschreibung**: *zugrunde* oder *zu Grunde (gehen); infrage* oder *in Frage (stellen); achtgeben* oder *Acht geben; haltmachen* oder *Halt machen; recht/unrecht (geben, haben, bekommen, behalten)* oder *Recht/Unrecht (geben, haben, bekommen, behalten)*.
Beachte: „recht" im Sinne von „richtig": *Das ist mir recht.*

1 *Übertragen Sie die Sätze in der richtigen Schreibweise auf ein gesondertes Blatt. Die Anfangsbuchstaben wurden versetzt, damit sich kein falsches Wortbild einprägt.*

- **a** *Er wurde von der _ehrheit (mM) der _ereinsmitglieder (vV) zum _orsitzenden (vV) gewählt.*
- **b** *Jana muss darauf _chten (aA), dass sie noch die _cht (aA) _uro (eE) zurückzahlt, die sie ihrer _reundin (fF) Sybille schuldet.*
- **c** *Es tut mir _eid (lL), aber Kritik ist angebracht: Die _annschaft (mM) muss in Zukunft mehr _eistung (lL) zeigen. Derzeit ist sie nicht sehr _eistungswillig (lL).*
- **d** *Im _ürstentum (fF) Liechtenstein ist _eutsch (dD) die Amtssprache. Dies stellt niemand _nfrage (iI).*
- **e** *Jörg hat das _agnis (wW) unternommen, _llein (aA) im _ald (wW) zu übernachten. _kilaufen (sS) ist nicht nach Tamaras _eschmack (gG), sie möchte _islaufen (eE).*
- **f** *Alle Teilnehmer meinten, dass nur Frau Knapp für diese Aufgabe in _rage (fF) komme.*
- **g** *Auch wenn er jetzt _opfsteht (kK), ich mache jetzt _alt (hH), um _cht (aA) zu geben.*
- **h** *Er hatte _echt (rR), dass die Arbeit mit drei _tunden (sS) _echt (rR) lang dauerte.*

Regel

Jede Wortart kann zum Substantiv werden, wenn …

a ein **Artikel** dabeisteht: ***das** Gute, **im (in dem)** Guten*
b ein **Artikel** mitgedacht werden kann: *lautes **(das)** Rufen, langes **(das)** Warten*
c eine **Präposition** vorangestellt ist: ***bei** Rot anhalten, **durch** Kochen*
d ein **Pronomen** vorangestellt ist: ***sein** Lächeln, **unser** Geschäft*
e **Mengenangaben** davorstehen: ***alles** Gute, **viel** Schlechtes, **etwas** Sauberes, **genug** Süßes, **wenig** Ergiebiges, **nichts** Neues*

2 *Entscheiden Sie, ob die jeweiligen Wörter groß- oder kleingeschrieben werden.*
- **a** *Im _ertrauen (vV) gesagt, deine _hancen (cC) stehen gut, den _usbildungsplatz (aA) zu bekommen.*
- **b** *Nicht _ünschenswert (wW) ist ständiges _uspätkommen (zZ) von Schülern.*
- **c** *Nachdem sie _ange (lL) gewartet hatten, verloren sie die _eduld (gG).*
- **d** *Eure _elbst (sS) gestaltete _omepage (hH) kann mich zur _änze (gG) überzeugen, ich finde alles _ut (gG) an ihr.*
- **e** *Die _iederholte (wW) _orderung (fF), mehr Windräder zu bauen, ist in der Politik nichts _eues (nN).*
- **f** *Hauptsache ist, man hat genug _ssen (eE) und _rinken (tT) eingepackt, wenn man viel _andern (wW) will.*
- **g** *Es ist _ut(gG), stabile Schuhe zu tragen, wenn man lange _andern (wW) will.*

Regel

Präpositionen werden kleingeschrieben:
kraft ihres Amtes im Sinne von: *durch ihr Amt; dank seiner Hilfe* im Sinne von: *durch seine Hilfe;* mangels *eindeutiger Beweise* im Sinne von: *wegen fehlender Beweise;* angesichts *der Not* im Sinne von: *gegenüber der Not;* zeit *seines Lebens* im Sinne von: *während seines Lebens*
Folgende Präpositionen können **klein- und zusammengeschrieben oder getrennt und großgeschrieben werden:**
Mithilfe/mit Hilfe eines Wörterbuchs, vonseiten/von Seiten des Parlaments, aufseiten/auf Seiten der Regierung, aufgrund/auf Grund der Wirtschaftslage, anstelle/an Stelle meines Bruders, zugunsten/zu Gunsten der Behinderten, zulasten/zu Lasten der Verbraucher, imstande/im Stande sein, eine Maschine instand/in Stand setzen

3 *Schreiben Sie die Sätze ab und setzen Sie den richtigen Anfangsbuchstaben ein.*
- **a** *Die Heizung muss auf _rund (gG) eines Mangels _nstand (iI) gesetzt werden.*
- **b** *Wir sind jetzt _mstande (iI), das Problem mit _ilfe (hH) des Computers zu lösen.*
- **c** *Wegen deiner _eistung (lL) kommst du für diese Aufgabe _nfrage (iI).*
- **d** *Von _eiten (sS) des Betriebsrats wurde Kurzarbeit _nstelle (aA) von Entlassungen vorgeschlagen.*
- **e** *Wenn der Vertrag nicht _ustande (zZ) kommt, geht die Firma _ugrunde (zZ), und zwar zu _asten (lL) der Gläubiger.*

Regel

Adverbien (Umstandswörter) werden kleingeschrieben.
Sie hatte anfangs großes Interesse im Sinne von: *Sie hatte zuerst großes Interesse.*
Wir waren seinerzeit gute Freunde im Sinne von: *Wir waren damals gute Freunde.*
Es arbeitet heutzutage niemand mehr stundenlang umsonst.

4 *Groß- oder Kleinschreibung? Begründen Sie Ihre Entscheidung.*
- **a** *Während sie _nfangs (aA) noch Langeweile hatte, war sie _päter (sS) mehrere _inuten (mM) lang bei der Sache. So verstrich _tunde (sS) um _tunde (sS).*
- **b** *Da Joey jeden Tag _tundenlang (sS) im Internet surft, läuft er _eicht (lL) Gefahr, seine _ozialen (sS) Kontakte zu vernachlässigen.*
- **c** *Wer _agsüber (tT) viel auf den Beinen ist und Aufgaben erledigt, wird _achts (nN) in der _egel (rR) tief und fest schlafen können.*
- **d** *Er ist ein Kind _einer (sS) Zeit und das merkte man ihm am _nfang (aA) an.*
- **e** *Ständige _eiterbildung (wW) im Beruf ist _eutzutage (hH) das _(aA) und _(oO).*
- **f** *Beim _ufbauen (aA) des Zeltes gab es von _eginn (bB) an nur _chwierigkeiten (sS).*

7.2 Groß- und Kleinschreibung (Vertiefung)

Regel

Verben (Zeitwörter) können zu Substantiven werden

a durch einen dazugehörigen **Artikel**: ***das*** *Betreten,* ***ein*** *Lachen,* ***ein*** *Dröhnen*

b durch einen **mit einer Präposition verschmolzenen Artikel**: ***beim (bei dem)*** *Tanzen,* ***ins (in das)*** *Schleudern*

c durch bloße **Präposition**: ***vor*** *lauter Lachen,* ***durch*** *Massieren*

d durch **Pronomen**: ***dein*** *Schnarchen,* ***unser*** *Singen*

e durch einen **mitzudenkenden Artikel**: *Das Kind lernte* ***(das)*** *Gehen. Wir hörten* ***(ein)*** *lautes Schreien.*

1 *Schreiben Sie die folgenden Sätze ab und ergänzen Sie die fehlenden Buchstaben.*

a *In der Schwimmhalle herrschte ein ständiges _ommen (kK) und _ehen (gG).*

b *Wenn Teilnehmer beim _chwimmen (sS) _ehlen (fF), müssen sie ihr _ehlen (fF) sofort _ntschuldigen (eE). Das _ürfen (dD) sie nicht _ergessen (vV).*

c *Alles _ahnen (mM) war vergeblich, auch sein ständiges _rohen (dD) mit _trafen (sS) konnte nichts _ndern (äÄ). Es war zum _einen (wW).*

d *Sie reagierten darauf nur mit _achen (lL) und gingen _chlafen (sS).*

e *Es wäre falsch, jetzt etwas mit _chreien (sS) _rreichen (eE) zu _ollen (wW).*

f *Nur durch richtiges _rgumentieren (aA) kann man sie davon _berzeugen (üÜ), dass jeder _chwimmen (sS) können sollte, denn _chwimmen (sS) ist gesund.*

Regel

Adjektive (Eigenschaftswörter) können zu Substantiven werden, z. B.

a **durch** dazugehörigen oder mitgedachten **Artikel**: ***das*** *Gute,* ***der*** *Letzte*

b **durch Präpositionen (Verhältniswörter)**: ***mit*** *Rot anstreichen,* ***im*** *Großen und Ganzen,* ***ins*** *Blaue*

c durch **Pronomen (Fürwörter)**, vor allem die **Mengenangaben „alles, viel, etwas, wenig, nichts"**: ***diese*** *Kleine,* ***unser*** *Jüngster,* ***alles*** *Gute,* ***etwas*** *Wichtiges*

d als einmalige, oft fachsprachliche Bezeichnung: *das Rote Meer, die Deutsche Bahn, die Olympischen Spiele, der Heilige Abend, die Schwäbische Alb*

- bei geografischen Bezeichnungen zu erkennen an der **Endung „-er"**: *der Köln**er** Dom, das Ulm**er** Münster, das Wien**er** Schnitzel*
- bei **Endung „-isch"** Kleinschreibung: *die brit**ische** Krone, die schwäb**ische** Mundart*

Adjektive können in folgenden festen Verbindungen wahlweise groß- oder kleingeschrieben werden: *von neuem/Neuem, von weitem/Weitem, seit kurzem/Kurzem, seit längerem/Längerem, ohne weiteres/Weiteres*. Für den alltäglichen Sprachgebrauch empfiehlt sich die Großschreibung.

2 *Übertragen Sie die Beispielsätze in der richtigen Schreibweise auf ein Extrablatt.*

a *Unser _ltester (äÄ) ist bereits mit einer _olländischen (hH) Reisegesellschaft am _chwarzen (sS) Meer. Er ist bis auf _eiteres (wW) verreist.*

b *Das Kennzeichen des _oten (rR) Kreuzes ist ein _otes (rR) Kreuz im _eißen (wW) Feld, in der _anzen (gG) Welt bei _roß (gG) und _lein (kK) bekannt.*

c *Der _lügere (kK) gibt nach, auch wenn die Verkehrsampel auf _rün (gG) steht.*

d *Das _lmer (uU) Münster ist etwas _inmaliges (eE).*

e *So etwas _ummes (dD), bis zum nächsten _rsten (eE) reicht mein Geld nicht.*

f *Der Vertreter des _echnischen (tT) Hilfswerks hat uns über die _rste (eE) Hilfe manches _ützliche (nN) gesagt, das gefiel uns allen _ut (gG).*

g *Ich habe leider nichts _utes (gG) erfahren. Das ist nicht _rfreulich (eE).*

h *Auf der _rankfurter (fF) Automobilausstellung gab es wenig _eues (nN).*

Regel

Zeitangaben werden großgeschrieben
- wenn **„gestern, heute, morgen"** davorstehen: ***gestern*** *Abend*, ***heute*** *Nacht*, ***morgen*** *Nachmittag*
- wenn ein **Begleitwort** davorsteht: ***eines*** *Abends*, ***gegen*** *Morgen*, ***über*** *Nacht*, ***gute*** *Nacht*, ***zu*** *Mittag essen*, ***der*** *Morgen*

Zeitangaben werden kleingeschrieben
- wenn sie **kein Begleitwort** haben und **auf „-s" enden**: *morgen**s**, nacht**s**, dienstag**s** essen, (bis) abend**s** arbeiten*
- **Beachte:** bis morgen, morgen früh (auch: morgen Früh), die Technik von morgen

3 *Üben Sie die Schreibung der folgenden Zeitangaben.*
am _bend, guten _bend, heute _acht, gegen _ittag, über _acht, des _orgens, zu _bend essen, eines _orgens, jeder _bend, in der _acht, gestern _ormittag, bei _acht, jeden _bend, morgen _achmittag, jede _acht. Ich bin _orgens nicht zu Hause. Hast du _bends Zeit? Es hat _achts geschneit.

4 *Formulieren Sie mithilfe der folgenden Zeitangaben ganze Sätze.*
Dienstagabend, jeden Dienstag, dienstagabends, am Dienstagabend, immer dienstags, dienstags abends

Regel

Unbestimmte Zahlwörter werden kleingeschrieben, selbst wenn ein Artikel davorsteht. Sie gelten nicht als Substantive, sondern nur als eine Mengenangabe.
- Merken Sie sich die vier Wortstämme **„viel, wenig, ein, ander"** (in allen Formen und Steigerungen) und die Wörter **„ein bisschen, die beiden, ein paar"** (Unterscheiden Sie: Ein Paar Schuhe)
- **Hinweis:** Wenn Sie mit einem dieser Wörter etwas Substantivisches ausdrücken wollen (z. B. eine Personengruppe), können Sie dieses Wort auch großschreiben: Die Einen sagen dies, die Anderen das. Die Meisten stimmten meiner Meinung zu. Ich plane etwas ganz Anderes (= völlig Neues).

5 *Übung zur Wiederholung*
- **a** *Die _inen (eE) tappten den ganzen Tag über im _unkeln (dD).*
- **b** *Im _roßen (gG) und _anzen (gG) sind wir mit der Arbeit auf dem _aufenden (lL). Wir haben deshalb _reitags (fF) _achmittags (nN) frei.*
- **c** *Die _roßen (gG) freuten sich ebenso wie die _leinen (kK) über die Show.*
- **d** *Wir können die _brigen (üÜ) bis auf _eiteres (wW) in einem Zelt unterbringen.*
- **e** *Das war eine _reude (fF) für _ung (jJ) und _lt (aA), als die _eiden (bB) ihre Lieder sangen und der ganze Saal im _unkeln (dD) lag.*
- **f** *Die _enigsten (wW) wollten ihm glauben, dass er in seiner Schulzeit immer der _rste (eE) der Klasse gewesen war. Darüber ließ er uns im _nklaren (uU).*
- **g** *Herzlichen Dank im _oraus (vV), dass Sie mich über das _esentliche (wW) auf dem _aufenden (lL) halten wollen. Sie ist die _inzige (eE), die hilft.*
- **h** *In der nächsten Instanz werden die _nderen (aA) den _ürzeren (kK) ziehen.*
- **i** *Die Lehrerin bedauerte es ein _isschen (bB), dass die _eisten (mM) ihren Text nicht mehr ins _eine (rR) schreiben konnten.*

7.3 Worttrennung

am Zeilenende
Ein Wort kann **am Ende jeder Silbe getrennt** werden, die sich beim langsamen Sprechen erkennen lässt.
Beispiele: An – gel – ru – te, trin – ken, ab – rei – ßen, Lie – fe – rung, Städ – te, Emp – fang, Eu – ro – pä – i – sche Uni – on, Ei – er
Ein einzelner Vokal darf am Wortanfang oder -ende (auch in zusammengesetzten Wörtern) nicht getrennt werden:
Beispiele: *Acker, Bio-müll, Fei-er-abend, ge-gen-über, Kleie*

Trennung von „st"
s – t (ähnlich wie bei s – p: Wes – pe)
Beispiele: Wes – te, Fens – ter, Tas – te, Ins – tinkt

Trennung von „ck"
ck auf die nächste Zeile
Beispiele: Zu – cker – bä – cker, He – cke, Pa – ckung

Besonderheiten
Bei manchen Wörtern ist die Trennung nach den Sprechsilben oder nach der Zusammensetzung des Wortes erlaubt.
Beispiele: da – rum/dar – um, wa – rum/war – um, ei – nander/ein – ander
Diese doppelte Möglichkeit gilt auch für einige Fremdwörter:
inte – ressant/inter – essant, Indus – trie/Indust – rie, Qua – drat/Quad – rat, Ma – gnet/Mag – net, Pub – likum/Pu – blikum

Übung zur Worttrennung am Zeilenende

In der folgenden Übung machen Sie es bitte den Chinesen nach: Schreiben Sie von oben nach unten, jeweils nur eine Silbe in jede Zeile; wenn Sie unten auf der Seite ankommen, fahren Sie oben wieder fort. Beachten Sie dabei die Regeln zur Worttrennung.

Gestern Abend sahen wir ein interessantes Stück im Theater. Außer uns saßen noch viele junge Leute im Parkett. Alle waren begeistert. Zunächst trauten wir unseren Augen nicht: Fünf Fenster bildeten den Hintergrund der Bühne. Jedes war individuell gestaltet. Die Ausstattung des Bühnenraumes war einfach. Sie bestand nur aus einem Tisch und sechs Stühlen. Auch beim Theater üben Handwerker attraktive Tätigkeiten aus. Sie müssen stets neue Ideen verwirklichen.

7.4 Getrennt- und Zusammenschreibung

Es hängt vor allem von der Gesamtbedeutung des Wortes ab, wie etwas geschrieben wird. Gibt es eine Hauptbetonung, wird zusammengeschrieben, bei Doppelbetonung getrennt.
In vielen Fällen ist sowohl Zusammen- als auch Getrenntschreibung möglich.

- **Getrennt geschrieben wird in folgenden Fällen:**
  - wenn **ein Verb vor einem weiteren Verb** steht, z. B. spazieren gehen, lesen üben
  - **Verbindungen mit -bleiben und -lassen** können auch zusammengeschrieben werden, wenn sich aus der Fügung eine neue Bedeutung ergibt: *(auf dem Stuhl) sitzen bleiben / (in der Schule) sitzenbleiben, (die Jacke) hängen lassen / (jmdn.) hängenlassen.* Dasselbe gilt für *kennen lernen / kennenlernen* (= über jmdn. mehr erfahren).
  - wenn **ein Partizip vor dem Verb** steht, z. B. getrennt leben, getrennt schreiben
  - wenn **der erste Bestandteil ein Adjektiv** ist in der ursprünglichen Bedeutung, z. B. einen Aufsatz gut schreiben, eine Rede frei halten, ein Kind fest halten

- **Zusammengeschrieben wird in folgenden Fällen:**
  - wenn die **Verbindung von Adjektiv und Verb** eine ganz **neue Bedeutung** ergibt, z. B. einen Betrag gutschreiben, einen Gast freihalten, eine Behauptung richtigstellen
  - wenn das Wort mit **irgend** beginnt, z. B. irgendein, irgendwo, irgendetwas
  - wenn der erste Bestandteil in dieser Form als selbstständiges Wort nicht vorkommt, z. B. **fehl**schlagen, **feil**bieten, **weis**machen, **heim**kommen, **preis**geben
  - wenn der erste Bestandteil mit **-einander** oder **-wärts** gebildet ist und der Hauptakzent auf dem Adverb liegt, z. B. *aufeinanderliegen, aneinanderkleben, vorwärtsfahren.* Liegt der Hauptakzent auf dem Verb, wird getrennt geschrieben, z. B. aufeinander achten, aneinander denken, vorwärts einparken.

- **Wahlweise Getrennt- oder Zusammenschreibung in den folgenden Fällen:**
  - Ein einfaches Adjektiv (z. B. klein) steht vor einem Verb (z. B. schneiden) und beschreibt das Ergebnis einer Tätigkeit (z. B. klein schneiden / kleinschneiden). Weitere Beispiele: blau färben / blaufärben, glatt streichen / glattstreichen, leer trinken / leertrinken, kalt stellen / kaltstellen *(Hierbei beachten: Bei anderer Betonung nur Getrenntschreibung, z. B. Gemüse kleiner schneiden, ein Glas ganz leer trinken usw.)*
  - Ein einfaches Adjektiv gibt die Stärke oder den Umfang des nachfolgenden Wortes an, z. B. ein schwer verständlicher / schwerverständlicher Text, eine leicht verletzte / leichtverletzte Frau, eine dünn besiedelte / dünnbesiedelte Region, ein dicht bewölkter / dichtbewölkter Himmel. *(Aber nur getrennt, wenn eine weitere Bestimmung hinzukommt und dadurch anders betont wird, z. B. ein sehr schwer verständlicher Text, eine ganz dünn besiedelte Region.)*

Übung: Zusammen oder getrennt?

A Ich werde meine Rede frei/halten. – Ich werde den Platz für dich frei/halten.
B Die beiden Schüler muss man auseinander/setzen. – Mit ihm werde ich mich noch auseinander/setzen. Wenn er immer blau/macht, wird er sitzen/bleiben.
C Bei diesem Projekt sollten alle zusammen/arbeiten. – In diesem Zimmer werden wir zusammen/arbeiten. Wir werden darin dicht/gedrängt sitzen und miteinander/lernen.
D Diesen Irrtum werde ich richtig/stellen. – Die werden mich noch kennen/lernen.
E Der Lehrer darf die Lösung nicht vorher/sagen. – Ich kann doch das Wetter nicht vorher/sagen.
F Irgend/jemand wird den Termin bekannt/geben, wann wir heim/fahren können.
G Sie will im Beruf nicht stehen/bleiben, sondern vorwärts/kommen.
H Ihr könnt jetzt das Holz zusammen/tragen und es dann aufeinander/setzen.
I Er ist ein viel/versprechender Vertreter. – Er ist ein viel/versprechender Auszubildender.

7.5 Straßennamen

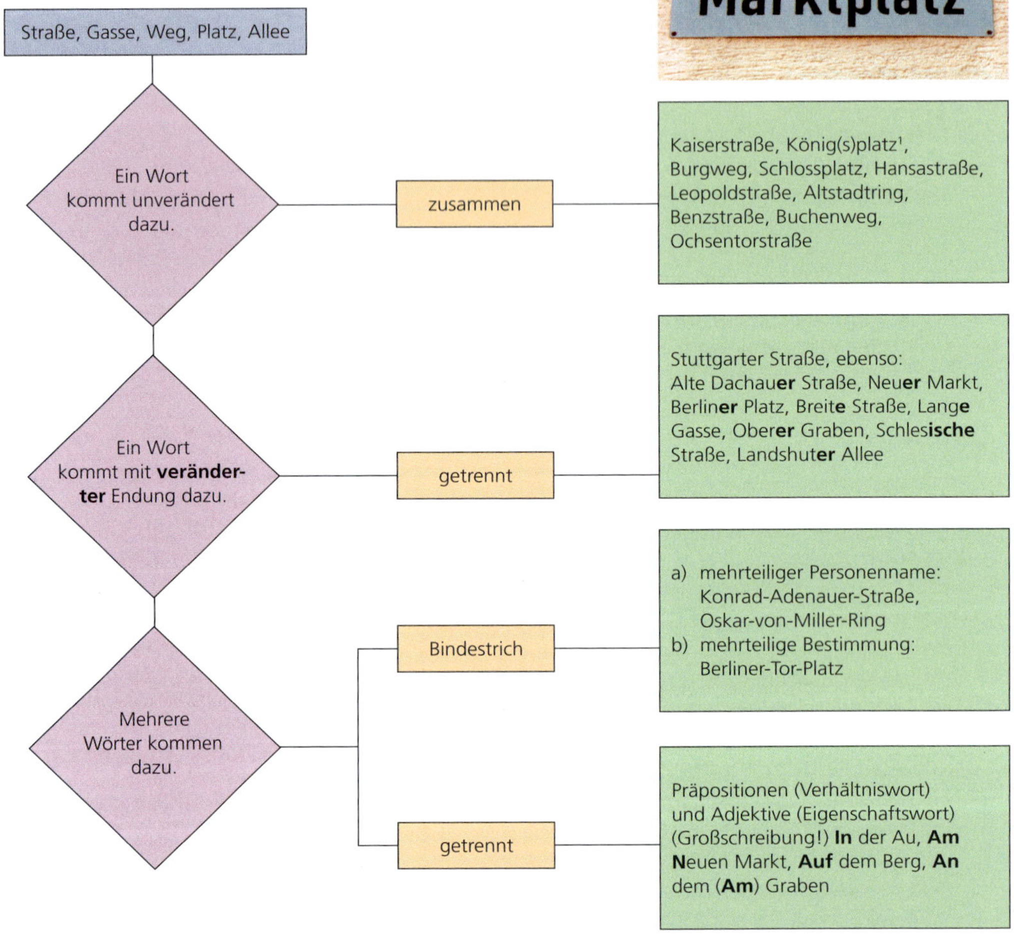

1 *Die Regeln über die Schreibweise von Straßennamen sind hier übersichtlich dargestellt. Formulieren Sie diese Regeln mit Ihren eigenen Worten. Erläutern Sie sie an einem Beispiel (z. B. Marktgasse – Neuer Markt – Am Neuen Markt).*

2 *Bilden Sie zu jeder Regel drei Straßennamen.*

3 *„Ulmerstraße“ wäre so eigentlich falsch geschrieben – oder in einem bestimmten Fall doch nicht?*

4 *Schreiben Sie die Straßennamen in der richtigen Weise:*
THEODORHEUSSALLEE – INDENGÄRTEN – MURRSTRASSE – Färberstrasse – RÖMERSTRASSE – FICHTENWEG – KONSTANZERSTRASSE – Südwestring – RICHARDWAGNERPLATZ – LEINENWEBERGASSE – MANNHEIMERALLEE – AUFDEMWALL – FürtherSTRASSE – IMALTENWEINBERG – PAPPELALLEE – AMSTADTGARTEN – OBERWALDSTRASSE – PETERUNDPAULPLATZ – BAHNHOFSTRASSE – Landgrabenstrasse – AMTURMBERGWEG

---

[1] *Ein eingefügtes „s“ spielt bei der Schreibung keine Rolle.*

7.6 Komma kompakt

Lernhilfe	Begründung	Beispiele
Komma vor und/oder • *darf nicht* stehen, ...	... wenn der nachfolgende Satz kein Subjekt hat.	Der Fahrer hält an und lädt die Steine ab.
• *kann* stehen, ...	... wenn der nachfolgende Satz ein Subjekt hat. (Wer?) Lange Teilsätze sind so leichter zu lesen.	Der Fahrer hält an(,) und **ein Arbeiter** lädt die Steine ab. Ich fotografierte die Berge(,) und **meine Freundin** lag in der Sonne. Kommst du zu uns(,) oder sollen **wir** dich abholen?
• *muss* stehen ...	... vor einer nachgestellten Bestimmung.	Hol das Paket ab, **und zwar** noch heute! Sie wurde gelobt, **und das** mit Recht.
vor Konjunktionen • Bei folgenden Bindewortpaaren müssen Kommas gesetzt werden, ... **bald – bald, teils – teils** **einerseits – andererseits** **nicht nur – sondern auch** (vor **sondern** immer ein Komma!)	... weil damit Satzteile gegenübergestellt werden.	Er wohnt **bald** hier, **bald** dort. **Einerseits** will ich helfen, **andererseits** habe ich selbst wenig Geld. Sie war **nicht nur** eine gute Spielerin, **sondern auch** eine faire Gegnerin. (Er war nicht im Betrieb, **sondern** zu Hause.)
• Kein Komma steht vor diesen Bindewörtern, ... **sowie** **sowohl – als auch** **weder – noch** **entweder – oder** **beziehungsweise (bzw.)**	... weil sie eng zusammengehörige Satzteile verbinden. (Für diese Wörter könnte auch **„und"** stehen.)	Tom **sowie** Jerry sangen. (= Tom **und** Jerry ...) **Sowohl** Tom **als auch** Jerry sangen. (= Tom **und** Jerry ...) **Weder** Tom **noch** Jerry sangen. (= Tom **und** Jerry sangen nicht.)
bei Aufzählungen • Eine Aufzählung von Wörtern der gleichen Wortart wird durch Kommas getrennt ...	... wenn sie nicht durch „und"/„oder" verbunden sind.	Er kauft Äpfel, Birnen, Trauben und Gurken. Ich kann bohren, fräsen, schweißen. Sie ist freundlich, zuverlässig, fleißig und intelligent.
• Kein Komma steht bei Gesamtbegriffen, ...	... weil dabei nicht aufgezählt wird.	neue technische Geräte eine wichtige politische Entscheidung ein altes englisches Auto
bei Partizipien • Bei Partizipformen (z. B. **lachend**, **gerechnet**) können manchmal Kommas gesetzt werden.	Partizipien können erweitert werden	
Bsp.: lachend – ohne Komma,...	... weil nicht erweitert	Lachend ging sie hinaus.
aus vollem Halse lachend – freie Wahl: ohne oder mit Komma, ...	... weil erweitert	Aus vollem Halse lachend(,) ging sie hinaus. Er erhält(,) grob gerechnet(,) fast die Hälfte.
• **Eine Ausnahme:** Ein Komma **muss** gesetzt werden bei einem zusätzlich hinweisenden Wort, ...	... weil das Komma die Sprechweise deutlich macht.	Laut schimpfend(,) ging er fort. Laut schimpfend, **so** ging er fort. **So**, ganz stark erkältet, arbeitete sie weiter.

Lernhilfe	Begründung	Beispiele
bei Infinitiven • Beim Infinitiv (Verb + **zu**) kann ein Komma gesetzt werden, … (wahlweise mit oder ohne Komma) • manchmal ist ein Komma sinnvoll, … • **Ausnahmen:** Ein Komma **muss** gesetzt werden, – bei einem hinweisenden Wort, … – bei um zu, ohne zu, statt zu, anstatt zu.	… um die Gliederung des Satzes deutlich zu machen. … um ein Missverständnis auszuschließen … weil das Komma die Sprechweise deutlich macht.	Er beschloss(,) zu fahren. Er beschloss(,) **heute** zu fahren. Er befiehlt(,) ihm sofort zu helfen. Er befiehlt ihm(,) sofort zu helfen. Sie versprach(,) ihrem Vater einen Brief zu schreiben. Sie versprach ihrem Vater(,) einen Brief zu schreiben. Wieder gesund zu werden, **das** war ihr einziger Wunsch. Mein Ziel ist **es**, bald ein Haus zu bauen. Er spielt Lotto, **um zu** gewinnen. Er tritt ein, **ohne** anzuklopfen.
bei Appositionen • Eine Apposition (= Zusatz) **muss** mit Kommas abgegrenzt werden, …	… weil dadurch der Satzaufbau deutlicher wird. … weil Missverständnisse verhindert werden.	Mein Bruder, **ein Fan des FC Bayern**, fährt nach München. München, **die Hauptstadt Bayerns**, ist das Ziel vieler Touristen. Michaela, meine Schwester, und ich kommen morgen zum Essen. (anders: Michaela, meine Schwester und ich …)
bei Teilsätzen • Aufeinanderfolgende Teilsätze werden durch Kommas getrennt. • Wenn sie mit „und“, „oder“, „entweder – oder“ usw. verbunden sind, kann das Komma auch weggelassen werden. (Freie Wahl)	Durch die Kommasetzung wird die Gliederung des Ganzsatzes erkennbar.	Ich kam, ich sah, ich siegte. Udo geht ins Kino, Heike besucht euch. Entweder er arbeitet sorgfältig(,) oder wir müssen ihn entlassen. Sie arbeitet gut(,) und wir sind mit ihr zufrieden.
bei Nebensätzen • **Zwischen Haupt- und Nebensatz** ist ein **Komma** zu setzen. • Einen Nebensatz erkennt man – an einem Bindewort (= Konjunktion), das ihn einleitet, z. B. **dass, denn, wenn, obwohl, weil, aber, als** – an dem fehlenden Sinn, wenn er allein gelesen wird. – an der Umstellungsmöglichkeit als Vorder-, Zwischen- und Nachsatz	Durch die Kommasetzung wird die Gliederung des Ganzsatzes erkennbar.	Ich freue mich, **dass** du kommst. Wir reisen ab, **wenn** der Urlaub vorbei ist. Sie liest das Buch, das ich ihr geschenkt habe. **Vordersatz:** **Weil** er krank war, hat er gestern gefehlt. **Zwischensatz:** Er hat, **weil** er krank war, gestern gefehlt. (Hier paariges Komma) **Nachsatz:** Er hat gestern gefehlt, **weil** er krank war.

Stichwortverzeichnis

Zuordnung der Kompetenzbereiche des Lehrplans zu den Buchkapiteln (Seiten)

Kompetenzbereich	Buchkapitel	Seiten
1: Kommunikation aufnehmen und gestalten	Kapitel 1	8 + 9
	Kapitel 2	10–20
	Kapitel 3	21–67
2: Informationen verarbeiten	Kapitel 4	68–99
3: Texte erstellen und präsentieren	Kapitel 4.3	76–81
	Kapitel 4.6	89–94
	Kapitel 4.7	95–97
	Kapitel 5	100–128
4: Verstehen von Texten und Medien weiterentwickeln	Kapitel 6	139–171
5: Interessen vertreten und verhandeln	Kapitel 3.1	21
	Kapitel 3.4	27–32
	Kapitel 3.5	33 + 34
	Kapitel 3.8	47–51
	Kapitel 3.9	52–55
	Kapitel 3.10	56–58
	Kapitel 3.11.2	61–67

Verzeichnis der BuchPlusWeb-Angebote

Textquellenverzeichnis

Berg, Sybille: Nora hat Hunger. In: Ein paar Leute suchen das Glück und lachen sich tot, Reclam Verlag, Leipzig 2001

Bernhard, Thomas: Eine Maschine. In: Ereignisse, Literarisches Colloquium, Berlin 1969, S. 23

Brown, Dan: Sakrileg. Aus dem amerikanischen übersetzt von Piet van Poll, Bastei Lübbe, Köln 2004

Cesco, Federica de: Spaghetti für zwei. In: Freundschaft hat viele Gesichter, Rex Verlag, Luzern und Stuttgart 1986, S. 79

Dudenverlag: Duden – Die deutsche Rechtschreibung, Mannheim, 25. Auflage

Grieshaber, Kirsten: Zocker auf Entzug – Im Heim für medienabhängige Kinder. In: Fluter, Magazin der Bundeszentrale für politische Bildung, Nr. 37 – Spiele, Mai 2005

Hauptverband der gewerblichen Berufsgenossenschaften (Hrsg.): Blickpunkt Arbeitssicherheit 12/1986

Kurbjuweit, Dirk: Zweier ohne. Kiepenheuer & Witsch, Köln 2003, S. 46–50

Löhr, Adolf: Lachen es gesond. Vertellches in bergischer Mundart, 2. Auflage, Staats, Wuppertal-Barmen 1978

Molcho, Samy: Körpersprache. Mosaik Verlag GmbH, München 1983, S. 20-21

Morgner, Irmtraud: Kaffee verkehrt – Eine zu wahre Geschichte. In: Leben und Abenteuer der Trobadora Beatriz nach Zeugnissen ihrer Spielfrau Laura, dtv-Taschenbuch, München 1994

Oberverwaltungsgericht Lüneburg: Beschluss vom 26.01.2010 (AZ: 2ME 444/09)

Schabel, Michaela: Und sie schaden doch! Langzeitstudien: Gewaltspiele und Horrorfilme machen aggressiv. In: Wirtschaftsspiegel, 5/2009, Deutscher Sparkassenverlag, Stuttgart

Schmich, Theo: Geier. In: Texte aus der Arbeitswelt, hrsg. von Theodor Karst, Reclam Verlag, Stuttgart 1974

Spiegel online: Alkoholvergiftung – mehr Jugendliche nach Vollrausch in Klinik (irb), unter http://www.spiegel.de/gesundheit/diagnose/alkoholvergiftung-komasaufen-nimmt-unter-jugendlichen-leicht-zu-a-881522.html [Zugriff: 14.08. 2013] (von den Autoren überarbeitet)

Statistisches Bundesamt: Tabellenband I zur Zeitbudgeterhebung, 2001/2002, Wiesbaden 2006

Stiftung Warentest (Hrsg.): Vorsicht beim Gebrauchtwagenkauf. In: test 11/2002, S. 12

Wißmann, Constantin: „Du stehst auf blonde Frauen, oder?" Ein französisches Magazin googelt sich Porträts zusammen und veröffentlicht sie. In: Fluter, Magazin der Bundeszentrale für politische Bildung, Nr. 31 – Medien, Sommer 2009

Zentrum für Europäische Wirtschaftsforschung (ZEW): Pressemitteilung vom 12.10.2010 des ZEW, unter http://www.zew.de/de/presse/1551/mit-gezielten-personalmassnahmen-sind-unternehmen-geruestet-fuer-den-demografischen-wandel [Zugriff: 15.08.2013]

Bildquellenverzeichnis

ADAC e.V.: S. 83; **akg-images, Berlin:** S. 165; **Axel Springer AG (BILD):** S. 68.2; **Back Journal Verlagsgesellschaft mbH, Osnabrück:** S. 20.5; **Bastei Lübbe AG:** S. 160; **Bibliografisches Institut GmbH, Dudenverlag, Berlin:** S. 68.7; **Bildungsverlag EINS GmbH, Köln:** S. 67, 68.3; **CHIP Communications, München:** S. 68.4; **Deutscher Fachverlag GmbH, Frankfurt a. M.:** S. 20.2; **dpa Infografik GmbH, Hamburg:** S. 84, 85.2, 111, 157; **dpa Picture-Alliance GmbH, Frankfurt a. M.:** S. 14.1, 52, 54.2, 68.5, 68.8, 91, 122.2, 147, 148, 150, 151, 170.1; **Ernst & Sohn Verlag für Architektur und technische Wissenschaften GmbH & Co. KG, Berlin:** S. 20.3; **F. A. Brockhaus/wissenmedia in der inmediaONE] GmbH:** S. 68.1; **Foto Stephan – Behrla Nöhrbaß GbR/Bildungsverlag EINS:** S. 118; **Fotolia.com:** S. 8.2 (Yuri Arcurs), 9.3 (Eisenhans), 10.1 (Aaron Amat), 10.2 (M&M), 11 (Bob Davies), 13.1 (Daniel Fuhr), 13.2 (Amir Kaljikovic), 13.3 (Bruce Shipee), 13.4 (Ramona Heim), 14.4 (Jake Hellbach), 14.5 (goldencow images), 14.6 (Piotr Marcinski), 19.3 (aggressor), 19.4 (Herby (Herbert) Me), 19.5 (WoGi), 19.6 (manu), 19.7 (David Büttner), 21 (Klemens Oezelt), 22 (Martin Schmid), 23 (style-photographs), 34.1 (Paylessimages), 34.2 (Karin & Uwe Annas), 37.1 (Yuri Arcurs), 39 (Kzenon), 47 (nyul), 50.1 (Leiftryn), 50.2 (runzelkorn), 50.3 (Janina Dierks), 50.4 (Franz Pfluegl), 50.5 (Dron), 64 (Shestakoff), 68.9 (pio3), 80 (Barbara Eckholdt), 88 (tiero), 89 (auremar), 98 (Raluca Teodorescu), 120 (Adam Gregor), 122.1 (www.photoama.com), 138.1 (Santi), 138.2 (indoor © lu-photo), 138.3 (Playlessimages), 145 (mirpic), 164 (Kitty), 167 (mariocigic), 170.2 (angelo.gi), 178 (bit.it); **Frankfurter Allgemeine Zeitung GmbH, Frankfurt a. M.:** S. 68.6; **Imu Infografik, Duisburg:** S. 8.3, 85.1, 85.3; **Mauritius images GmbH, Mittenwald:** S. 100; **Medienpädagogischer Forschungsverband Südwest/JIM Studie 2009/www.mpfs.de:** S. 70; **Medienpädagogischer Forschungsverbund Südwest/JIM-Studie 2012/www.mpfs.de:** S. 71, 144; **MEV Verlag GmbH, Augsburg:** S. 8.1, 9.1, 9.2, 14.2, 14.3, 19.1, 24, 25, 28.1-3, 37.2, 60.2, 60.7-8, 86, 109, 114, 130, 131, 135; **Peitsch, Peter/Peitschphoto.com:** S. 166, 168, 169; **Project Photos GmbH & Co. KG, Walchensee:** S. 62, 63; **Vogel Business Media, Würzburg:** S. 20.1, 20.4; **Schmich, Theo (Privatfoto):** S. 163; **SMART Technologies ULC (www.smarttech.com):** S. 60.9-10 **Umschlagfoto:** MEV Verlag GmbH, Augsburg (links, mitte), Fotolia.com (pressmaster, rechts)

Karrikaturen/Zeichnungen

Buttkai, Miklos/Bildungsverlag EINS: S. 101; **Kurtz, Cornelia/Bildungsverlag EINS:** S. 33, 35; **Küstenmacher, Tiki/Baaske Cartoons (Wolfgang Baaske):** 28.4; **Liebermann, Erik:** S. 55, 65.1, 140; **Löffler, Reinhold:** S. 176; **Plaßmann, Thomas:** S. 18; **Rauschenbach, Erich:** S. 137; **Schwietring, Adja/Bildungsverlag EINS:** S. 44; **Wetterauer, Oliver/Bildungsverlag EINS:** S. 16, 17, 19.2, 54.1, 56, 57, 60.1, 60.3-6, 123, 129, 156